1986 年 6 月 9 日邓小平同志为北京青年政治学院题写院名

（1984 年至 1991 年学院发展建设中的相关图片）

1985 年北京市乡团干部培训班结业合影留念

1986 年团市委区、县、局级团干部调训班合影

1986 年 8 月学院在市委党校口字楼教室召开成立开学前动员誓师大会

1986 年 9 月 5 日，学院隆重召开庆祝北京青年政治学院成立、
纪念北京市团校建立三十周年大会。国家教委、团中央，市委、
市政府，市高教局、团市委、市委党校，中央团校的领导出席大会

1986 年 9 月 5 日，在北京青年政治学院成立大会上，市委副书记金鉴同志向学院领导颁发邓小平同志题写院名的校牌

1986年9月5日，在学院成立大会上时任团中央书记处书记
刘延东同志代表团中央发表讲话

1986年12月学院召开首届团代会、学代会

1987 年 1 月北京青年政治学院首届新生到解放军第三十八军进行军训

军训结束后，时任北京市副市长陈昊苏和三十八军军长李际均、
政委高天正等与参训全体官兵、师生合影留念

1987 年 4 月学院召开首届田径运动会

1987 年 7 月学院举办青年思想教育讲习班，团中央第一书记宋德福出席并讲话

1987年12月1日学生在北京植物园“一二·九运动”纪念亭进行主题教育活动

1988年4月29日学院教学行政大楼开工奠基典礼隆重举行，市长李其炎、市委副书记金鉴等领导出席

1988年时任中共北京市委副书记、学院首届院务指导委员会主任
金鉴同志在学院视察指导工作

1988年青教系学生在上心理课

1988 年 7 月北青院师生深入北京郊区开展社会实践

1987 级学生的毕业合影照

1989年10月时任中央政治局委员、中共北京市委书记李锡铭同志到学院施工现场视察指导工作

市领导李锡铭、汪家镠、陆宇澄视察我院新楼建设情况

李锡铭同志在学院主持召开师生座谈会

1990 年 2 月学生社会实践到延安进行革命传统教育

1990 年 7 月大型社会访谈活动：学生访谈老一辈革命家陆定一

1990 年 7 月大型社会访谈活动：学生访谈开国上将杨成武将军

1990 年 8 月学院中层干部赴京西煤矿社会实践

1990 年 11 月 30 日，时任中共北京市委副书记、学院第二届院务指导委员会主任汪家镠同志在学院听取主要领导汇报工作

1991 年春季北京青年政治学院学生到中国人民抗日战争纪念馆参观

1991 年 9 月 5 日学院举行北京青年政治学院新校址落成典礼仪式

1991 年 9 月 5 日学院举行庆祝北京市团校成立三十五周年、
北京青年政治学院建院五周年暨新校址落成大会

1991 年 9 月 5 日市领导为新落成的北京青年政治学院剪彩

Beijing Youth Politics College

北京青年政治学院

创建记（1984—1991）

主编 蒋效愚

北京·旅游教育出版社

策　　划：李荣强
责任编辑：李荣强

图书在版编目（CIP）数据

北京青年政治学院创建记 : 1984-1991 / 蒋效愚主编. -- 北京 : 旅游教育出版社，2020.4
ISBN 978-7-5637-4071-0

Ⅰ. ①北… Ⅱ. ①蒋… Ⅲ. ①北京青年政治学院—校史—1984-1991 Ⅳ. ①G649.281

中国版本图书馆CIP数据核字(2020)第037516号

北京青年政治学院创建记（1984—1991）

蒋效愚　主编

出版单位	旅游教育出版社
地　　址	北京市朝阳区定福庄南里1号
邮　　编	100024
发行电话	（010）65778403　65728372　65767462（传真）
本社网址	www.tepcb.com
E - mail	tepfx@163.com
排版单位	北京旅教文化传播有限公司
印刷单位	北京虎彩文化传播有限公司
经销单位	新华书店
开　　本	787毫米×1092毫米　1/16
彩　　插	16
印　　张	19.5
字　　数	222千字
版　　次	2020年4月第1版
印　　次	2020年4月第1次印刷
定　　价	88.00元

（图书如有装订差错请与发行部联系）

《北京青年政治学院创建记（1984—1991）》
编辑委员会

主任委员 蒋效愚 周之良

委　　员（按姓氏笔画排序）

马宪平 王新宏 王殿卿 王晓蒙
白世诚 朱生利 孙继普 吴云清
胡　军 周伟东 周彬如 赵　勇
赵卫民 高玉维 常林瑞 蒋玉芳
谢维和

编委会秘书组成员

马宪平 朱生利 周伟东 王晓蒙

图片整理编辑 路长伟

序

一直以来，编一部学院创建史是学院几任领导、上上下下的共同心愿。如今在多方共同努力下终于编书成册，这真的是一件具有里程碑意义、泽被后人的好事。这本关于北京青年政治学院创建史的书，回顾了老一辈革命家、政治家、改革开放总设计师邓小平同志亲笔题写校名所寄予的时代重托和殷切期望，回望了北京市委金鉴等各级领导对于学院筹建的深情关怀与鼎力支持，记录了蒋效愚等一批初创者酝酿筹备、审批建院、敢为人先的奋斗身影、精神烛照，还有第一批建设者对于学院校园建设、专业设置的创新探索和实践思考，更有学院早期学子母校情深、师恩难忘的点滴回忆。这本书映现着第一代青院人的青春奋斗史，彰显着青院筹建的初心和使命。这里充满了书香和生命的芬芳。这本书更是学院为改革开放40周年、新中国成立70周年的最好纪念和献礼。

建院初期，百废待兴。1984年至1991年，七年的风雨兼程，每一步都浸润着青院人滚烫的心血和汗水，每一步都印刻着青院人的光荣与梦想。虽然我来青院时间不长，但仍可从老领导、老同志满腔赤诚的文字中体会到一代青院人披荆斩棘的梦想与担当，感受到他们锐意进取、开拓创新的胆略和智慧。正是一代代青院人的团结奋斗、开拓创新，学院各项事业才能不断发展、壮大。30多年的办学实践，学院秉持“以服务国家社会为己任，以促进教育发展为追求，以人才培养为中心，以文化传承为使命，以改革创新为动力”的办学理念，始终坚持为首都经济社会发展服务、为共青团事业发展服务的方向，为首都的建设和发展培养输送了一大批人文素养好、有一技之长、社会责任感强的高素质实用型技能人才。在人才培养、科学研究、社会服务、文化传承创新、国际交流与合作等方面都取得了令人瞩目的成就，赢得了良好的社会声誉。

以史为鉴，继承传统；面向未来，存续文明。继承先辈的开拓精神，延续学院的文化血脉，是学院文化建设的重要内容，也是编写这部创建史的初衷。新的时代，机遇与挑战并存。根据学院第一次党代会提出的“两步走”发展战略，到建院40周年，要把学院建设成为开放型、有特色、高水平的青年人大学，完成这一目标任重而道远。不忘历史，未来可期。希望通过《北京青年政治学院创建记（1984—1991）》的出版，让我们重温并继承前辈们牢记使命、勇于担当、开拓进取、严谨治学的优良传统，进一步凝心聚力、开拓创新，为建设青院作出更多、更杰出的贡献！

是为序！

北京青年政治学院党委书记　程晓君

2019年9月

编者语

2018年9月在全党全国隆重纪念改革开放40周年的日子里，北京青年政治学院建院时的几位老同志提议，应很好地回顾总结北青院创建的历史与经验，思考建院的初心和背景，以利于学院今后更好地发展。这个想法得到北青院现职领导的高度重视和支持，及时在学院召开了《纪念改革开放四十周年·北京青年政治学院创建回望》座谈会。当年市委老领导，第一届院务指导委员会部分委员，参与建院的学院老领导、老教师、老同志代表和现任学院党委书记等领导与团市委有关领导出席了座谈会。

会议认为，创建于改革开放初期的北京青年政治学院，是改革开放时代大潮中的一朵浪花；是改革开放的时代产物和创新成果；是共青团教育事业在改革开放时代的新发展；是改革开放大背景下首都高等教育事业进行改革的新探索；更是在以改革开放总设计师邓小平同志为核心的党中央亲切关怀下，北京市委、市政府加强青年思想政治工作、培养新时期“四有新人”的新举措。回顾思考从1984年至1991年学院初期的创建历程，可以更好地认识创建北青院的时代背景、历史价值和深远意义，更好地总结学院创办时期那种牢记使命、勇于担当、顽强拼搏、无私奉献、奋力开拓、大胆创新的青院创业精神。这种精神是学院宝贵的精神财富，也是新时代办好学院的宝贵资源。总结这段历史，既是对党的事业负责，对团的工作负责，对学院历史负责，也是当年参与创建北青院的同志们义不容辞的责任。

鉴于当年决策批准建立北青院的市委市政府领导有些已经过世了，健在的市老领导多数已经80多岁，有的已90岁高龄，建院时的一些学院领导也都七八十岁了，因此大家一致同意立即着手，编写《北京青年政治学院创建记（1984—1991）》一书，记述从1984年提出建院构想、到1986年学院成立招生、到1991年建院五周年这一时期学院主要工作。编书的倡议得到了当年参与建院的教职员工的积极响应，有的退休多年仍又重新查找资料，有的还在现职重要岗位但也挤出时间撰写文章。尤其是当年市委领导金鉴、汪家镠等老同志，当年团市委书记强卫等同志都参加座谈会、接受采访，回顾建院时期的决策初衷。学院部分前三届毕业生，也从学生角度回忆了当年火热的青院生活，这从一个侧面丰富了学院创办初期的历史，也再次印证了学校教育是一个教学相长的过程，学校的特色与传统是师生共创的结果。编书的倡议得到了学院现职领导的大力支持，院党委程晓君书记、乔东亮院长等领导亲自参加座谈会、拜访老领导，为出书提供了有力支持。学院当年老领导、老同志蒋效愚、周之良、王殿卿、常林瑞、白世诚、高玉维、谢维和等积极撰写文章，马宪平、朱生利、王晓蒙、周伟东等做了许多具体组织工作。学院老干部处等有关部门热情服务、做了许多工作。

《北京青年政治学院创建记（1984—1991）》一书，既是第一代青院人对母校的珍贵回忆，也是今天这代人对党和国家改革开放40年的最好纪念。它从亲历者角度，记述了北青院创立、办学初期的一段历史，相信读者会从中领略到20世纪80年代中国改革开放大潮的澎湃缩影，感受到当年青院人勇立潮头、拼搏向前的精神和忠诚于党团教育事业的初心。40年前，邓小平同志尖锐指出，中国不实行改革开放，只有死路一条。40年后，习近平总书记在庆祝改革开放40周年大会上说："改革开放40年积累的宝贵经验是党和人民弥足珍贵的精神财富，对新时代坚持和发展中国特色社会主义有着极为重要的指导意义，必须倍加珍惜、长期坚持”，并且号召全党全国各族人民“不忘初心，牢记使命，将改革开放进行到底”！

衷心祝愿北京青年政治学院在中国特色社会主义新时代砥砺前行，为培养德智体美劳全面发展的社会主义建设者和接班人作出更大贡献！

蒋效愚

2019年5月30日

目　录

第一部分　领导关怀与寄语

第二部分　教工回忆文章

第三部分　创建初期在校生的回忆文章

第一部分

领导关怀与寄语

部分领导题词

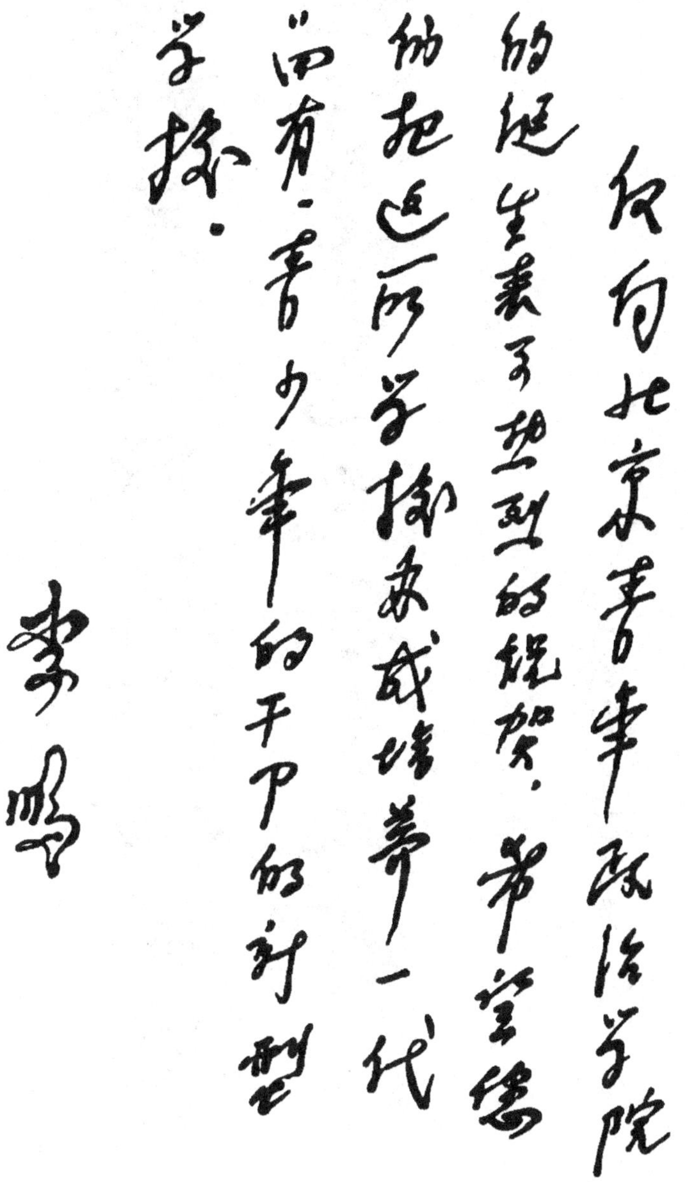

李 鹏 题词

理論联系实际热心培养更
多的青年馬克思主义者

李錫銘 一九九一年六月

李锡铭　题词

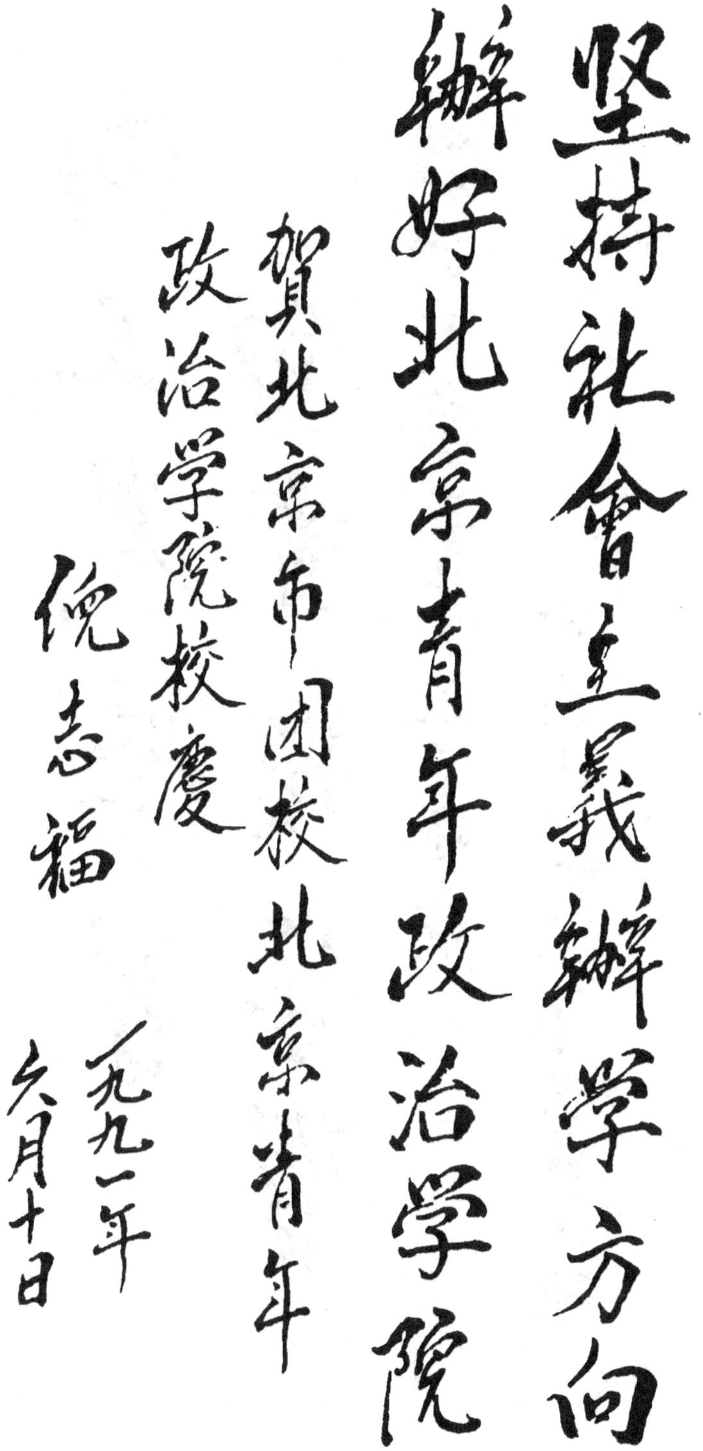

坚持社會主義辦学方向
辦好北京青年政治学院
賀北京市团校北京青年
政治学院校慶
倪志福
一九九一年
六月十日

倪志福　题词

向工農學習
向實踐學習

謹贈北京青年政治學院

宋任窮 一九九一年七一前夕

宋任穷　题词

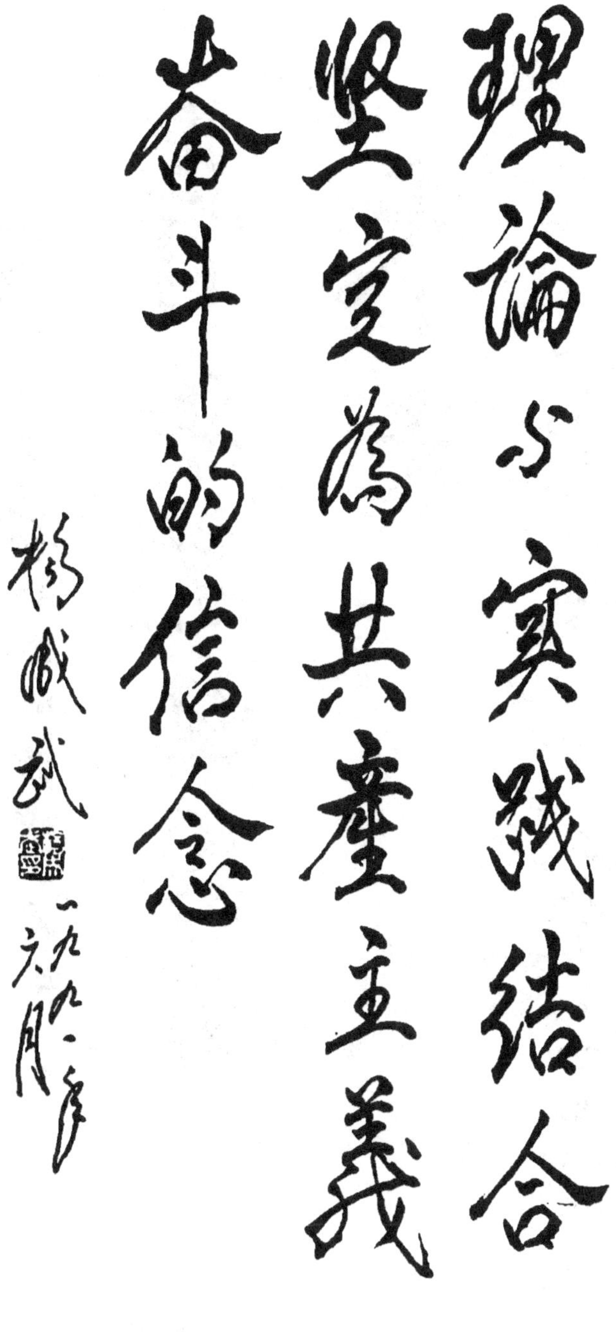

杨成武　题词

北京青年政治学院建院五周年

青年是祖國的未来

一九九一年六月 王首道題

王首道　题词

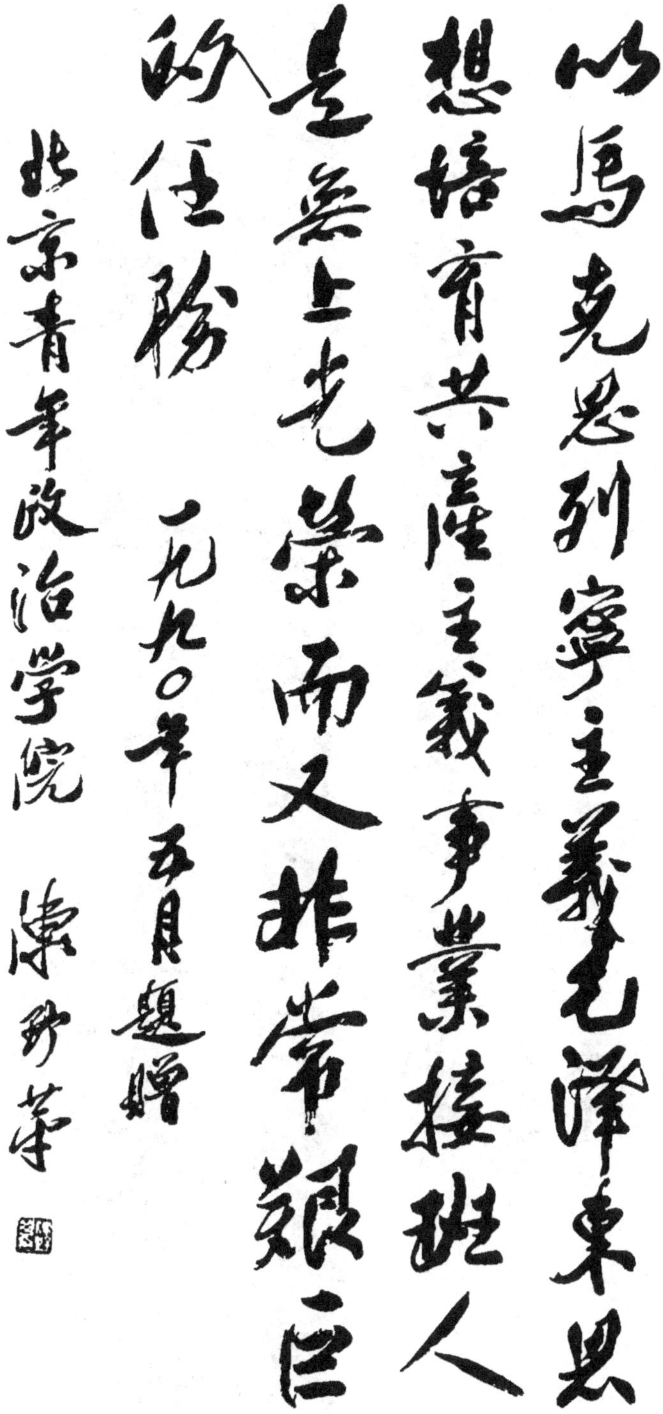
以馬克思列寧主義毛澤東思
想培育共產主義事業接班人
是無上光榮而又非常艱巨
的任務
一九九〇年五月題贈
北京青年政治学院 陳野苹

陈野苹　题词

继承优良传统勇于改革創新
堅定办學方向培育合格人才

祝賀北京青年政治学院建院五周年
荣高棠
一九九一年七月

荣高棠　题词

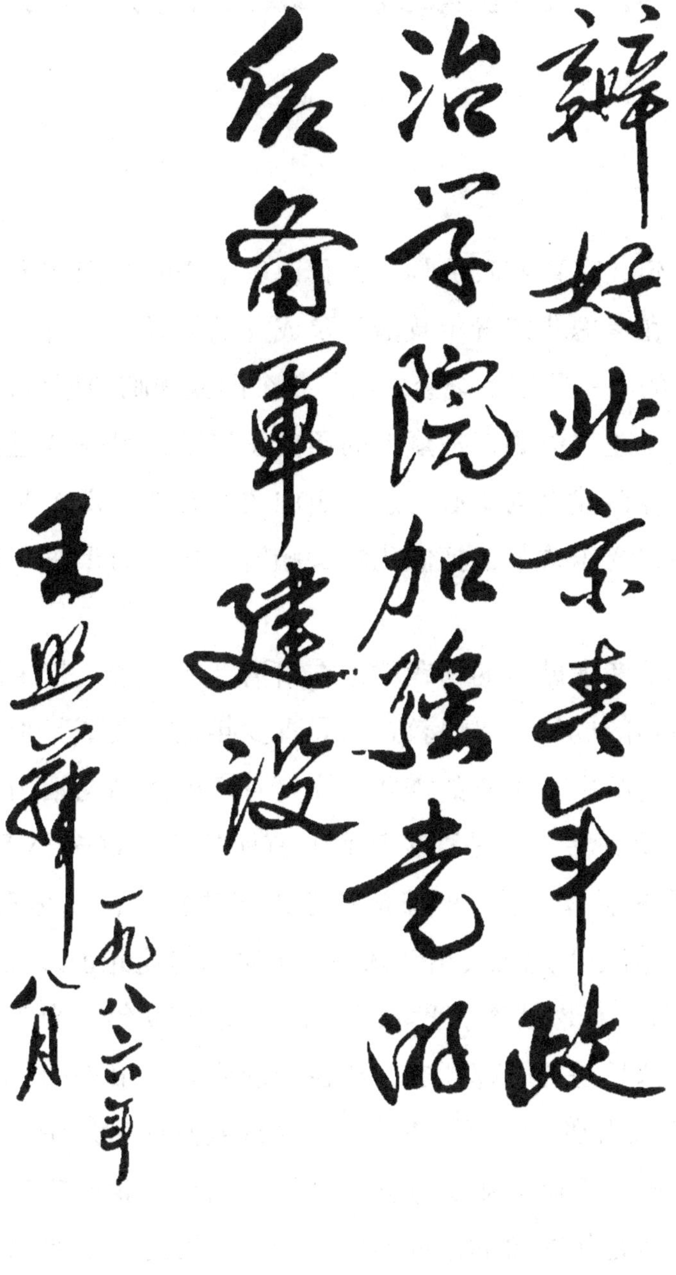

王照华　题词

培养对党忠诚勤学敬业的实干人才

金　鉴

为什么要建北京青年政治学院，我说一下当时酝酿方案之前的情况和个人的想法。在考虑北京青年政治学院成立的问题上，首先离不开当时的大背景。在党的十一届三中全会以后，整个国家面临的形势，主要是两点，一是拨乱反正、正本清源，把颠倒的历史正过来；另一个是党的重心，由阶级斗争转向经济建设为中心，逐步走向改革开放。那个时候，基本精神就是解放思想，立志改革，把僵化的头脑转化成与时俱进、适应形势、向前发展的头脑。

作为团市委考虑最多的问题就是在肃清“四人帮”带来的流毒的基础上，关心青少年的成长，尽快教育引导青少年把“文革”十年耽误的时间抢回来，围绕党的中心工作的需要，恢复青春的激情与活力。当时，有两种现象特别值得关注：一是青少年犯罪有所抬头，好多小青年无学可上、无业可做、无事生非，还有的流落社会，违法犯罪；二是青年人“三信”（信仰、信念、信心）危机突出，认为“国家的前途光芒万丈，个人的前途暗淡无光”，处于茫然状态。我清楚记得，在 1979 年上半年，我在中组部工作，当时的部长是胡耀邦同志，他在处理公安部报来的一份来访信件中含泪批示：“年轻人在‘文革’中下放插队或到兵团锻炼中，举目无亲，缺乏学校教育和家庭温暖，犯了这样或那样的错误，我们应当关心他们、爱护他们，不能老是从专政的角度出发，加以过度惩罚，要想些办法，给他们出路。”在这之后，1980 年 5 月，《中国青年》杂志发表了潘晓来信，提出《人生的路呵，怎么越走越窄……》，引发了全国范围内关于人生观的大讨论。这些都反映了当时青年的状况。党中央非常关心，百姓也为之着急，对于共青团来讲，则是一个责无旁贷的历史担当，迫在眉睫的重要任务。

从团组织来讲，许多团干部经过“文化大革命”之后，除了清理思想、总结经验教训之外，他们的年岁也大了，30多岁的不少，也面临一个“转业”问题。另一方面，新人又没有接替上来，好多单位领导跑到团市委机关要团干部，解决燃眉之急。

再一个，就是“文革”后，社会上各行各业百废待兴。要发展，除了有专长的技术人才、从事本行业务人才之外，也迫切需要一些从事行政工作、群众工作和政治思想工作的管理人才。有的虽然也有培养对象，或有身边的得力干将，但报考了大学，又苦于缺乏骨干。

“文革”之前，北京市团校已发展到一定规模，有办学地点、有教职员工队伍、有定期轮训规划，而且领导班子也很强，“文革”期间停办后，成为一个“空白”。后来，在“文革”后期，配备干部办了团训班，但地点不固定，打一枪，放一炮，不断换地点，办班人员也极少，成了“游击队”，承办人多次呼吁要强化这个“载体”，但一直未能解决。

为了加强团干部的培训工作，团市委特意请团市委组织部将德才兼备、有教育工作经验的崇文区委教育部长靳春立同志调来担任团训班的主任。靳春立同志做了很多工作，他说我们这个团训班不像样子，到处流浪，提出要建一个正规的团校，要把团校办好。后来靳春立同志调北京电视大学当校长，又把团市委大学部长蒋效愚同志调来后，就提出正规化问题。团的训练班要正规化，要有一个固定的地点、有固定的队伍、有教育的规划和目标。如果这些问题不解决，无法形成一个学校，也不可能提高团的教育工作水平和工作质量。

当时北京市缺乏做思想政治工作的人才，除了老团干要转业，换一批新人以外，能不能有一个培养新人的学校，要培养年轻的政工干部。年轻的政工干部是什么样呢？首先要有政治觉悟，这些干部应该有两个前提，一是政治坚定，敢于承担风险；二是与时俱进，勇于创新。在那时的情况下，培养这样的人，如果有一个青年政治学院，青年政治学院和团校两块牌子，一套人马，两手抓。一手建立团校、提高团的工作水平，一手建立一个新的学校。既解决培训问题，又解决培养问题。培训是在职，培养是新人。在这样的情况下，一举两得，两全其美，形成两手抓的局面，这就是北京青年政治学院的雏形。这种观点经过几年的酝酿和有关方面的商量，非常的一致。特别是1989年春夏之交的“政治风波”以后，这种认识更加空前的一致。那个时候北京青年政治学院应该说走了很艰巨的路，蒋效愚他们做了很多很艰难的工作，但是在思想上是非常一致的。

我曾经说过，我们是在天时地利人和的情况下成立北京青年政治学院的，没有一个阻力，没有拦路虎，到处是绿灯。就是因为那个时候感觉到青年政治工作太重要了，青年人太需要思想政治上的提高和良好的政治素养的培养。首先教育部同意，搞这么一个专门的学校，北京市当时还没有。另外规划部门和建设部门很支持但都觉得很困难，北京市的规划用地安排很满，在这种情况下，还说找一个地方。规划局在望京要搞一个教师宿舍小区，在这种观念的启发下，考虑到这个学校应该建立在望京花家地比较合适。各方面都在想办法。包括人事部门，市人事局局长阎三河说上面怎么说、怎么定我们就怎么办，没有阻力。大家觉得我们这么一致，提出来搞一个指导委员会，各部门集中起来搞一个决策指导机构，因此成立了院务委员会。那时候我做市委副书记，分管青年团，就让我当首届院务指导委员会的主任。当时市团校也就是十几个人几条枪，要办一个正规的大学，这是什么担子？我觉得团市委派蒋效愚去也是有考虑的，团市委觉得他跟各高校都熟，而且这人能耐大。到要招生的时候差一点被“掐死”，要是那样，后面就没希望了。我记得蒋效愚当时跟国家教委计划司的副司长谈招生，人家就想给你们取消招生。背后的意思说市政府批的是筹办，你们凭什么要招生？这个时候国家教委已经要把各省市大专级别的学校招生权利收回来，原来是省市政府批准，国家教委备案就可以了。经过多方努力，学校有了招生资格，学校就有了成立的基础了。

青年政治学院是培养突击队的。胡耀邦曾经说过，共产党是先锋队、青年团是突击队、少先队是预备队，我们要把这三支队建设起来。我们的事业得有人去干、抢着去干，敢于担当、敢于建设，我们虽然不一定培养高级人才，但是培养一般人才，或者一般的初级人才、中级人才，这也是突击队。现在年轻人都追星，但我们的事业需要培养追梦人。青年政治学院就要培养追梦人，培养这么一批突击力量，实现两个百年目标的追梦突击队员，这是对我们党的事业的最大支撑。

李鹏同志给青年政治学院的题词是“办一所培养‘四有’青少年干部的新型学校”，强调新型。好像李锡铭同志讲的是要培养青年的马克思主义者。这些都是他们的思想，他们的期待，期待这个学校的办学方向要正确。我觉得北京本身就是政治中心，政治中心的很多政治活动都需要支撑力。这个支撑力靠什么，靠大的支撑力、中的支撑力和小的支撑力，不管怎么样青年政治学院它是一个支撑力，你要突出以政治为中心，这多么符合北京的定位。从我自己的想法来讲，我觉得北京政治中心是特色，全国都没有，咱北京要重视和珍惜。北京青年政治学院，就是北京市首创第一家。北京的第一太多了，但是第一要维护，不维护不行。北京有很多的第一，比如搞“共青团号”公共汽车“大 1 路”。“共青团号”要命名的时候好多人都不同意，说我们从来不搞这种命名，但咱们搞了“共青团号”，结果“共青团号”一打出来影响全国，各地都搞文明班组，这个东西就得有点创造力。再一个我们脑瓜里绝对不能僵化，不能老是照葫芦画瓢，看人家这么干老跟着学，或者哪个领导有权威一反对，咱们就吹了，这样不行。思想上的东西还是要从实际出发实事求是，有一定的自由度，这样才能出闪光点，不然闪光的东西都磨掉了。我一直以北京青年政治学院这样一种办学方向为骄傲，我觉得这个学校很必要。

现在以习近平同志为核心的党中央非常重视青年，强调青年是未来的希望、国家的栋梁。现在的科技创新不少还都是青年起着很重要的作用，不能忽视青年。亚运会我们的团干部、青年起了好作用，清除垃圾、环境绿化……许多都是青年团带着一批志愿者干出来的。我觉得重大的政治活动共青团都要参加，上面重大活动搞得好，能够和政治中心的地位相称，这有什么不好？！核心的东西就是北京青年政治学院一以贯之地讲政治，这是我们最主要的站得住的一条原则；再加上青年团很重要的灵魂就是善于创新，勇于创新。现在北京市好多第一，实际都是首都青年创造出来的。那个时候青年团有一个很重要的传统特点就是创新，好多事情并不是党给布置的，很多东西他要根据党的要求、根据形势的需要、根据青年的实际，然后走出一条自己的路来。这个创新始终是青年团的课题。讲政治、敢创新、肯干事、淡名利，这确实是北京青年政治学院的特点，而且北京青年政治学院的口碑一直很好，直到现在，北京的老干部，他们还很欣赏北京青年政治学院的毕业生。这些毕业生虽然没有很高的学历，但是他们非常听话，非常有觉悟，而且在干事这方面特别执着，特别有实干精神。再一个他们的群众关系、人际关系处理得非常好，特别善于团结人，这一点很重要。那时候工厂里好多厂长都说："青年政治学院有没有能够搞内勤的？给我分几个搞内勤的。"因为他们需要一些比较可靠的，工作比较扎实的，又有才干的，又肯干的人。太高的学历，这山看着那山高的他不好用。北青院的毕业生比较踏实，领导一般都希望用这种踏实的人。就跟现在有些单位特别希望多要一点转业干部，也是有这种考虑。高学历当然很重要，但是那个时候没有多少高学历。青年政治学院名副其实讲政治，一以贯之。这是很重要的一点。现在各高等院校都在加强党建，也在讲政治。但是你们的名字就是青年政治学院，你们的旗帜打出来就是讲政治，这一点是最大的财富和保障。要说宝贵的财富，这就是财富，这就是雪中送炭，这不是锦上添花。现在有好多东西都是锦上添花，我们要做雪中送炭的事情，要从老百姓的实实在在的需求去考虑。我们和老百姓的感情应该深入到心里去，我们用真心为老百姓服务，不是口头上为人民服务。街道的老大妈，身上共产主义因素很多，并不比我们"官场"上少，所以有些人问我共产主义因素在哪里呢？我说共产主义因素在老百姓中去找，那些老大妈，牺牲了自己为了社会，这才是共产主义。

我们这次创建回望，把40年总结一下，很有必要。效愚讲了这是时代的产物，是时代应运而生的。除了要解决发展的硬件，一定要注意把北京青年政治学院的故事归纳出来，看看有哪些生动的故事，能够振奋人心、感动人心。再一个要总结我们的典型人才，他们到岗位以后怎么样。不一定都是厅局级干部，他就是一个高级的技术工，我们也要总结。人才不一定都在职务上。很多闪光的东西都在老百姓中间，像小工匠、小发明、小窍门，都是人才。青年团就是培养小工匠等各类人才，那个时候强调要搞“四小发明”，建功立业，实现四化。哪怕他现在是一个普通的公务员，或者普通的工人，但是只要他有成就，我们也要总结，说明我们培养的人是三百六十行里行行出状元。

北京青年政治学院要提倡一种精神，要把几十年的创造的事业，从精神的层次上提炼一种灵魂的东西。如果没有一个硬拼死拼的冲劲，这个单位是搞不成的，就是有这么一批人，这批人努力去干，这点非常重要。这靠什么？这靠革命精神、创业精神。既然是创建回望，这点也值得我们总结。我们团的工作有传承精神，北京青年政治学院也要传承好的精神，不要丢传统和精神，这个很值得珍惜。青年政治学院30多年没有白过，这30多年很丰富。现在在全面深化改革的关键时刻，面向新时代我们要好好的回顾一下、总结一下，提炼一些经验。我们老同志把历史情况介绍一下，供你们参考，这是我们的责任。

2019年1月21日

（在《纪念改革开放40周年·北京青年政治学院创建回望座谈会》上的讲话，根据录音整理）

金鉴，时任中共北京市委副书记，北京青年政治学院首届院务指导委员会主任。

坚定政治方向不动摇，砥砺奋斗创一流

强　卫

纪念改革开放40年，回望北青院的历史，不忘初心，牢记使命，很有意义。当年我们为什么建这个学院？初衷是什么？关于这个方面的问题，既有历史深度，又很实际，反映了当时的时代背景和历史条件。当时是一个拨乱反正、改革开放的年代，面临着成千上万的知识青年回京就业、上学等实际问题。改革开放初期大门一开，西方思潮涌进来，青年思想非常活跃，那些年学潮不断，所以急需加强青年思想工作。我们老团校经过几十年的办学，面对改革开放新时代，急需上水平、上档次、专业化、正规化。

那时老团干大批转业，新团干大批补充，当时补充的很多团干部都是"文化大革命"的产物，缺学历，所以急需给当时在职的一大批团干部补充学历。团校承担了这个任务，在各个区县都办了分校。我们团干部白天上班，晚上上学，现在的人很难理解，觉得那不是正规学历，实际上很不容易。比如我在政法大学读研究生班，白天都该干嘛干嘛，晚上去上课，那时候局级干部哪有专车，都是骑着自行车往蓟门桥政法大学赶。

我对学院创建这一段历史了解得不多，1986年北京青年政治学院批建，我1987年到团市委当书记。但学院奠基仪式我参加了，后一段学校的发展我经历了。为什么创建、怎么批的？我不太清楚。但当时给我印象特别深刻的是：在北京高校林立、名校众多，为什么北京青年政治学院规模不大，校龄也不长，它的特点特色却如此有魅力，从市委领导到教工委到团市委，都那么关注重视这个学校。有以下几点：

第一，当时邓小平给我们学校题写校名。邓小平是我们党第一代老一辈无产阶级革命家，是我们党的第二代中央领导核心，是改革开放总设计师。北京这么多名校高校，为什么单单给我们题写校名？你再有关系，再通过什么渠道，小平同志题词肯定是要经过深思熟虑的。他为什么题？我认为这里面最关键的是“青年政治”四个字，冲着这四个字，小平同志才给我们题的校名，这是立校之本。

第二，从成立的那天起，市委专门为这个学校成立了院务指导委员会。市委副书记金鉴同志担任第一任主任，他离开北京以后，汪家镠同志接任，汪家镠同志离开北京以后，李志坚同志接任，都是北京市市委副书记，足以证明市委对学院的重视。而且这个指导委员会里面有教育界的、城市规划的、财政的、人事的等等，每年都开会，听我们汇报，给我们做指示、提要求，遇到困难找他们，帮着我们解决。这个学校办起来一路畅通，就是因为有这个后盾。

还有一个印象很深的，金鉴同志把我从企业选过来到团市委工作，正赶上团市委换届，参加大会选举。蒋效愚是前一届的团市委副书记，让团市委副书记来做这个学院的党委书记，我想市委够重视的，这给我印象特别深刻，因此对这个学校有一种特殊的感情。我在团市委的那几年，经常来北京青年政治学院，后来我到市委工作当了副书记，又分管共青团，经常听这个学校的汇报，有些活动也参加一下。我来学院，这是一个南校区，还有一个东校区。当时楚书记、梁院长，想把东校区那块地买过来扩建，我还为这个事找过朝阳区领导，希望朝阳区能帮助协调，但没有办成。

这个学校生存这么多年一直是有争议的。一种认为是共青团应以办团校为主，主要进行在职团干部培训，把北京青年政治学院学历教育任务交给教委；一种认为还是以北京青年政治学院为基础，带动提升学校的整体教育水平和教育质量。这些年很不容易，学校领导不改初心，一直在坚守，不断地推动学校的建设发展。

经过这几届领导班子努力，我也感到很欣慰，最重要的有几点经验：

一是讲政治，坚持正确的政治方向。学校自创办至今始终坚持坚定正确的政治方向，坚持政治立校、政治立教，这个始终没有动摇过，这是我们学院最重要的一大特点。

二是改革创新，有一种青年人创新的动力。每次听青院的介绍汇报，总感到是在随着时代的发展不断地探索创新。从一开始我们确立青年政治学院，培养青年工作者为主要方向；到后来在专业上拓展，改革开放以后需要文秘，就建立文秘专业；现在是一小一老一青年，随着时代的需要，我们不断地在学科建设上进行创新。还有对外开放，跟国外合作办学也在不断拓展。这个学校总在不断地创新，不是死守着一开始确立的目标，就是培养青年工作者，青年工作者也需要根据时代不断地丰富自己，提升自己能力，我们学校一直围绕这个做。

三是争创一流、砥砺奋斗的精神。虽然我们学校规模小，基础差，但是我们干一件事都努力把它干到最好，干到一流。现在六个学院一个中心，很多方面的工作都在高校系统中首屈一指，起到了领头雁作用，这个很不简单。北京青年政治学院一直是这样一种精神，别看我小，但是干什么事要干好，努力争取最好。

四是坚持实践、务实肯干。北京青年政治学院的学生积极参加社会活动。我在团市委的时候，发生 1989 年春夏之交的“政治风波”，团市委从青院抽调一批学生协助工作，都是跟着团市委的干部深入到高校，了解情况，做学生思想工作，给市委抄大字报。那时候哪有复印机、打字机，都是一篇一篇抄出来，再整理信息。1990 年亚运会义务服务大队，从搬垃圾、打扫卫生、绿化到亚运会的各项服务工作，团市委都从青院抽了很多学生参加指挥部的工作，为亚运会的胜利召开作出了积极贡献。

时代在发展，现在又面临新的矛盾困难，新的难题、问题不断地出现。看看我们对这个问题怎么考虑？怎么研究？怎么做工作？有段时间社会上有一种舆论，觉得现在青年工作不太被重视了，刚刚开的纪念五四运动 100 周年大会，总书记的讲话又一次正本清源，讲得非常清楚，青年工作是我们党历来高度重视的一项工作，共青团是党的后备军，需要各级党委、政府给予支持和关心。特别是总书记对新时代青年提出的六点希望：树立远大理想、热爱伟大祖国、担当时代责任、勇于砥砺奋斗、练就过硬本领、锤炼品德修养。总书记站在很高的高度对青年工作和青年成长方向作出重要的指示，也为北京青年政治学院指明了方向。怎么样按照总书记最新讲话来研究这个学校建设发展，这是非常重要的。总书记讲不忘初心，牢记使命，在全党开展主题教育活动。总书记率先垂范，专程到红军长征的出发点视察。我们回望创建史，不忘初心，怎么样在新时代再出发。总书记讲五四精神，爱国进步民主科学，核心是爱国。我们 1986 年建院的时候，当时对学生讲政治，很重要的一点是要强调爱国。那时候改革开放初期，西方思潮汹涌而入，青年思想非常活跃，那时候需要加强学生思想工作。所以 1989 年“风波”以后，小平同志讲了现在最大的失误是教育，是学校的思想政治工作。所以那时候急需我们加强这个，加强青年思想政治工作最好的药方是爱国，不要说西方的月亮比中国好，我们是中国青年一代，我们要把中国建设强大。

亚运会搞义务服务总队，一开始团市委争论很激烈，很多人认为 1989 年春夏之交的“政治风波”刚刚结束，青年学生情绪受到很大的打击，这个时候你还组织他们去搞亚运会？不会跟着你走。后来经过一番争论以后，我们说青年关键看你举什么旗，你举起爱国这个旗帜，青年人肯定跟你走，在爱国这个旗帜下带领青年跟党走，沿着正确的方向走，所以当时坚持组织青年参与亚运会的服务工作。果不其然，一把义务服务总队旗帜一举，一说参加义务劳动，一说搞义务服务，一说为亚运会、为国争光，青年的情绪马上调整过来。西方舆论很不理解，前几天这些中国青年学生还上街游行，突然又举着大旗跟着去劳动。我觉得核心就是爱国。关键是要把爱国旗帜举起来引领青年跟着党走，把我们国家建设富强。

今天跟那时候形势确实有很大的不同。那时候是西方一切都好，今天我们面临着美国的贸易战、科技战、军事战，实际最终是政治战，就是要打压中国。要让我们青年一代真正认清美国的真面目恰逢其时，过去还迷信一点，现在看看西方是怎么对待中国的。我们坚持对学生，对青年进行爱国主义教育，使他们进一步增强中国特色社会主义道路的道路自信、制度自信、理论自信、文化自信。像我们这样的学校这么多年坚持办下来，今后还应该继续坚持这么办下去，而且不但是北京青年政治学院应该这么办，所有的高校都应该这么办。祝愿我们青年政治学院还是凤凰涅槃，克服重重困难，继续把它办好。

2019 年 5 月 25 日

（在《纪念改革开放40周年·北京青年政治学院创建回望》座谈会的讲话，根据录音整理）

强卫，时任北京团市委书记。

第二部分

教工回忆文章

创办北京青年政治学院的一点回顾与思考

蒋效愚

我是1984年10月到团校兼任校长（时任团市委大学部部长），到1992年1月调离北京青年政治学院，其间在团校、青院工作了7年多时间，经历了从团校到青院的酝酿起步阶段、报批筹备阶段、成立开办阶段的过程。今天，30多年后再来回顾和思考青院创建时期的经历，一是记录历史，填补北青院、团校院史、校史的不足；二是总结历史经验，探寻共青团教育和团干部培养的规律。无论当年成功的经验，还是失败的教训，我认为都是一份宝贵的财富。诞生在改革开放时代大潮下的北京青年政治学院，是一批满怀为党、团教育事业奋斗献身初衷和梦想的青年人，在党和政府领导、支持下，大胆实践、锐意改革、团结奋斗干出来的一项改革成果。当年这批建院创业的年轻人、如今大批退休，开始进入“70后”（七十岁）、“80后”（八十岁）的时候，我们感到有责任做一些回顾与思考，这是对历史负责，对党的事业、团的工作负责，也是对自己的母校——学院团校负责。这也是今天，我们这批人对纪念改革开放40年所作的一点贡献吧。

一、为什么要创办北青院?

首先，时代环境历史条件变了，创办北青院是党在改革开放条件下培养社会主义“四有”接班人的时代需要。

1978年12月党中央召开了具有划时代历史意义的十一届三中全会，确立了全党工作重心的转移，实现了新中国成立以来具有深远历史意义的伟大转折，开启了对中华民族具有决定意义的改革开放新时代。从此，改革大潮在中华大地上风起云涌。但是由于十年“文革”的影响，“左”的思想严重束缚，加上长期封闭的环境，大门一开，各种思潮进来干扰冲击，青年思想产生了许多困惑迷茫。1980 年潘晓“人生的路为什么越走越窄”的社会大讨论，大学生张华为救落水老农民而牺牲值不值的价值观大辩论就是例证。青年一代中产生了“三信”危机（对马克思主义的信仰、对共产党的信任、对社会主义制度的信心）。因此，加强对青年人的思想政治教育成为党团工作的重要任务。

改革开放的伟大事业需要大批德才兼备、有知识懂专业的优秀青年干部。随着拨乱反正，一大批“文革”中遭受打击的老干部解放出来，重新走上领导岗位。但他们中许多人年事已高，身体不好，急需大批优秀青年干部补充进来。党的十二大做出了重大决策，一批中青年领导干部被选进中央委员会，同时明确提出了新时期干部“四化”的标准（革命化、年轻化、知识化、专业化）。随之全党明确要把青年一代培养成“四有新人”（有理想、有文化、有道德、有纪律）的目标和任务。我 1982 年到团市委工作后担任大学部部长，分管联系北京高校共青团工作。当时高校学生工作面临的主要任务是，在改革开放的新形势下，针对青年学生思想上的新特点，怎样使我们的思想政治工作具有“战斗力、说服力、吸引力”（“三力”）问题；怎样培养造就一代青年大学生，要经得起各种社会思潮的冲击，要经得起艰难困苦环境的考验，还要有现代化的科学知识，经得起四化事业的挑选，这就需要有一支专门的愿意献身于青年思想政治工作事业、又具有合理知识结构，善于把思想性、知识性、艺术性相结合，力争做到“三力”的团干部队伍。

高校团干部队伍面临人手不够、素质不高、队伍不稳定的问题，但高校团干部队伍从全团看还是好的。社会上不仅青年有许多思想问题需要解决，团干部自身素质水平也急待提高。作为团干部培养教育的基地——团校，也面临向何处去的问题。团校教育多年来沿袭短期培训、经验式教学的办学模式已满足不了现实团干部的需求。团校的师资队伍严重缺乏、人手少、知识老化，从数量到质量都不适应培养“四有新人”的需要；教材陈旧、现代化教学设施设备严重短缺，许多团校借地办学，连固定的办学地点都没有。这样的团校根本无法承担起新时期党交给的使命和责任。因此，创办北青院是新形势下团干部培训工作正规化、系统化、专业化、现代化的迫切需要。办青院的目的：一个是解决现有团干部的培训提高问题，一个是从源头上解决专职骨干团干部的来源培养问题。当时考虑党和国家的社会主义现代化事业是需要一代代青年人接班的，把青年人培养成合格的社会主义建设者和接班人是长期的历史任务。共青团是党的助手和后备军，通过办青院这种方式，培养出一批具有高等教育学历、热爱青年工作，又善于用马克思主义青年观做工作的新一代团干部，这既是当下之急需，也是长远之战略考虑。高校培养的大学毕业生，特别是一些政治类、文史类的专业毕业生，许多也可以转行来做青年工作、团的工作，但这些院校培养的是一般的通才，而不是专门做青年工作、团的工作的专才。当时的认识是思想政治工作是一门科学，青年工作也是一门科学。研究一部古典名著《红楼梦》，可以形成红学，那么研究上亿青年人成长规律的工作，为什么不能形成青年学？！理论上说思想政治工作是一门科学，并不等于现实中思想政治工作已经成为一门科学，青年思想政治工作、青年学更是这样，总要有人做这方面的探索和开创。现在我们已经有了几十年工作的实践积累和马克思主义青年观的理论指导，是时候该做这项工作了，创办青院就是开创这项工作的尝试之一。

20 世纪 80 年代的改革开放给各行各业带来了无限生机和活力，首都高等教育事业也一扫“十年文革”万马齐喑的局面，各种新思想、新学科、新专业、新院校风起云涌。面对社会对人才的新需求，高校办学也在不断调整、适应、改革、发展之中。团中央所领导的中央团校已经先行一步，被批准成立“中国青年政治学院”，列入普通高等院校系列。因此，创建北青院也是北京高等教育面向社会办学新需求大胆探索的改革需要。

当年北青院的建立，是中国改革开放时代大潮中涌现的新事物；是北京市委、市政府落实党加强青年思想政治工作、加强思想政治工作队伍建设的新举措；是首都共青团教育事业的新发展；是首都高等教育事业面向社会办学改革中的新尝试。

二、北青院是怎么办成的?

北青院是在邓小平等老一辈无产阶级革命家亲切关怀下成立的，是市委市政府正确领导决策的结果，是中央有关部门和北京市委办局各方面大力支持的结果，是学院领导班子和全院教职工共同努力、拼搏奋斗的成果。

北青院的建立凝聚着邓小平同志等老一辈无产阶级革命家的殷切希望。进入20世纪80年代以来，北京高校学潮不断、青年大学生的思想教育工作受到尖锐挑战，小平同志曾总结说最大的失误是教育。在这样的大背景下，我们这样一个名不见经传的新办学校，给小平同志写信恳请他老人家支持我们创新办学，为我们学院题写院名。我们没有任何后门关系，但小平同志1986年7月9日欣然命笔，为我们题写院名“北京青年政治学院”。小平同志的题名不仅是对我们学院的巨大支持、鼓励和鞭策，更是对全党培养一代“四有”的社会主义事业建设者和接班人的殷切期望。当年时任政治局委员，国务院副总理兼国家教委主任李鹏同志1986年8月9日为学院批示:“谨向北京青年政治学院的诞生表示热烈的祝贺，希望你们把这所学校办成培养一代‘四有’青少年工作的新型学校。”时任政治局委员、北京市委书记的李锡铭同志1986年8月为学院题词:“办好北京青年政治学院，培养新的青年工作人才。”时任政治局委员、曾在北京市团校学习过的倪志福同志1986年7月为学院题词:“团结奋斗、开拓进取，努力办好北京青年政治学院。”时任中央组织部常务副部长、北京市团校首任校长王照华同志1986年5月为学院题词:“办好北京青年政治学院，加强党的后备军建设。”在学院建立5周年的时候，李锡铭、宋任穷、王首道、杨成武等许多老一辈革命家也为学院题词，寄予无限的关爱和期望。从建院时老一辈领导的题词中，可以看到老一代领导对北青院办学方向、学院性质、培养目标的明确要求。“向北青院的诞生表示热烈的祝贺”，一个主管教育工作的国务院领导对一所新学校的成立表达这样祝贺，是不多见的，并且希望把这所学校办成培养一代“四有”青少年干部的“新型学校”。“办好北京青年政治学院”“培养新的青年工作人才”“加强党的后备军建设”，重温这些题词，我们仍能感到老一辈革命家那殷殷之初心，切切之厚望。

北青院的建立是市委、市政府坚强领导、正确决策、全力支持、亲自关怀的结果。早在1984年市委市政府就做出决定，在望京地区批地重建市团校，改变市团校在市委党校院内借地办学的困难局面。以后又及时批复在市团校基础上筹建北青院。1985年5月第22次市长办公会正式同意筹建北青院。市委书记李锡铭同志几次在学院发展的关键时刻作出批示，给予支持，并亲临学院检查指导工作，与学生座谈、共进午餐。市长李其炎同志直接到学院现场办公解决问题。1986年9月北青院正式成立并举行首届新生开学典礼，时任市委副书记金鉴同志、市委常委、市委大学部部长汪家镠同志亲自出席，而且宣布市委决定成立北青院“院务指导委员会”，由金鉴、汪家镠任院务指导委员会正、副主任，由市计委、规委、建委、高教局、人事局和中国人民大学、北京师范学院（现首都师范大学）等领导担任委员。“院务指导委员会”这是一个首都高等教育界鲜见的全新机构，它是从北青院办学的需要出发，从北青院班子年青、缺乏经验的实际出发，由市委领导牵头，统筹协调市里各方资源支持帮助办好北青院的创新举措。实践证明这是一个得力的好措施，体现了市委市政府对办好北青院的决心和支持，也是北青院顺利开办成长的重要保证。院务指导委员会从第一任主任金鉴同志、第二任主任家镠同志、第三任主任李志坚同志对青院的建设、发展可以说是呕心沥血、倾情支持。他们多次亲临学院检查指导工作，亲自出面协调解决学院的各种问题。分管教育的副市长陈昊苏同志1987年2月亲自去三十八军看望北青院军训学生；副市长陆宇澄同志亲自到新院址工地现场办公推进建院工作。院务指导委员会的各位委员都在自己工作领域内为学院的规划设计、开工建设、专业设置、师资招募、办学经费等等给予了及时、有力的帮助支持，这才使得北青院从提出构想，到筹备招生开学仅仅用了两年多的时间。

北青院的建立是中央有关部门和北京市有关方面大力支持、帮助的结果。国家教委在 1986 年 3 月全国招生工作会议期间，从机动指标中特批北青院 1986 年 9 月正式开学招生，这对于后来学院新院址建设及各项基础工作的发展起到了关键的带动作用。团中央一直对北青院的建立和发展给予极大的关注和支持，时任团中央第一书记宋德福和书记处书记刘延东、李克强、李源潮、刘奇葆等同志都曾来到学院检查指导工作，为学生做报告，看望培训和军训的学生，出席支持亚运会等活动。团市委领导更是对团校学院工作亲抓亲办，时任团市委主要领导贾春旺、张福森、林炎志、孟学农、强卫等从学院征地拆迁、规划建设到师资调集、队伍建设、班子配备等方方面面给予最有力的支持。市委市政府有关委办局对团校学院工作一路绿灯，许多都是特事特办。记得在学院的新院址规划建设设计方案评审会上，我市规划设计界的专家权威不少都亲自出席。会上不光是评议哪儿不行、哪儿不好，而是专家亲自动手修改，画出新的设计图稿……评审会变成了专家的现场办公会、现场设计会。一个小小的青院设计，当时总共才一万多平方米的建筑面积，竟引得这么多专家、老同志的关注，让我非常感动，从中我看到的是老同志、老一辈对党的工作、对青年事业的无比热忱，对青年一代成长的无比关爱，对我们学院工作的无限期待。

北青院的建立也是学院领导班子和全院教职员工共同努力奋斗的结果。学院筹办时条件不是一般的差，当时借党校之地办学，办公和学生宿舍总共占党校 4 号楼一层多地方，教室在主楼借用，图书馆也是借党校的（允许我们学生办证借书）。真正属于团校学院自己地盘的只是“四环”（当时北京连“三环”还没修）之外望京将台乡花家地的几十亩荒地，真是一张白纸，只有一个蓝图，但还要自己去画。靠什么吸引人才？靠什么凝聚队伍？当时市委副书记，也是团市委老书记金鉴同志多次跟我和班子成员讲：“团干部干工作一靠理想，二靠热情。团干部不能想着当官，而是要想着干事，为党干事、为团的事业干事。哪有那么现成的好事，条件都准备好了，等你们来办？要自己创造条件，自己去争取、去努力。”所以创办北青院我们是靠理想凝聚人心，靠事业聚集人才，靠热情激发活力，靠作风形成战斗力。招聘师资、调集干部都是把困难现状如实相告，谈的多的是两点，一是希望你来，我们一起干点事，办好一所以培养专职团干部为主的新型高校；二是来青院工作，要有热情、有激情、有干劲，来青院不光是干工作，而是要当事业去干。记得当时全院上上下下思想统一、目标明确、全力以赴，充满着干事业的激情，充满着只争朝夕的干劲，没有上下班、不分周六日，也就是今天所说的“五加二”“白加黑”吧。学院新院址开工要经过诸多部门审批，需要盖30多个公章，一般几个月，甚至半年一年也批不下来。我们要求基建处一个月拿下。基建处同志们真是好样的，他们动员了所有人力和社会关系，早上第一个到审批部门办公室的准是他们。有时追到相关人员家里，当早上七点人家一开家门要去上班时，发现楼道里站着的是北青院基建处的人，开着旧车送人家上班，一路汇报一路谈。有时甚至晚上八九点追到人家家里，备好车，请人家重回办公室盖章。当人家面露难色，看着自己五六岁小孩子无人照料时，基建处同志胸有成竹，告之随同来的这位帮您看孩子……面对这种诚意和细心，人家怎能不感动？连夜重返办公室为北青院盖章。北青院在创办过程中形成了一种北青院精神，这就是：为党和共青团教育事业无私奉献的献身精神；为事业奋力开拓、百折不挠的拼搏精神；为工作敢为人先、勇于探索的创新精神；为学生茁壮成长燃烧自己的蜡烛精神。这种精神支撑着我们全力以赴去完成创办北青院的历史任务；这种精神也激励着我们努力实践、承担起办好北京青年政治学院的时代使命。青院人用自己的行动践行了这种精神，用自己的行动表明他们没有辜负老一辈无产阶级革命家的期望，这种精神是建院时青院人留给学院的宝贵精神财富。

三、点滴感受与体会

我在团校青院工作了7年多时间，青院从1986年9月正式成立招生至今已经30多年了，我仅经历了学院建立的最初5年。这段经历虽然短暂，但给我留下了难忘的印象和回忆，感触很多，无暇细想，写出来，与大家分享，并求指正。

1. 围绕办学方向和培养目标，给学院准确定位是办好一所学校的重要前提

坚持社会主义办学方向，为党和国家培养社会主义建设者和接班人，这在当时我们是非常坚定和明确的。但在这个大方向、大任务之下，北青院承担什么角色，具体定位是什么？记得当年我们起草有关文件时是这样说的，“北青院是经市委、市政府批准，在市团校基础上筹建起来的，以培养共青团专职干部为主的市属普通高等文科院校。”在1986年9月5日北青院建院成立大会上，领导讲话中指出：“一所以培养新时期首都青年工作专门人才，造就改革开放条件下青年共产主义者的新型院校诞生了。”团中央有关部门给学校成立发来贺电：“热烈祝贺北京青年政治学院成立。祝愿她成为青年成长的沃土、青年干部的摇篮、青年理论研究的中心。”有了这样的定位和具体培养目标，学院各项工作都为此展开：从专业设置、教材大纲到师资配备、教学方法，从马列教育、学生工作到学院管理、后勤服务，等等。培养专职团干部、青年工作专门人才的具体定位是过去高校中没有的。这种特殊性决定了青院办学的特色和特点。全院新生1986年就到三十八军去军训，比“八九风波”之后北大等学校军训早了3年多；1990年亚运会全院学生停课，参加亚运会志愿服务；学生冬季社会实践住到郊区农民社员家，参加起猪圈等劳动；学生业余党校去西柏坡考察学习，自带行李住在社员家，等等。这些既是老传统，但在改革开放的20世纪80年代又有创新意义。这种做法不是赶时髦，也不是刻意模仿，而是我们围绕培养目标，从实际中感受到需要这样做，而通过实践更验证、坚定了我们的想法和做法。

2. 思想政治工作是一门科学，青年工作专门人才（专职团干部）的培养应该正规化、专业化、系统化、科学化

思想政治工作是不是一门科学？这在改革开放初期还是有争议的，后来才逐步统一了认识。记得当时许多前辈老师讲，连研究一部文学作品

《红楼梦》都可以形成“红学”，为什么研究成千上万、过亿人的思想活动规律，引导青年思想政治健康成长的工作就不是科学了？！承认思想政治工作是一门科学和思想政治工作已经是一门科学还是不同的，这中间还有大量工作，科学实践和理论总结的工作要做。既然思想政治工作是一门科学，那么以做青年思想政治工作为己任的青年工作专门人才，或者说专职团干部的培养就必须专业化、系统化、科学化、正规化。青院的成立，实际是肩负着团干部教育培养专业化、正规化的使命和任务。我们那时觉得马克思主义青年学的学科建设任务已经摆在面前，有了社会学、教育学、心理学、伦理学等学科建设的铺垫，加上马克思主义理论课程和青年观研究的逐步展开、深入，一个以马克思主义为指导的、具有中国国情和特色的青年学必将诞生，青院要为此作出自己的贡献。记得在20世纪80年代高校学潮不断的形势下，我还主编了一本《毛泽东、邓小平老一辈革命家论青年和青年工作》小册子，经中央文献研究室审订出版。虽然由于时间仓促、资料有限，小册子编辑水平不高，但代表和反映了北青院要为青年干部培养正规化作贡献的初衷和努力。

3. 团校和青院是共青团教育事业的“两翼”，要两手抓、两手都要硬

团校的任务是解决现职团干部的培训提高问题，面向广大专兼职团干部队伍。青院是解决专职团干部的培养来源问题，是为共青团事业造就一支高素质、高水平的青年工作专门人才队伍。一个“培训”、一个“培养”，两者都是共青团教育事业的需要，是共青团教育事业的“一体两翼”，不可偏废。没有团校，青院教育就是无源之水、无本之木；没有青院，团校的师资队伍不好稳定，更没法提高。团校和青院是两块牌子、一套人马，既有分工，承担不同任务；又是一个整体，师资队伍通盘考虑、统筹使用，谁也离不开谁。记得青院、团校在制定1986年工作意见时，明确提出全年工作“一个目标两个面”，以建院为目标，抓好两个面：一是建院工作，确定“双开”（学院开学、新院址基建开工）；二是培训工作，不辜负全市300万青少年、80万团员、12万专兼职团干部的期望。坚持学历教育和团干部

培训两手抓，两手都要硬。从建院初期（1987年初）到1991年6月不到5年时间里，团干部培训规模不断扩大，培训水平不断提高，培训条件不断改善。共计举办各种类型的培训班158期，培训团干部1.45万人次；从一次培训只能解决170人食宿到一次可同时办5个班，解决530人的食宿问题。有了青院的学历教育，教师队伍的职称评定、晋升有了稳定的渠道，师资队伍的理论水平、科研能力有了显著提高，国外进修交流也出现了新局面。学院引进的教授、博士开始围绕培养青年工作专门人才的目标展开自己的专业和研究工作。办学、培训两方面工作都呈现欣欣向荣的新局面。

时代在发展、历史在前进、社会在进步。今天我们进入了中国特色社会主义新时代，青院团校工作面临许多新形势、新要求和新任务。习近平总书记在纪念五四运动100周年大会上讲话指出："共青团是党的助手和后备军，是党的青年工作的重要力量。党旗所指就是团旗所向。把青年一代培养造就成德智体美劳全面发展的社会主义建设者和接班人，是事关党和国家前途命运的重大战略任务，是全党的共同政治责任。"创办北青院留下了一笔宝贵的精神财富，值得总结和珍惜，新时代办好青院团校仍需继承弘扬这份宝贵的财富。衷心希望北青院团校在新时代勇立潮头、奋勇搏击，不忘初心、牢记使命，为实现把青年一代培养造就成德智体美劳全面发展的社会主义建设者和接班人的目标，为完成党所提出的"重大战略任务"，作出新贡献，创造新辉煌。

2019年6月10日

蒋效愚，时任北京团市委副书记，北京青年政治学院党委书记、常务副院长，北京市团校校长。

亲历北青院创办中的几件事

蒋效愚

我是1984年10月由团市委任命为北京市团校校长（兼任），接替靳春立校长的工作。当时团校还在车公庄市委党校院内，借地办学。记得到任那天，在党校4号楼一间办公室召开了全校教职工大会，宣布了团市委的任命。我和靳校长分别发言，做了表态，详细内容我已记不清了，只记得大意是坚决服从组织工作安排，愿意与团校同志们一起把共青团干部的培训工作，在改革开放的新形势下，在原有基础上争取搞得更好。那天留在我记忆中的就是团校人少，来参加会议的不到30人，一问才知道全校教职工连看门、打扫卫生的临时工加我总共33人。因为新校长到任，所以除了在外办事的，全校都来了。学校就是借党校4号楼一层多的几间办公室和几个教室。印象深刻的是当时几张比较年轻、充满朝气和渴望眼神的脸，事后知道那是新分来的大学毕业生。这就是团校当时留给我的印象。

我在团校、青年政治学院工作了7年多时间，经历了由团校到学院，由学院开学到建院5周年的过程。其间学院的许多大事都是我和班子成员一起决策经办的，现把创办过程中几件事记述下来，供参考。由于年代久远，有不准之处，请相关同志指正。

一、市长办公会同意筹建北青院

1984年，团校要筹办青年政治学院的报告得到了团市委的全力支持，很快研究同意，并报给了市委。记得当时分管工青妇工作的市委副书记金鉴同志非常重视，他多次对有关工作给予指示并具体指导。他说“共青团办正规大学是改革开放的新生事物，你们没有经验，要多听取有关部门的意见。首先要听取家镠同志意见，她是市委教育工作部长，管全市的大学，办大学她有经验。她又是老团干，你们请教她，她一定热心帮助你们”。我们向家镠同志汇报，记得当时家镠同志留给我的印象是人精干，一点也不啰唆、没架子，但有一股气场，有点无言自威的感觉。家镠同志说得十分简洁：“你们也要办大学呀，这可是重任务，不是一下两下就能办成的呀。”“你们真要办，我支持。青年团闯一闯好，但要把工作想细致了。”在领导们的指点帮助下，我们找市里各有关部门一一汇报，虚心听取意见，不断完善我们的筹建方案。后来，根据市委领导的意见，决定上市政府的正式会议审批学院。这里有三点要说明：一是学院名称，最早叫“北京青年政治学院”，与中央团校已经批准开办“中国青年政治学院”相一致。后来，听说市委党校要办“北京政治学院”，为区分突出共青团办学的特色，所以我们改成筹办“北京青年学院”。二是上会的材料准备工作得到了中央团校的大力支持，把中央书记处审批中国青年政治学院的一部分文件也复印给了我们，我们作为汇报材料的附件一起上了会。记得主持市长办公会的领导在讨论我们这个议题时，先翻了翻会议材料，一下就乐了，说我们这是什么会呀，怎么中央书记处的文件也来了？！三是按照市领导的要求，我们为上会审批做了认真的准备，不光是材料和市领导的意见，还有有关部门的态度。我们列了参会领导和有关部门的名单逐一分析，一一做工作。觉得有的部门态度不十分明朗时，就再次、多次去汇报沟通；对有的部门我们没招了，就汇报给上级领导，请他们出面协助打招呼做工作。这样过细的准备工作没白费，1985 年 5 月 10 日第 22 次市长办公会时，我们与党校合为一个议题，“关于市党校筹办政治学院，市团校筹办青年学院的请示”。先说市委党校筹办政治学院事，结果有关部门意见不一致，有支持、有反对，结论是没通过，报请市委再研究。主持会议的市长说：“下一个议题。”下一个议题的部门正要汇报，我当时有些着急，心想市团校的事一个字也没说就过去了，怎么行？！就抢先说：“市长，还有团校办青年学院的事呢。”这就有了前面说的市长翻文件材料乐了的一幕。市长问：“你们办学不是和党校办学一样吗？”我说：“不一样。”问：“有什么不一样？”我就抓紧简要汇报了一下，随后市有关部门按市长的要求，一一表态，发表意见。市高教局说，虽然国家教委当前总的原则是“老校挖潜，不办新校”，但是有特殊需求又具备一定条件的可酌情处理，我们支持团市委筹办学院。市计委也表态，市团校新校址建设已经立项，学院在这个基础上前期筹备花钱不多，可以安排。各部门都表示支持，随后副市长们也都表态，家镠代表市委分管领导也明确表态支持。市长最后提出，你们的学校叫“青年学院”，办学方向不明确、性质不清，应该明确加上“政治”二字，你们同意不同意呀？我当即作答，同意。就这样，市长办公会原则同意在市团校基础上筹建北京青年政治学院。在团校筹建青院的整个过程中，团市委一直给予坚定支持，从来都是一路绿灯，主要领导从贾春旺、张福森、林炎志、孟学农、张虹海到强卫，遇事都是亲问亲办、特事特办，让我们倍感有底气、干劲十足。

二、国家教委同意北青院正式招生

筹建北青院有大量的具体工作要做，涉及学院硬件条件，新校址征地拆迁，教学设施设备、图书资料、后勤服务，等等。还有专业设置、师资队伍、教材教学计划、学院名称、开学招生等一系列工作。其中学院专业设置、培养目标、师资队伍等工作一直得到市委教育部、市政府文教办、市高教局的悉心指导帮助。当时明确学院办学分两步走，先办大专、再办本科。我们着急，想 1986 年就能开学招生，记得 1986 年学院全年工作计划就明确写上了实现“学院开学、新院址开工”的“双开”工作目标。同时强调加强三支队伍建设：师资队伍、服务管理队伍、思想政工队伍建设。我们的想法是：队伍在一天天扩大，光是在那儿准备教材、准备学生管理服务方案、准备如何做好学生思想政治工作，这样纸上谈兵短期行，长期肯定不行。学校教育有规律，一耽误就是一年，早一天开学实际是早一年办学。学生进校了，各项教学管理服务工作也就自然需要到位，以学生为中心的学校工作就会在实践中磨合到位了，这当然比在纸上练兵更有效果。我们把请示报告报给市高教局并转报给国家教委（招生归计划司管），但一直没有明确的意见，基本态度是待具备条件后，再考虑你们的招生开学问题。1986 年过了春节不久，忽然听说全国高校招生工作会议要在河南郑州开了。我们马上打报告和找人，请求参加这次会议，但教委一直没同意，后来听说今年的全国高校招生计划中没有北青院。我们领导班子开会商议，一致认为一定要去参加这次会议，争取这最后的机会；否则，就要等到一年后的明年 9 月了。说干就干，说走就走。当天，我记得还有白世诚等，开着团校唯一的一辆旧小车就奔了郑州。到了才知道，全国高校招生工作会议保密措施很严，武警站岗，没有会议证件一律不让进。我们急忙通过河南省团校找到团省委，再通过团省委找到武警河南总队政治部团工委，这样就从"后门"进入了大楼。由于不是代表没有任何证件，不敢乱走，就在计划司领导的房间里等，一直等到傍晚他开完会回到房间。问明我们身份后他很诧异："你们怎么追到这里来了？谁让你们进来的？"我们没有回答这些问题，只是着急表示想向他汇报一下北青院的筹备情况。他说："你们的报告我看过，情况我基本了解了，下边晚饭后还有会，对不起，请你们回去吧。"我们见他确实很忙，也很疲惫，初次见面，不好多扰，就起身离开了房间。但我们没走，一直等到他晚上 10 点多散会后，我们又出现在他的房间。看得出，虽然他有些生气但还是耐心听我们汇报了二十几分钟，包括他插话及我们之间对要不要办青院的一些争论。最后，他有些无奈地说："你们的意见我已经听取了，有些问题你们说服不了我，我也说服不了你们。你们想今年就开学招生，北京市政府什么态度？"我说支持。他说："那好，口说无凭，你们拿市政府报告来，市长签字，我就在机动指标中考虑你们。"话说到这份儿上，我们只有起身告辞，并表示谢意。招生工作会一共没几天，事不宜迟，我们知道，需要尽快回北京，争取这最后的机会。

回到北京，我向团市委主要领导和市委分管领导做了简短汇报，重新起草了报告，就直奔分管教育的副市长陈昊苏办公室。当时已近中午，昊苏市长正准备出席一个外事活动，他一边打领带一边听我汇报。听完后他有些迟疑，问："我签字，教委就同意你们今年开学招生？"我答："是。"他二话没说，拿起笔来说："好，我支持你们。"具体批的文字我记不准了，大意是：市政府支持北青院今年开学招生。拿到市长批示，我们马不停蹄又赶往郑州，路上我在车里美美睡了一觉。当晚上我们又出现在计划司领导的房间里时，显然他有些不耐烦了，一个劲儿说："和你们说过了，拿市长签字，我就批，你们磨我没有用。明天会议就结束了，你们还在这儿泡，没用！"当他看到我拿的昊苏市长在我们请示报告上的批示件时，十分吃惊且充满了疑问。我告诉他，我们抓紧赶回北京又连夜赶了回来……他愣了，眼睛盯着我看了一会儿，轻轻说："我说话算数。"事后，国家教委从招生机动指标中调剂给北青院 100 人（实际招了 114 名）。我至今仍十分感激教委计划司的同志（可惜只记住了一位名叫徐敦湟的），接触虽少，但我感觉他们是一群遇事讲原则、处事讲规矩、办事讲信义的人，既循规蹈矩、坚持原则，又能在特殊情况下有灵活性的领导干部。没有他们的支持，没有市领导、市高教局、市招办的支持，北青院 1986 年肯定不能正式挂牌、开学、招生。

三、小平同志亲自给北京青年政治学院题写院名

学院各项筹备工作都在紧张进行中，其中院名题写我们认为是一件大事。找个书法家题写"青年政治学院"吧，总感觉有点不伦不类；找个名人题写吧，似乎也不够严肃、正规；找领导题写吧，一般的领导也不够分量……当时得知中国青年政治学院（中央团校）已经请耀邦同志题写了院名，我们怎么办？经过分析，我们觉得应该请德高望重的小平同志题写院名。理由是这几年大学里学潮不断，在改革开放条件下怎样加强对青年学生的思想政治教育，怎样在大学生中培养出一支"四有"的社会主义人才

队伍，一直是党中央特别是小平同志高度重视和关注的问题。我们认真梳理学习了小平同志近两年的有关讲话，认为小平同志站得高、看得远、说得对、讲得好，从党和国家事业全局和战略高度出发，一定会支持我们创办北青院的。话好说、事难办，我们也想通过点“后门”关系促成这件事，但找来找去也没有这方面的社会资源。最后决定就从“正门”进。我们认真起草了一封给小平同志的信，我亲自修改、定稿，说明了我们创办北青院的初衷和目的，北京 300 万青少年殷殷期盼您老人家能为这所培养社会主义“四有新人”的新型学校题写院名。当时好像没有很严格的规定要求，或许是我们不知道这方面的规矩，我们就从团市委开了封介绍信，把信直接送到中南海西门。团校办公室同志办事认真执着，一直死盯此事。记得小平同志办公室曾来过电话，向我询问、核实有关情况（我当时的通讯录中还留有小平同志办公室秘书的电话），7 月 9 日小平同志亲笔为我院题写了院名。当小平同志苍劲有力的毛笔题字“北京青年政治学院”（竖条）传到学院时，全院沸腾了，这是党中央对我们创办北青院工作的最大肯定，这是老一辈无产阶级革命家小平同志对我们工作的最大支持！全党的领袖，中国改革开放总设计师在日理万机的繁忙工作中，能为我们这样一所名不见经传，刚刚成立的小小青院题写院名，这里寄托了党和老一辈革命家多大的信任、多深的期许、多重的嘱托和责任呀！全院上下无不欢欣鼓舞、奔走相告、干劲倍增。小平同志题写院名还顺带解决了学校正式挂牌的名称问题。当时国家教委有关部门提出让我们先挂“北京青年政治高等专科学校”的牌子，等以后办本科时再挂“北京青年政治学院”的牌子，由于小平同志题词，我们北青院名称就一步到位啦。小平同志题写院名，不仅对当时学院筹办工作是一个巨大的鼓舞，而且对学院持续发展和办学目标都具有方向性的指导意义，是北青院一笔宝贵的精神财富。

四、院务指导委员会的建立

在北青院创办过程中，由于许多工作我们不熟悉、不了解，因此必然要请教熟悉了解的专业人士，特别是从事这方面工作的领导同志。从市委领导到相关委办局领导都对青院工作非常关心、支持，给予我们无私的指导帮助，让我们少走了许多弯路。那时我们是有事就上门，遇事就请教，完全是发散式的自由行为。一次，我向市高教局庞文弟局长汇报工作时，庞局长似乎漫不经心地说了一句："办一所学校，没有十年以上的时间，根本就出不来个眉目。"我那时年轻，又是团系统的干部，一说三五年，那就是相当长的时间概念了。听了老局长这句话，心里咯噔一下，意识到自己还缺乏对教育规律的深刻认识和长期准备……当时市委教委工作部廖淑俊、陈大白、任彦申等领导都给我们出了不少主意。但这种支持虽然宝贵，有时还是觉得不解渴，于是就想：我们办学院不仅要解决眼前遇到的具体问题，更要从宏观上认识高等教育的规律和特点；不仅要求助于各级领导的热心与爱心，更要把这种热情与支持制度化、固定化、长期化；这种支持不仅不能因领导工作变动而变化，更要使这种热心行为变为组织行为，这就产生了成立一个"院务指导委员会"的想法。我把这个想法向金鉴同志汇报，得到了他和家镠同志的大力支持。1986 年 9 月 5 日北青院正式成立，在开学典礼暨团校建校 30 周年大会上，市委批准成立北青院院务指导委员会（京办发〔1986〕33 号文）。第一届院务指导委员会主任是金鉴同志，副主任是汪家镠同志；委员有市委组织部华淑芳，市委教育工委廖淑俊，市政府文教办王晋，市高教局李煌果，市人事局闫三合，市计委王广荃，市建委万嗣铨，市委党校吴木，人大罗国杰、周兴健，北师院（现首师大）林培黎等十几位领导同志，我是秘书长。第二届院务指导委员会主任是时任市委副书记汪家镠同志，第三届院务指导委员会主任是时任市委副书记李志坚同志。院务指导委员会的成立对北青院的筹备、办学等全面工作起到了不可替代的重要作用，在政治引领、宏观决策、重点工作推进上发挥了具体及时的指导作用。每年院务指导委员会都要固定召开一次全体会，听取学院工作汇报，并对学院全面工作发表指导意见。根据学院工作需要，有时也召开部分委员参加的专题会，研究解决一些重点问题。平时，遇有具体单项工作难题，我们就直接找委员汇报，求得帮助。由于有了正式“委员”身份和责任，各位领导在帮助解决北青院的具体困难时，也就更为热心、更加放手了。

五、学院新址建设的艰辛

北青院在望京花家地（将台乡西八间房队）新院址的建设，赶上了全国压缩基本建设规模、防止经济过热的大形势，因此可以说一波三折、磕磕绊绊。记得 1986 年秋天，市委在平谷召开会议，我提前吃完饭在餐厅外等李锡铭书记。一会儿书记吃完饭出来，我迎上前自报家门向他汇报。由于以前团市委在樱桃沟建“一二·九运动”纪念亭的事，我曾向书记汇报并陪他视察过施工现场，锡铭同志可能对我有点印象，因此没有拒绝就和我边走边谈。我说我们正在建北青院，他说我知道。我说全国压缩基本建设，青院可不能压呀。他问为什么，我说基本建设许多单位是拾遗补阙，锦上添花；北青院是新单位，白手起家，房无一间，停缓建对北青院来说，可是伤筋动骨、生死存亡呀。我还说了一些办青院的意义什么的，现在想起来觉得很好笑，怎么还向市委书记摆这些道理呢？！我记得十分清楚，当时锡铭同志手里拿着一根牙签，缓缓地说：“你们给我写个报告，把情况写清，明天送来。”很快，书记作了批示，记得大意是说办好北青院，加强青年的思想政治教育很重要。批示转给市政府处理。等了几天，不见动静，我就冒失地去找市长了。在市长办公室里坐了一屋子的人，当我说明来意，表示不能压青院基建后，市长大发雷霆，冲着我一通批：“连青年团也不让压，都不让压，我压谁？中央的任务怎么完成？！……”关键时刻，王秘书出面把我“解救”出来。我问：“市长怎么了？屋里坐的什么人？”王秘书告，是市经委领导，为经济管理干部学院的事。我一下明白了，市经管院也在望京，离青院不远，也在搞基建……看来今天我当了“替罪羊”，市长对经委一些老同志不好发火，正好，我撞枪口上了。当时我的态度是，批评就批评，骂就骂，只要把青院的事办了就成。同时，我也深感当领导真不容易呀，越有权力，矛盾也就越集中呀。后来，批件又转到韩伯平常务副市长、市计委王军主任等领导手里。计委王广荃副主任起了重要作用。他戴着眼镜，温文尔雅，永远不急不躁，为青院事他真没少操心尽力，后来他也是院务指导委员会委员。青院基建项目保留下来了，批了一笔钱列入前期开工准备，后来就正式开工了。

学院的基建工作条件是很艰苦的。征地工作朝阳区建委管拆迁的李建同同志帮了大忙，记得冬天春节他陪我走访村里大队党支部书记，那时没有什么礼物，就带本挂历。征地以后基建处同志就在留下的几间农民老平房里办公，夏天一个中午一条蛇从房梁上吊下来正砸在一个同志休息的床上，这成了当时流行的笑谈。学校那时没有企业，也无三产，就是一点办学经费，基建处也没食堂，就自己带饭，冬天好说，夏天太热，饭有时就馊了。我们号召大家学习和发扬“南泥湾精神”，自力更生、艰苦奋斗，利用空闲时间在没开工的土地上开荒种菜。后来，他们竟还在圈起围栏的红线里养了一群羊，年底全院教职工总结大会上，集体吃了顿涮羊肉。创办时期各种规章制度不是很健全，但党的原则和纪律要求还是十分清楚的，对不贪不占的基本要求大家十分清醒。那时市场经济的一些风气已开始在社会流行，记得开工不久逢元旦，基建处长孙继普向我汇报，施工队领导年底来慰问感谢基建处，留下了一点钱（具体数记不清了），再三推辞也没推掉，请示如何处理？硬退回去，今后还有许多工作要合作，怕伤面子，影响后续工作。留下，怎么处理？为此学院领导班子专门开会研究此事，决定钱留下上交院财务处，作为专款专用，弥补基建处招待费用的不足，专人管理、专人审批，不许发奖金。这事今天看来也许很不妥，但当时实际情况和我们的政策水平就这么个水准，这也是我们仅有的一次“破例”。青院创办时期经费十分有限和紧张、最初全年经费才几十万元，全院上下过苦日子的思想和财务制度还是十分严格的。举个例子，1986 年夏天，我随北京高校代表团到新疆慰问走访一些优秀毕业生，让我当代表团秘书长。我知道代表团都是清华、北大、人大、师大等著名高校一些老校长、老书记，他们年龄大、德高望重，我这个北青院的小字辈，当然要多跑腿，联络服务好哇。秋天，新疆人事厅领导来北京，点名要见见我，因为夏天到新疆时，人事厅负责具体安排接待，我们打交道比较多。市高教局领导和我说，在青院见见面，晚上你们安排顿便饭。我爽快地答应，没问题。当时学院还在市委党校院里借地办学，我们也没有自己的餐厅，就在党校食堂请了一顿饭，共花了 100 元。事后，青院管财务的领导不给报销，说青院和新疆人事厅没有业务往来，这饭应该是市高教局请。并且告诉我说，效愚书记你要带头支持我们执行学院财务制度呀。最后我非常不好意思地把党校食堂发票交给了市高教局。这事今天听起来像笑话，不可思议，但这就是当年北青院创办时期的真实情况。

六、招兵买马组建队伍

干事要靠人，干一番事业更需要靠聚集起一批人才。在北青院创办过程中，加强人才队伍建设一直是学院工作中重中之重的大事。1986 年的学院年度工作计划中提出重点加强师资、管理干部和思想政治工作三支队伍建设。办学校没有老师不行，加强师资队伍建设是第一位的。青院引进的第一位高职称教师是北师大的李桂芝副教授。李老师一辈子在北师大工作，年过半百了要到一个刚成立的新学校工作，她确实犹豫。我们给不了李老师什么，正教授职称指标根本无从谈起，房子宿舍一间没有，但我们真正需要李老师这样的人来帮助我们培养青年工作的新型人才。我到李老师家里拜访谈过，她既为我们的热心和真诚感动，又对母校恋恋不舍。闲谈中我们得知李老师的儿子在一家大型国企工作不顺心，但调动无门，这成了李老师的一块心病。我们想办法帮助解决了这个问题，这让李老师完全没有想到。记得她拉着我的手说："效愚同志，青院这样对我，我还能说什么？！今后我这把老骨头就交给学院了。"李老师践行了她的承诺，一直踏踏实实工作在青院，直到 2015 年因病去世。

青院引进的第一个博士是谢维和同志，他当时是中国社科院研究生院博士、面临毕业分配。我和他谈，你来青院工作最方便，也最近，大门对小门，从研究生院过马路就来了，一块干点事吧。他当时一心只想搞业务，我劝他有条件时兼点行政管理工作，对全面发展会更有利。维和同志后来筹建北京青少年研究所并任负责人，他对学院的教学科研工作都作出了积极贡献，特别是他的到来对学院中青年教师队伍的成长起到了重要的激励、带动作用。1990 年，青院首任院长周之良调任北京师范大学党委书记，想带谢走。他也愿意去，我们当时毫不犹豫放人。对年轻同志，有机会到更大舞台为党和国家工作，那是好事。在这个问题上，青院从来不压人、不扣人、不小气。维和同志后来干得很好，先后担任过首都师范大学党委书记、清华大学副校长、清华大学校务委员会副主任，至今仍耕耘在首都高等教育事业上。

办学校离不开懂教育、搞过管理的内行人。建院之初，我们努力挖来了大兴教育局局长常林瑞老师，他筹建起青院文秘系，是首任文秘系主任。他扎实的工作作风、丰富的管理经验、厚重的人品受到大家的称赞，后来他担任了青院党委副书记。市委对青院领导班子和师资队伍建设是十分重视和支持的，1988 年先后调来了北师大马列主义理论教研室主任、教授周之良担任青院首任院长，北京科技大学学生工作处处长马宪平担任青院党委副书记，从此学院各方面队伍建设走上新的发展阶段。学生也是学校的主人，学生工作是学校工作极其重要的组成部分。当年我们还把北京大学学生会主席王晓蒙一毕业就挖了过来，都说北大人眼儿高，但从晓蒙身上我们看到的是一种扎实、干实事的宝贵品格。后来，晓蒙担任了青院首任团委书记。青院团委副书记罗兰是公安大学学生会主席，也是一员干事儿的女猛将。青院创办初期学生工作十分活跃并且在社会上有一定影响，是和他们，包括分管领导马宪平、学生处长李红捷等密不可分的。

办好一所学校，需要方方面面的人才，不光是高学历、高职称的人，各个岗位都需要一批扎实干事、肯奉献的人。1989 年“政治风波”惊心动魄，学院唯一的小车司机刘丰泉不分昼夜、不惧风险，圆满完成各项任务，获得大家一致好评。学院需要这样经过考验的人，但他是临时工，而且还是农村户口，家在门头沟。怎么办？首先农转非就是个难题。忘了是谁点的道儿，让我去找市农委白主任想办法。老主任戴副高度近视眼镜，和蔼可亲，我从不认识他，但他听我介绍完情况后说：“青年团办教育不容易，有困难我们帮助支持……”很快我们这个难题就得到了妥善解决。那时学院初建，人少，许多事我们往往也是亲力亲为。后来，丰泉同志还担任了学院车队队长。创建时期，学校调进的每一个人，背后都有一段故事，挂一漏万，不可能都说了。创办时期青院就像一座熔炉，大家都围绕着这座高炉，热火朝天、风风火火地干事，都希望通过自己的努力，为祖国炼出一炉炉好钢材！

七、学生工作的创新实践

青院学生工作一直是在党委领导下，紧紧围绕培养社会主义“四有新人”的总目标进行的，最大特色是坚持在“实践中学习共产主义”的原则，大胆创新。团章中规定共青团是先进青年的群众组织，是在实践中学习共产主义的大学校。团校办大学，这条经验和原则当然应该在青院的学生工作中得到贯彻和弘扬。我们自己的实践经验也证明了这一点，理论教育、理论灌输一定不能放松，而且要生动活泼。但学生不能光说不练，不能光坐而论道。要让他们学，还要让他们行；不仅要让他们说，还要让他们做；真理和信念，学生只有在实践中自己感悟到了，才真正是入脑入心了。因此，除了课堂上学好马列主义理论课程外，我们特别强调课外的社会实践活动，要求学生处、团委、学生会要大胆工作、勇于创新，为培养“四有新人”、培养未来的新型青年工作人才闯出一条路来。

1986 年 9 月，青院新生刚入学，我们组织全校学生到中国人民解放军三军仪仗大队（那时还叫卫戍区仪仗营）参观学习，主要目的是学习解放军的纪律作风，从军营内务管理到军人仪表仪容，要求青院的学生要有崭新的精神风貌和纪律作风。仪仗大队真支持我们的工作，300 多人（我们才

100多人）全员着三军礼服，列队在操场，向我们进行了阅兵式、分列式全套表演。我们还参观了荣誉室和军人宿舍，并与队员们进行了座谈。学生们深受鼓舞、倍感自豪，因为这种待遇是连北大、清华等著名高校学生都没享受过的。我们得知，这是今年以来仪仗营在驻地第二次着装列队表演，第一次是军委杨尚昆副主席来驻地视察。他们告诉我们，你们是军委邓（小平）主席亲笔题院名的新型高校，我们必须高度重视。这种破格待遇，不仅使我们深深感受到小平同志的崇高威望，更让我们倍感青院工作责任重大、意义深远。1987年初的寒假，我们又组织全校学生到保定三十八军军训，结束时陈昊苏副市长和三十八军李际均军长亲自检阅了军训学生。因为1981年9月我在北京师范学院任学院代理团委书记时，曾组织师院新生在校内短期军训，效果非常好，对刚入大学门的新生思想作风培养和班集体的形成起到了重要作用。因此，青院新生也就照方抓药，进行了军训。建院初期，新生军训成了青院的传统。市委副书记、市长李其炎同志，团中央书记处李克强书记都参加过青院学生军训闭营式、检阅过学生。

青院的学生社会实践活动开展得有声有色、十分活跃，每年寒暑假我们都抽出一定时间组织全院学生进行社会实践，这成了学生的必修课。学生到郊区通州，住在农民家里“三同”（同吃、同住、同劳动），还参加起猪圈劳动。20世纪80年代改革开放了，大学生还去农村参加起猪圈劳动，这在全国也是少见的。但实践效果非常好，学生总结时发自内心讲了许多感人的话，让我们坚定了信心。1990年北京亚运会，我们做了一个大胆的决定：全院停课，老师带学生参加亚运志愿服务。能亲身参加新中国成立以来北京举办的最大的一场国际体育盛事，学生们激情四溢。亚运颁奖典礼上的号角队，就全是我院学生担当的。亚运会后，我们及时与中国青年报联合举办了“当代青年和亚运精神研讨会”，中青报用了整版篇幅进行了详细报道。青院还组织学生进行大型社会访谈活动，走访老一辈革命家，像陆定一同志、时任全国政协副主席的杨成武老将军还有孙毅老将军等；还走访各条战线上的著名劳动模范等。学院还不失时机请来当时社会上影响巨大的名人来做报告，如“当代活雷锋”朱伯儒，李燕杰、曲啸，老山英雄报告团等。记得当年当北京籍战士、老山英雄徐良（失去一条腿）拄着拐杖，给全校学生做报告，最后带领大家一起高唱《血染的风采》时，全场的爱国主义气氛达到顶点。青院的学生没有一丝小校不知名的自卑感，相反处处要争先，充满向大校、名校挑战的争创一流的精神。学院成立的第二年（1987 年），学生的舞蹈《星空的旋律》就在蒋今锦老师创编带领下获得了北京市第三届青年艺术节舞蹈一等奖。市里提倡高校学生宿舍实行公寓化管理，结果我校学生公寓化管理获得全市高校总评分第一名。尽管我们心中有数，像青院这样的小校，公寓化管理当然好搞得多，和几千人、上万人的大校相比也容易得多，但得了第一，仍然对全校师生是个极大的鼓励。总之，青院的学生工作在当时是十分活跃的，充满了创新精神和激情。30 多年后，青院前几届毕业生聚在一起时还说，当年在北青院是“激情燃烧的岁月”，听到这话，我感到十分欣慰。（完）

2019 年 8 月

蒋效愚，时任北京团市委副书记，北京青年政治学院党委书记、常务副院长，北京市团校校长。

改进思想政治教育工作二三事

周之良

我在北青院工作的时间不长，从1988年5月到1990年8月，总共只有两年多的时间。学院同人们改革创新的奋斗精神、真诚合作的情意、说干就干的作风，使我获益良多，迄今记忆犹新。

我到学院工作的第一件事，是参加新校址开工建设的奠基仪式。当时，学院已经成立，校舍尚未建成，大家工作学习都寄居在车公庄北京市委党校院内。办学的条件相当困难。3个系，3间教室，办公室很少又很小，开会时有的老师只好拿把椅子坐在楼道里。学生缺少活动场所，只能在楼后边练健美操。舞蹈老师认真负责，训练有方，使我们这所设备简陋的学校在全市高校健美操比赛中获得了大奖。看来，条件与质量不完全是一回事。工作能否做出成绩，首先取决于人的精神状态和能力。

创建一所高校，硬件建设的任务艰巨，软件建设也不容易。青年政治学院的特点，理所当然的是青年和政治。上级对学院的期望很高，希望建成高校思想政治工作的研究中心。思想政治教育是不是一个专业？这是一个久有争议的问题。改革开放以后，终于有了明确的结论，而且从政策上逐步落实下来。高校设立了相应的专业，教师职称中设立了“学生思想教育”系列。大环境暖意浓浓。但是，在改革开放的新形势下，思想政治教育工作如何做？思想政治教育的专业人才如何培养？仍有许多难题待解。我们按照党的要求，继承青年团和团校的优秀传统，进行了一些新的探索。

当时，我和很多同行都在倡导“大德育观”，探索政治教育、道德教育、法制教育、心理教育、审美教育协同发展的途径。政治导向当然重要，必须坚决贯彻落实培养社会主义建设者和接班人的教育方针。可是提高人的思想政治水平不可能单打一，只学政治理论，更不能盲从“政治可以冲击一切”的谬论。青少年的成长，世界观、人生观、价值观的形成，需要多方面的营养。所以，在切实加强政治教育的同时，要努力拓宽工作领域，使工作更贴近学生，贴近生活，更有高度、宽度、厚度、温度。

青教系的老师非常敬业，白手起家，开设了青年学、团队工作等新课，教学效果也是好的。有待充实的是从理论层面对思想政治工作和思想政治教育内容的探究。几经磋商，决定先由我试讲“思想政治工作概论”若干专题。我还记得，当时上课先讲了思想政治工作基本原则（导向原则、实事求是原则、情理交融原则等），然后重点研讨了在改革开放新时期，如何更有针对性地进行社会主义和爱国主义教育。在社会主义教育的专题中，概括了社会主义胜利的必然性、社会主义制度的优越性、社会主义建设的艰巨性三个要点。在爱国主义教育的专题中，论述了全面的认识祖国，自觉的落实责任，做勇于改革创新的新型爱国者三个问题。编印了爱国主义学习资料，内容包括：方志敏的《可爱的中国》、鲁迅的《中国人失掉自信力了吗？》、李政道的《读〈河殇〉有感》等等。

为了启发自我教育，课后作业的题目是“我的爱国思想历程”。同学们很认真地进行了回顾反思，有一位同学是这样写的：“我小时学写的第一个词是‘中国’，学唱的第一首歌是《我爱北京天安门》，我怎么能不爱国呢？但不知从哪年起，我对祖国失去了兴趣，觉得她不再是富丽堂皇的宫殿，而是贫寒破旧的草屋；那国旗红得刺眼，五颗星也觉呆板，没有星条旗典雅活泼，国歌更比不上美国爵士乐带劲。别人问我，你还爱中国吗？我虽仍回答‘是’，但又面露羞涩。……后来我为《河殇》那些‘精彩大胆’的言辞所激动，对《丑陋的中国人》爱不释手。竟还感到能看到祖国有这么多的阴暗面，是认识分析问题能力的提高、思维的深入，为生在中国而倍感不幸。听了爱国主义教育的报告后，头脑似乎感到清醒了许多，仿佛呼吸了新鲜空气一样……”

我没有记下这位同学的姓名，但他（她）的真诚令我感动，使我久久不能忘怀。同学遇到的困惑，也是改革开放初期许多人都曾有过的。同学在反思中有所收获，是个进步；和我一道梳理了新时期青年思想成长的脉络，也使我受益匪浅。

说到自我教育，我还想到另一次作业。在学习“人际交往”专题时，提到要学会表扬他人。我在班上做了个小调查：是否表扬过妈妈？结果，大半同学的回答是否定的，或者是笑而不答。于是就与同学商定了一个作业：周末回家要想方设法表扬妈妈，看看反应如何。又一周上课时，有同学反馈刚说了几句“妈妈辛苦啦，您真好……”妈妈激动的眼泪就要流下来了，动情地说：“孩子你终于长大了，学校把你教育得真好。”还有同学说，我刚刚夸了妈妈几句，妈妈却说：“你怎么这么多事儿！”好像很不习惯，但脸上还是乐滋滋的。小事情蕴含着大道理，这也算是情理交融吧。

为了探讨新时期爱国主义教育的特点和规律，学院举办了爱国主义理论研讨会，小会议室迎来了国内知名专家和兄弟院校的同行。《中国青年报》1990 年 7 月 5 日整版报道了会上的发言。我在会上汇报了学院进行爱国主义教育的情况，编辑部给这个发言加的标题是“爱国精神是社会主义建设的强大动力”。

我们的工作在社会上产生了一些影响。辽宁教育出版社的同志找上门来约稿，要求为他们正在编写的“时代与思考”丛书，写一本关于爱国主义的小册子。我和张国均、宋晓庆老师共同策划、分头执笔，重点是概述祖国的文化、近现代的历史；力求多讲故事，以事论理、以文化人，写出青年教育的特色。书稿完成以后，编辑部给予积极的评价，只提了一条意见，在“诗史与国史”一节当中，要加重对辛弃疾的评介。书是 1991 年 6 月出版的，书名《东方地平线》，那时我已经离开北青院了。

道德教育方面，由于甘葆露教授加盟北青院，伦理学和相关课程的质量得到提升。我在爱国主义教育中讲民族自尊心、自信心，批判民族虚无主义，有些观点就是从她的著作中学来的。可惜如今她已经作古。

心理健康教育，当时还是比较新的课题。由于多年的“大批判”，我国心理科学的恢复和发展，步履艰难。好不容易才引进一位心理学老师过来，开始筹建心理教研室，并从一年级新生开始建立心理档案。《中国青年报》曾经在头版头条对此进行了报道。其实，工作当中的难题还是蛮多的。关于使用什么量表，测量的可信度如何，从国外引进的量表可否本土化，等等，我们还在反复思考中。那时国内还没有太多的经验可以借鉴。探索需要勇气，更需要思考，思考有时是挺痛苦的。不管怎样，开始起步就有希望。

法制教育的重要性现在已不必多说，可是当时，国家法制建设正在重新起步，聘老师、选教材都很困难。青年思想教育所需要的法制课程，不是一般的法律课，而是重在培养法制精神的教育课程。后来，北京高校德育学会突击培训辅导员，来承担这门课的教学任务。这也算是社会转型期“特事特办”吧。

美育历来是青年团工作的强项之一。蒋效愚书记更是重视文学艺术教育，学院虽小，可是坚持聘请了专业的舞蹈老师、音乐老师任教，他特别要求新校建设要有专门的舞蹈教室。这些举措在政治院校中是不多见的。每次学院的联欢会上，大家都能听到蒋书记的歌声。受他的影响，我也鼓起勇气在新年联欢会上朗读了学生写的一首诗——《月光洒满了一条河》。那首诗登在学生自办的油印的文艺刊物上。演个节目，谈不上美育。但是营造健康和谐的校园生活，却是美育应有之义。

在美育中，文明礼仪教育是一大亮点，学院请礼宾司的同志过来授课，边讲边练，别具一格。言谈举止见修养。北青院可能是最先使文明礼仪教育进课堂的高校。

思想政治教育具有很强的实践性。学院的学制较短，但坚持要挤出时间安排社会实践。1990 年亚运会期间，全校学生参加志愿服务。平日的“社会访谈”活动有声有色。同学们自己拟定访谈提纲，与受访者交流对话，在实践中学到了许多书本上学不到的知识和智慧。我和同学一道参加过两次访谈活动。刚一上汽车，同学就向我提出了一连串的问题。我说："今天并不是访谈我啊。"同学说："我们成习惯了，见谁都想问问谈谈。"显然，他已经逐渐由受教育者向探索者转变了。

我们的工作仍然存在诸多缺陷，更没能总结出规律性的、制度化的成果。课程建设、师资队伍建设方面仍有好多工作没有做到位。可是，北青院的同人们忠诚于党的教育事业，勇于改革创新的精神和毅力，我至今回忆起来，心里还是热乎乎的。我们付出了，也收获了，青年工作使我们自己的心态年轻化了，这也算是教学相长吧。

调离北青院以后，我又在教育、思想教育领域工作多年，身上依然保持着北青院的文化印迹。北青院是育我成长的第二母校。

2018年初冬时节，时年85岁

周之良，时任北京青年政治学院首任院长。

激情难忘的岁月

马宪平

1988年5月，我从北京钢铁学院（现北京科技大学）调北京青年政治学院任党委副书记（1992年同时兼任副院长），转眼间已过去30年了。时光飞逝，岁月如歌。30年前在北青院工作的日日夜夜又像电影一样浮现在眼前，那时的人，那时的事……岁月的年轮记载着不朽的回忆。

我到学院时，学院已有两届学生了，经过酝酿筹备、审批建院后学院进入了事业的快速发展期。遵循高等教育的一般规律，彰显青年政治学院的办学特色，我们探索着走出一条自己的办学之路。

在学院工作期间，我主要分管学生工作、学院思想政治工作，也分管过学院行政后勤工作、财务工作等。我有幸在北青院和大家一起走过9年的历程；有幸结识了一批志同道合的同志、战友、兄弟姐妹；有幸在最好的年华里和大家共创北青院繁华……最难忘的是北青院初创时期的奋斗、实践、探索和追求。

一、办一所让党和人民放心的社会主义新型大学

1.坚持政治特色，培养对党忠诚的一代新人

学院创办初期，中共北京市委、许多老领导就反复告诫我们，北京青年政治学院是个新学校，一定要把学院办出特色来，要把坚持正确的政治方向放在第一位，要突出政治特色，为国家培养有作为的青年工作人才，为党培养坚定的青年马克思主义者。至今我还清晰地记得，我陪同效愚同志到时任中央政治局委员、北京市委书记李锡铭办公室汇报工作，他就讲

“青年政治学院首先要有政治，要听党话跟党走，在任何情况下都要把党的利益放在首位。要有政治信仰，要坚信共产党的事业必定胜利。形势越复杂，越要坚定立场，保持清醒头脑”。

建院初期，我们就创办了学生业余党校，学习《共产党宣言》，邀请老领导、老革命给学生讲革命传统，讲红色政权的来之不易；请马列课老师给学生讲党史，讲社会主义建设历史，从理论上坚定学生的信念；蒋效愚、周之良等学院领导都亲自为学生上党课，用他们的亲身经历和深切感悟教育学生做党的忠诚战士。我记得，那时期向学院递交入党申请书的学生占到学生总数的80%以上。那时候，北青院的政治氛围很浓厚，学生政治学习的热情也高涨，大家在学校生活几年，社会责任感和政治责任意识都得到增强。大家都有这个意识，北青院是培养党的接班人的，是培养新时代有担当的青年工作人才的，这就要求我们必须突出政治特色，始终做到对党忠诚。

信念的坚定源自理论的自信。建院初期虽然教师不是很多，但党委十分重视马列课程和德育课程建设，教哲学的赵卫民老师、政治经济学的丁庆标老师、思想品德课的李桂芝老师等坚持用正确的世界观、方法论教育学生，用高超的教学技艺和高尚的人格影响学生。他们不但是深受学生欢迎的好老师，也对学生的人生观、价值观、世界观的形成产生了重要作用。

2. 坚持深入实践，在火热的社会生活中汲取营养

作为首都最年轻的高等院校，我们的办学之路究竟应怎样走？学院领导和教师进行了积极探索。最突出的一点应是加大社会实践力度，让学生在丰富的社会体验中汲取营养，增长才干。

1986年新生一入校，我们就组织新生到三十八军进行军训（这在当时可能是首都高校组织学生开展军训少有的院校之一）。在部队接受纪律教育，体会军人之苦，感悟集体的温暖，进行意志的磨炼。这支不到200名学生组成的军训团，受到三十八军的高度重视，三十八军军长、北京市副市长亲自检阅了学生的军训汇报，并给予充分的肯定。到现在86级同学聚

会回忆起三十八军的军训，都是感慨万千。学生军训成为我院多年坚持的一个必修项目。

我们坚持每年组织学生到工厂、农村、街道进行社会实践。门头沟矿务局有我们学生的身影，他们下到矿井内体会矿工劳作的辛苦，无私的奉献；通州马驹桥有我们学生劳动的场景，寒冬腊月和农民大叔一起起猪圈，飞雪伴着猪粪飞扬，思想和灵魂得到洗涤；宝塔山下我们感受延安精神的洗礼，农家炕头我们体验老区人民的质朴和贫穷；西柏坡我们走进领袖集体，寻找中国革命胜利之本源；山西化肥厂，我们看到了科学技术的力量；街道社区，我们融入生活，彰显才华……

最让人难忘的是 1990 年亚运会。亚运会的召开是我国的一件大事，办好亚运会是党中央和全国人民的共同期待。当时，亚运会组委会需要大量的志愿者和工作人员。学院党委敏锐地看到这是体现学院“政治特色、青年特色、时代特色”的一次难得机遇，也是让学生在实践中提高能力、全面成长的绝佳机会。于是党委决定并报北京市高教局同意，全体学生停课半年（含暑假）参加到亚运会筹会的各项工作中。其实这个决定当时还是有争议的，担心影响教学进度，影响教学质量。但我们更多考虑的是学生综合素质的提高和适应社会的能力及全面成长。几百名学生在亚运会筹备期间和亚运会召开期间，确实得到了不一般的锤炼。有的学生全程参与了亚运会交通管理，有的学生全程参与了亚运会票务管理，还有的学生负责观众组织、礼宾接待、开闭幕式协调服务等等。这是我们学生参与社会实践最大的一次活动，也是最难忘的一次活动。我们很多学生在亚运会后立功受奖，在学院不同层面的总结会上，许多学生流下了激动的泪水。

值得说说的是颁奖典礼小号队。亚运会期间，每当运动员取得骄人成绩，都要上台领奖，这时颁奖典礼小号队就吹起了嘹亮的迎宾号角。听着那动人的号声，可别以为那是专业号角队员，那全是由北青院学生组成的号角队。他们从不会吹号到登台奏响迎宾曲，个中辛苦谁人知！我记得刚开始训练没几天，有关同志就对我们的学生失去信心，认为学生零起点，很难完成任务，产生想调用专业人员或部队司号员的念头。为此我还专程去找了当时的团市委书记强卫，反映情况及我们的决心。强卫同志很支持学院的考虑，亲自打电话与组委会沟通，保证学生继续训练，承担重任。就这一批小伙子、青年大学生，为了国家荣誉，为了祖国尊严，也为了北青院的荣耀，他们拼了！每天凌晨开始练号，一练就是一整天，几个月坚持下来，创造了一个不可能的奇迹。在这个过程中，他们本人得到了历练和升华，也为祖国、为首都、为北青院争了光。

1991 年，为了进一步深化学生社会实践活动，在党委的支持下，我们在全院学生中展开“大型社会访谈”活动。党委发号召，团委全面跟进，学生自主联系访谈对象，自拟访谈提纲，自主完成访谈的全过程。这项活动在全院师生中引起强烈反响，学生参与的热情超乎想象，活动也收到了前所未有的效果。实践证明，学生中蕴含着强大的内动力和能量，只要引导得当，就会激发出让你难以想象的潜力。奥运冠军我们请来了；女排英雄我们请来了；著名演员于是之老师我们登门拜访；杨成武、孙毅将军这些开国元勋向我们敞开了大门；50 年代的团中央领导、60 年代的劳动模范、新中国的科学巨匠……学生们足迹遍布在首都的大街小巷、机关单位、科技院所、学校工厂。这次大型社会访谈收到巨大成功，各大媒体都做了报道。其实我最感动的还是我们的学生，他们在访谈中明白了责任，树立了信心，坚定了追求，他们在成长着、成熟着。

也可能有人对北青院的社会实践不以为意。但它确实创造了一种模式，走出了一条办学新路，第一课堂和第二课堂并重，让学生成为顶天立地的人，为学生进入社会打下坚实的基础难道不是我们的追求吗？从共和国缔造者毛泽东到改革开放总设计师邓小平，再到引领中华民族伟大复兴的习近平，都十分重视青年大学生的健康成长，强调理论与实践相结合，在丰富的社会生活中汲取营养。习近平总书记关于教育的重要论述，特别强调要立德树人，“人无德不立，育人的根本在于立德”。“加强品德教育，既有个人品德，也有社会公德、热爱祖国和人民的大德。要坚持教育引导学生培育和践行社会主义核心价值观，做到品德润身、公德善心、大德铸魂。”“要在增长知识见识上下功夫，教育引导学生珍惜学习时光，心无旁骛求知问学，增长见识，丰富学识，沿着求真理、悟道理、明事理的方向前进。”要做德智体美劳全面发展的社会主义建设者和接班人。这些为教育改革和发展指明了方向。应该说，广泛开展深入持久的社会实践活动是落实党的教育方针的有力举措和积极探索。

3. 坚持遵循规律，办一所规范的有特色的高等院校

从办团校到办大学，确实是对北青院领导班子和全体教职工的严峻考验。过去我们办团校积累了丰富的宝贵经验，今天我们创办一所新型的青年政治学院一切从零开始。有市委市政府的大力支持，有首都各高校的热情相助，有全院教职工的齐心协力，我们一定能够走出一条新路，办好一所大学。

教育是有规律的，高等教育有它内在的运行规则和发展规律。在遵循规律的同时，我们不断探索，不断创新。

建院初期，我们首先明确学院的发展定位和培养目标。我们学院是一所培养青年政治工作专门人才的市属普通高等文科院校，就是要把学院办成具有鲜明政治特点、青年特点、时代特点的社会主义新型高等院校，就是要培养符合“四有”要求、富有创造精神和献身精神、热爱青年和青年工作、一专多能的青年政治工作人才。

大学建设，关键是要有完整的学科专业设置和课程设置。建院初期，学院领导和年轻的教务处同志们主动谦虚地到北京各高校学习取经，调查研究；到北京各区县、各企事业单位调查人才现状，了解对人才的需求，掌握人才培养的相关规律，根据学院办学目标科学设置学科专业，在反复研究、论证的基础上提出了建设四大专业，即青年思想教育专业、少年思想教育专业、经济管理专业、文秘专业。随着时代的发展，学院专业有了许多调整，但这四大专业仍是学院的支柱性专业。在学科专业设置，课程建设和课程设置，规范化办学方面时任教务处处长周伟东同志功不可没。

办大学，优秀的师资队伍是基础。建设一支有足够数量的又红又专的教师队伍，是办好北京青年政治学院的关键一环。尽管20世纪80年代初团校从高校引进一批77、78届毕业生，他们政治素质好、年轻、业务水平也不错，是建院后重要的师资力量和教学基础，赵卫民、葛铁林、张金涛、王新宏、付永吉、丁庆标等是这批教师的杰出代表；但总体人数较少，远不能满足学院事业发展的需要。吸纳更多的教授、专家、学者加入北青院建设的事业中，是我们当务之急的一项工作。大家群策群力，各方动员，礼贤下士，以真诚感染人、以真情感动人，短短几年时间，我们引进了一批专家学者，应届本科、研究生毕业生，学院师资队伍发生了可喜的变化。学院的第一位副教授李桂芝老师来了，学院的第一位博士谢维和来了，著名伦理学专家甘葆露教授来了，管理学教授刘本固来了，少年研究方面的教授吴云清来了，外语教授崔玉香来了，中央民族学院的舞蹈专业研究生蒋今锦来了，中央民族学院的美术高才生金宇来了，音乐教师张东升来了，体育大学高才生刘培庆、王华倬来了，文学才女张冬青来了……他们的到来，为北青院注入了一股清泉，彰显了更大活力，我们在规范化办学的路上越走越扎实，专业实力也更加厚重，有的专业在北京高校学术影响力越来越大，成为一道独特的风景线。

我们的学院虽然年轻，但它朝气蓬勃、勇往直前；我们的学院虽然年轻，但它尊重规律又不因循守旧；我们的学院虽然年轻，但它注重建设、夯实基础；我们的学院虽然年轻，但它荟萃人才、争创一流。

4. 坚持科学领导，保证学院沿着正确的方向前行

在提出建立北京青年政治学院的酝酿时期，团校领导班子就对创办学院进行了较为深入的分析论证，就学院的办学定位和发展目标提出了自己的意见。靳春立、白世诚、高玉维、邵旭君、周伟东、李红捷、靳志伟等团校老同志均为学院创建贡献了智慧和力量。

蒋效愚同志兼任团校校长（时任北京团市委副书记）后，更是全力以赴推动北京青年政治学院的创建，当时的团校领导班子心往一处想、劲往

一处使，齐心协力推动创建。效愚同志更是夙夜在公、废寝忘食，为北青院创建立下了汗马功劳。

上级批准建立北青院后，经市委同意先期成立了北京青年政治学院临时党委，蒋效愚同志任临时党委书记，党委委员有白世诚、高玉维、赵勇。后学院党政领导班子不断充实，周之良和我也陆续调入学院，新的学院党政领导班子带领全院师生不断开创学院建设发展的新业绩。

学院实行党委领导下的院长负责制。在学院建设发展初期，我们始终坚持这样一个原则，凡重大事项一定要经党委会讨论研究决定。我记得那时学院经费还是比较紧张的，一年经费也就百万左右。记得党委会上，在研究经费使用时，有同志提出要改善办公条件，但效愚和周院长坚持要向教学倾斜、向学生工作倾斜。书记、院长向大家讲为什么，从培养人的高度、从规范化办大学的高度讲述经费的合理使用、倾斜方向。后党委一致决定在有限经费内向教学、向学生工作倾斜。

在学院发展中，我们始终坚持不忘初心，办一所以培养青年政治工作人才为主的新型高等院校。在这个坚守初心的过程中，我们不因循守旧，敢于突破创新，在专业发展、学生培养多方面取得成绩。我们坚持上好马克思主义理论课，从理论上帮助学生明确人生的方向和奋斗目标；我们特别重视学生政治素质的培养，通过办学生业余党校，举办时事政策讲座等有效的学习教育活动，坚定学生的政治信念、政治方向、政治立场，我们建院初期的几届毕业生许多都成为党政机关、企事业单位、学校的领导和中坚力量；我们深入开展学生的社会实践活动，让学生在火热的社会生活中去坚定信念、增长才智、完善人格；我们率先在全体学生中开设音乐课、舞蹈课、美术课，开展美育教育，培养学生健康的审美观，发展学生鉴赏美和创造美的能力……就是在这样的坚守中，我们探索着走出一条新时代社会主义高等教育的办学之路。

那时的学院领导班子风气是好的，大家团结一致，一心干事成事，少有钩心斗角之事。作风也是清正廉洁的，一辆伏尔加小车，谁急用谁用；

我和周之良院长挤在一间小办公室里，一待就是近3年。那时领导和教师、教师和学生关系都十分融洽。我曾开玩笑说，我们在市委党校借地办学，有点像延安的抗大，条件简陋，但却培养出坚强的战士。

二、一定要写的五个人

在北青院工作9年，有太多太多让我难忘的人和事。学院创建初期，领导、老师和同志们那种朝气蓬勃、勇于开拓、勇往直前的精神状态给我留下了十分难忘的印象，也激励着我努力工作、不断进取。我和许多同志已超出一般意义上的工作关系，工作中凝练的情谊更加深厚。常林瑞老师的善良风雅、大哥风范，孙继普逢山开路、遇水架桥的开拓精神，蒋玉芳大姐的精打细算、一板一眼的负责态度，朱生利严谨求实、敢于担当，胡军的踏实肯干，周杉如的收放自如，王晓蒙、罗兰冲在一线、全力拼杀，还有各位老师的敬业奉献……这一切的一切，历历在目，仿佛就在昨天。北京青年政治学院是我心中难以忘怀的一块“圣地”。但是，我还是想写写这五个人。

1. 亦师亦友蒋效愚

我和效愚同志认识较早。20世纪80年代初期我在北京钢铁学院（现北京科技大学）大学毕业留校团委工作。效愚同志从北京师范学院（现首都师范大学）毕业留校后又到团市委大学部工作（任团市委大学部部长，后任团市委副书记），那时他就是我的领导了。在共青团的各种会议上和效愚同志都有接触。更多接触是在北京高校德育研究会期间，那时王殿卿老师是北京师范学院学生工作部部长兼任首都高校德育研究会秘书长，效愚和我都兼任副秘书长。80年代学潮不断，各高校学生工作难度很大，任务很重。北京高校德育研究会是首都各高校学生工作和共青团专职干部研究学生工作的一个重要平台。记得那时市委教育部领导汪家镠、廖叔俊、陈大白、任彦申经常和我们一起研究当前形势，分析高校学生思想动态，探讨如何做好学生思想政治工作。许多次会议上，效愚同志总是能够入木三分地对形势作出精准分析，提出的对策建议也往往能让人眼前一亮，耳目一新。那时效愚同志思想的成熟，工作的魄力，为人的热情，美丽的歌声给我留下了深刻印象。

1988年组织调我到北京青年政治学院工作任党委副书记，有幸和效愚同志在一个领导班子里共同工作战斗了近3年。3年时间不算很长，但我与效愚同志结下了值得一生珍藏的友谊和情感。作为党委书记、班长，他是我的好领导，也是我人生成长的“重要他人”；作为年长我6岁的兄长，他是我的好大哥，他的为人有情有义，做事善始善终，我为有这样的兄长而倍感自豪。我们是战友，也是朋友；是兄弟，他更是吾师。

记得刚到学院工作，两眼一摸黑，怎么开展工作很是找不着头绪。效愚同志用了近一天时间和我谈学院发展和建设，他从领导班子建设到学院思想政治工作，从学院创建的艰苦历程到新院址建设的重重险阻，从团校发展到办正规大学，从干部队伍建设到教师队伍建设，从学生工作到财务管理……毫无保留地向我做了全面介绍。特别是和我进行了深入交心，从他自己的成长经历到对党、对国家、对改革开放的基本立场，从当领导的心历路程到对人、对事、对家庭的基本态度，我们敞开心扉，畅所欲言，进行了深度的心灵沟通。那时我就认定，效愚同志是值得信赖的领导和兄长。

那时效愚同志已是副局级领导干部了，但从效愚同志身上看不到任何“官气官味”，他总是和教职工打成一片，一起打球、一起春游、一起聚餐、一起唱歌，师生关系极为融洽。谁遇到困难和问题，都愿和效愚聊聊，释疑解惑。效愚同志多年住在红庙地区一居室的房子里，他从无怨言，就在这一居室一单元的地方，我们这批年轻的干部可没少骚扰。经常是周末或晚上，我们三五一群就奔效愚家，嫂子做几个小菜，效愚同志最推崇的贵州醇一上桌，我们就开练了。饭桌上，谈理想、谈人生、谈事业、谈工作、谈家庭、谈孩子……那是思想的碰撞，那是友情的交融，更是人生的一种“艳遇”。

效愚同志工作的“拼命三郎”是出了名的。他在学院工作经常是到很晚才回家，办公桌上摆了文件和书籍，有时已到晚上八九点了，他办公室的灯光仍亮着。那几年，为了学院的基本建设他操碎了心，上到市委市政府主要领导，中到各委办局领导，下到施工队负责人，他“上蹿下跳”“东奔西跑”，只要对学院建设有利，他不辞辛苦，礼贤下士，“个中甘苦谁人知”。北京青年政治学院能从停缓建项目重新启动开工，能在短短4年时间里建设起一个崭新的大学校园，效愚同志功不可没，历史将记下这不朽的功绩。创办一所新型高等院校，工作千头万绪，不论是学科建设还是课程设计、不论是教师引进还是筹措办学经费、不论是学生工作特色创建还是青年研究的深入拓展，他都事必躬亲，亲力亲为。正是效愚同志的无私奉献、夙夜待公、勤奋工作，才为创建初期的北京青年政治学院打了良好的基础。

效愚同志出身于一个普通人的家庭，记得到他父母家见到他父亲那和蔼可亲、忠厚踏实的感觉，就知道这是一个有着良好家教的家庭。效愚同志成长在红旗下，生活在祖国首都心脏，他政治信仰牢固、政治立场坚定给我留下了强烈的印象。办好北京青年政治学院，他更多是从政治上考虑。每年的中层干部会、全体教工大会他反复强调的是我们为什么要办北京青年政治学院，中国改革开放的总设计师邓小平为什么要给我们题词，那么多老领导、老革命为什么对我们倍加关注，就是因为我们姓“党”，是为党和国家培养坚定忠诚的接班人的。所以要把讲政治放在第一位，把德育放在首位，要培养一批政治上坚定，爱党爱国经得起时间考验的坚强战士。他带头给学生业余党校上党课，带头和学生一起深入到工厂农村寻找力量的源泉，带头和教师一起研究打磨马列课、思品课，带头和学生工作干部教师一起创建青院学生工作的特色和亮点……应该说，创建初期的北青院，政治特色十分彰显，全院教工对这个问题都有清醒的认识，全体学生也把坚定理想信念、追求政治进步作为自己大学阶段的最高追求。回想起来，我觉得我们那时办学的“气场”特别好，校园里总是充满着浓浓的政治氛围、青年气息，大家工作学习劲头十足，正如旭日东升、朝霞万丈。最难忘的还要说一下1989年。发生在1989年春夏之交的“政治风波”，是在以邓小平同志为代表的老一辈无产阶级革命家坚决支持下，中央政治局采取果断措施制止动乱，平息反革命暴乱，稳定了国内局势。那段时期，工作很难做，对形势的判断和把握，对党的干部来讲也是一大考验。在最困难的几天里，效愚同志把自己关在办公室里，读报看书，冷静思考。那时我也很困惑，到他的办公室求解，一进屋除了满屋书籍外，就是烟雾缭绕，他不知抽了多少烟，也是忧虑重重。记得和他讨论当时形势，他非常明确地告诉我要坚决拥护党的领导，至今我都记得他那铿锵有力的声音和无比坚定的态度。联想到前几天我老父亲来北京，见面就跟我讲要脑子清楚，不要做对不起党的事，遇事要向党组织汇报，要相信中国共产党，相信党中央。我从效愚同志和老一辈人身上学到了忠诚、信念、坚定。5月19日，我和效愚同志一起到总后礼堂参加中央召开的领导干部会议，会上我们明确地听到了中央的声音，也进一步坚定了我们对形势的判断。会议一结束，效愚同志马上和我讲，到广场去。那天，可能我们是第一个进入广场的高校领导干部。到广场后找到我们的学生，效愚同志和学生谈如何正确认识形势，并告诫学生很多事情的真相学生并不了解，要谨防被人利用。他动员学生要回到学院，要相信党中央。说到动情处，效愚同志流下了激动的眼泪。在他的耐心教导下，我院在广场的学生绝大部分都返回了校园。平息暴乱后，6月5日上午学院全体中层干部不约而同地都到了学校，效愚同志带领大家冷静分析形势，部署学院下一步工作。由于认识到位，工作及时，北京青年政治学院是全国高校第一个复课的学校，中央电视台、人民日报、北京电视台、北京日报等多家媒体都进行了宣传报道。我们用实际行动践行着不忘初心和对党的忠诚。

1991年效愚同志调离北青院，我们在一起的时间就减少了，但也常见面。我工作上遇到困难，思想上有了困惑，也去找效愚同志交流沟通，从他身上总是能汲到营养和力量。我和效愚同志亦师亦友，对他我始终怀有敬仰之心、敬佩之情，他是我人生成长的导师之一，也是我的“重要他人”。

2.“把书读薄了”的周院长

市委为了进一步加强北京青年政治学院的领导班子建设，促进北青院更好更快发展，决定从北京高校选调一些同志到北青院工作。我和周之良院长是同年同月调入北京青年政治学院的，市委、市政府任命他为学院院长，我任副书记，效愚同志是党委书记、常务副院长。从叫周院长开始，至今就没改过口，尽管他后来回到北京师范大学任党委书记。当时学院还在市委党校借地办学，办公条件很差，我和周院长一个办公室，桌子对桌子，一起共事了两年半时间。

周院长是50年代毕业的大学生，担任过大学的共青团干部，也遭遇过不公正待遇，受过挫折和生活的磨炼。他是我的长辈，更是学识渊博、有思想有水平有功底的学者。他虽然学富五车，学术造诣很深，但为人谦和客气，长者学者风范集于一身。在同屋办公的两年多里，我从他身上学到了许多许多，做人、做事、做学问，我受益匪浅。

建院初期，教师队伍是制约事业发展的瓶颈问题。到学院后，周院长高度重视教师队伍建设，千方百计为学院引进人才，扩大和提高学院的学术影响力。他亲自到北师大著名伦理学教授甘葆露家中做工作，把甘教授引进到学院，使我院在思想政治教育、德育、伦理学方面有了“镇院之宝”；周院长一直认为办好北青院，心理学学科建设是十分重要的，他多方寻找人才，成功把心理学副教授杜惠平调入学院，后又引进谢军、龙迪、张守洁、邱伟等年轻教师，建立起学院的心理学教学团队；再后来为加强青年教育学科、管理学科、外语学科、少儿教育学科建设，陆续将刘本固教授、崔玉香教授、吴云清教授、关坤英副教授等调入学院，还成功将中国社科院王玖兴教授的博士谢维和引进学院，我们有了建院以来的第一个博士（谢维和与我同龄，后在清华大学副校长岗位上退下来，现为清华大学校务委员会副主任）；那两年还陆续引进一批大学本科和硕士毕业生，吕秋芳、乔东平、汪玉川、王莉萍、余逸群、金宇等都是那个时期引进的。经过两年多的努力，学院的师资结构发生了很大变化，新近调入、引进的教师和原有教师相得益彰，促进学院学科建设迈上新台阶。

周院长是研究马列和思想政治工作的，这方面他理论功底很深，实践经验也很丰富。在学院我分管学生工作，许多问题向周院长请教，他总是耐心帮我出谋划策。记得他曾和我讲，咱们学院虽然是大专，学制也不长，但打好理论功底还是十分重要的。要倡导学生读原著，读《共产党宣言》、读《反杜林论》、读《毛泽东选集》，有条件的还要读读《费尔巴哈论纲》等。学生业余党校开展读原著活动也源自周院长的提示和启发。周院长还率先在青教系开设《思想政治工作概论》这门课，课程开设后，很受学生欢迎，不少学生成为周院长的“粉丝”和追随者。时过30年，见到当年青教系的学生，谈起当年周院长的课，同学们仍记忆犹新、难以忘怀。

周院长对青年学生总是抱有特殊的情感。他和学生的关系很好，他也经常深入到学生中去谈心聊天，学生的思想状况、学习状况他是了解的。他经常和我谈起学生情况，有些情况我都不了解。周院长讲话富有激情，富有哲理，但从来不讲长话，学院师生都愿听他讲话。记得1988年6月，我们到学院工作也就一个多月，在86级学生毕业典礼上，周院长简短而富有激情的讲话震撼了在场的全体师生。详细内容我记不住了，一些经典句子还是忘不了的。“做人、成人，永远不要忘记你的追求，成功的背后必然是辛苦的付出和信念的坚守。”“不要让党和国家失望，不要让父母失望，不要让青院失望。”“不忠诚、不敬业、不付出、不奋斗，以何颜面再回学院。”

周院长很少写长文，虽文字不多，但字字珠玑，句句深刻。我常感叹和佩服周院长的思想深刻和文字精练，也常和同事交流，做学问做到周院长这个程度那才是一种境界。周院长是那种“把书读薄了”的学者专家。后来我学着写些文章，常向周院长求教，在学术成长的路上，周院长也是我重要的导师之一。

我和周院长在一个办公室一直待到他调走，新校址建成了，他却无缘享受新的办公环境。1990 年周院长调回北师大任党委书记，之后我和周院长仍保持不断的联系。北师大家属区东北角二居室的住宅内，80 多岁的周院长仍保持着读书、学习、思考，笔耕不辍的习惯。他编写的《短消息》每周一推送，使我们对天下大事尽收眼底，重要的是在这些短消息中有他的思考、思辨。前不久，受《中国教育学刊》托请周院长写一篇短文，谈谈教与学的关系。1700 字，周院长一气呵成。送到编辑手中，惊叹不已。编辑讲不用做任何文字修改就是一篇高质量的文章。几位编辑争相传看，都说是经典好文。

祝愿 80 多岁的周院长思想常青，健康长寿。

3. 治学严谨的李桂芝

李桂芝副教授是北青院调入的第一个高级职称的教师。她原在北师大工作，一直从事德育教学和研究工作。到北青院，她为学院青教系的建立立下了汗马功劳，也为学院的德育工作作出了卓越贡献。我到北青院后，负责学生德育工作，和李老师有了较多的接触。李老师为人正直、治学严谨、实事求是，给我留下了深刻印象。

2015 年李老师因病去世，北青院学生群里大家自发悼念李老师，回忆李老师对学生教诲的点点滴滴，感恩李老师在学生成长路上的点拨和指引。我相信，同学们是发自内心的怀念，是真情的表露。在天之灵的李桂芝老师若能听到学生们的怀念之声，一定会露出欣慰的笑容。

刚到学院不久，李老师就找到我，交流学院的德育工作，她特别强调德育要打好基础，立足长远。要给学生一辈子管用的品德养成和政治追求。她把她那些年研究的成果和发表的文章送我阅读，毫无保留地对学院的德育工作提出建议。现在想来，李老师的真诚、无私、友善、包容是多么令人敬佩。

李老师申报了一个全国教育科学规划课题《社会环境对青少年影响的分析与对策研究》，她邀请我参加到课题研究中来，尽管我当时也有两个课题在做，我还是十分高兴地参加到李老师的课题研究团队中。到课题活动时我才知道，杜惠平、刘绮菲、吕秋芳、金胜、胡军等都参加到课题中，李老师一心一意带队伍，着力为青院培养青年研究人才之心显而易见。在整个课题研究推进中，李老师治学严谨、一丝不苟、认真负责。从开题报告撰写到调查问卷设计、从文献检索汇总到社会调查访谈、从课题中期论证到结题报告撰写，她都自始至终直接参加，好多相关的组织工作她也事无巨细地考虑周全。社会环境的涵盖面很宽，它包括围绕在个体周围、自然对个体发生影响作用的所有外部世界。宏观上包括整个国家、社会的大环境，微观上包括家庭的生活环境与学校的学习环境等。为了确保研究的针对性，李老师与我们多次研讨，最后确定对青少年影响较大的六大环境为研究重点（家庭环境、学校环境、社区环境、大众传播媒介、社会传统和习惯、社会风气），在对六大环境对青少年影响的深入分析后，我们还特别剖析了社会环境的时代特点，并对当今社会环境对社会道德及青少年学生思想道德意识的影响做了实证性的调研分析、数据统计，客观地分析了我国青少年受社会环境影响的现状，严肃地提出了我们必须正视社会环境对青少年思想行为形成的负面影响。记得在撰写结题报告时，我主要负责对策建议部分，李老师多次召开讨论会，她提出对策要准确、建议要可行。五大对策建议有的是李老师直接下笔修改，为了对中宣部一个问卷调查的数据核实，她跑到中宣部教育局找熟人要来整个调查报告和数据，进行核准和分析。难忘的是记得有一天，李老师突然跑到我家里，就课题结题报告和我再次进行深入交流。那时李老师已是近60岁的人啦。这让我既吃惊又感动，我从李桂芝老师身上看到了一个知识分子追求真理、至善至美的品质，看到了老一辈教师治学严谨、严肃认真的品格，更看到了李桂芝老师的胸怀与格局。

关坤英老师在李老师去世后写了一篇《追思李桂芝老师》的短文，其中一段话我深有同感，转录如下作为对李老师的怀念。“李老师特别具有教育家的风范。她执着于自己的信念、事业和道德情操，始终不渝，从不受任何干扰；可以说，她的信念、事业心与固守的道德底线与她的生命同在。她是名副其实的实干家。虽然年龄最大，但工作担子从不比年轻人轻。她始终坚守教学第一线，退休后仍接受教学聘请，坚持进课堂。她笔耕不辍，接受部级的、市级的及其他方面的研究课题，完成大量的论文论著。而合著署名时她总是提携年轻人，她还尽可能为年轻人联系校外的学术交流等。她默默无闻地做了很多不为人知的好事，但她从不声张，而且多次拒收报酬。……她为人诚实，工作求真，从不弄虚作假；所以她厌弃论文东抄西袭，投机取巧。她从不吝惜劳动，所以她鄙弃不做事、图虚名、坐享其成。李老师是一个真诚的人、正直的人，是一个实心实意为我国的教育事业贡献了毕生精力的好老师。”

4. 青年学重要奠基人葛铁林

葛铁林和我是同时代人。同时代经历也差不多。他当过兵，复员后到企业做共青团工作，后任北京市电车公司团委书记，1985 年调入北京团校工作。铁林没参加过正规大学的学历教育，但他特别爱学习，特别爱钻研。他干一行、爱一行、钻一行。从事共青团工作后，对青年问题研究执着、深入、深刻。他自学成才，那些年发表了不少有关青年问题研究的学术成果，在业内也是很有影响力的青年学者。他积极呼吁和推动建立中国青年学，是我国青年学的重要奠基者之一。铁林是北青院青年思想教育工程系（简称青教系）的首任系主任，他做这个系主任也是众望所归。我刚到北青院，就听到“南金北葛”之说，意思是全国研究青年问题、推动青年学建立与发展有两个重要人物，一个是上海的金国华，另一个是北京的葛铁林。

青教系是学院的“王牌系”“招牌系”“品牌系”，建院初期，学院办学思想的贯彻与彰显，学院课程体系的建立与完善，学院学生工作特色的创建与推动，青教系都担当重任、责无旁贷。可见那时铁林的工作压力有多大。但他不畏艰险、克服困难，硬是和大家一起创建起一个崭新的青年思想教育工程系。从培养目标到课程设置，从教师引进到学生工作，从创建青年学到自编教材，铁林可以说是呕心沥血、殚精竭虑。铁林的为人品质、敬业精神在北青院是有目共睹、有口皆碑的。

铁林为人十分谦和，和人交往特别真诚。铁林1950年出生，长我4岁，但对我却十分尊重。因为学生工作，很多活动需青教系配合完成，我们经常一起讨论商量，即使有时有些不同意见，他也是设身处地地去思考，耐心与我沟通，兄长的修养和风范尽显其中。

铁林做工作深入细致，得情合理。对学生更是倾尽爱心，细雨无声。记得青教系有一位女同学，患有轻度抑郁症。在学校、宿舍里多次表示出厌世轻生的念头，有一次甚至割腕轻生。为了做这位同学的思想工作，帮助其树立正确的人生观，铁林多次与她深入谈话，从做人的价值到生命的尊重，从成长不易到时代发展，一次次心与心的交流，一次次心理的辅导与抚慰，多少次和女老师一起与她灯下促膝谈心，多少次校园操场上星光下谈人生理想……这位同学终于从抑郁中走了出来，顺利完成了大学学业，走上了工作岗位。那期间，铁林是这位同学的精神导师和心灵依托，只要有什么思想问题或遇到困难，第一时间找铁林老师倾诉和咨询。记得我曾和铁林开玩笑说："铁林啊，咱们某某同学可是离不开你啦。"铁林说："只要她能走出抑郁，咱们当老师的什么付出都是值得的。"

那时大家住房条件都不是很好。一次我去过铁林家里，在西直门的一个筒子楼里，房间大约十来平方米，放一张双人床后就再没有什么地方可搁置东西了，可见条件更加艰苦。有一张小课桌主要是孩子读书学习的地方，屋里到处堆满了书和资料，他看书写文章大多时间是坐着小马扎在床头完成的。一代人有一代人的奋斗，现在的年轻人很难想象那时的生活环境和工作环境，就这样铁林仍然勤学不止，笔耕不止，发表了好多学术文章，为我国青年学研究贡献了自己的力量。1990年，学院争取到一名到东欧国家做访问学者的名额，经党委研究决定派铁林去。告知铁林这个决定后他很高兴，感谢组织的信任。考虑到罗马尼亚在青年研究上很有特色，最后选定到罗马尼亚专门研究青年问题。由于长期超工作量的付出和辛勤劳作，他患了很严重的颈椎病，有时疼起来非常痛苦。为了到国外能全身心投入研究，1991 年他决定做完颈椎手术后再出国。手术前一天我到北医三院病房去看他，他很乐观，告诉我手术后休息两个月就可以到罗马尼亚了，青年问题全球有许多共性，相互学习借鉴对促进我国青年研究会很有帮助。记得我还和他说术后再来看他，他还说不用了，小手术。谁知天妒英才啊。没想到这一上手术台竟成为永别。41 岁的青年学者葛铁林就这样与世长辞了。消息传来，全院上下一片震惊，大家都为我们失去这样一位优秀的好同事、好战友、好老师、好兄弟而深感惋惜。

铁林那顽强不息的奋斗意志、与人为善的优秀品质、勇挑重担的奉献品格、锲而不舍的探究精神永远是留给北青院师生的宝贵财富。

5. 正直、热情、尽责、敬业的李红捷

红捷是北青院的早期创业者，他和周伟东、赵卫民、傅永吉、王新宏等都是大学一毕业就分配到团校工作，是一批有思想、有朝气、有抱负、有作为的年轻同志，他们和当时团校领导共同酝酿和推动北京青年政治学院的早期设计和筹备创建工作，是学院的功臣。

1988 年我到学院工作，李红捷已是学院学生工作处处长。他原在学院图书资料室任主任，学院图书资料的基础性工作都是那时打下的基础。我和红捷一起共同工作战斗了 9 年，这期间结下了深厚的友谊。那几年和我一同从事学生工作的还有王晓蒙、罗兰、金胜、李耀珠、王爱华、卢娅林等同志，我们都成为十分要好的同事和朋友。那时我们学生口的干部特别能战斗、特别能吃苦，内部十分团结，凝聚力很强。这里面与红捷的人格力量是有很大关系的。

红捷是个干部子弟，父母都是老革命，但他身上没有那种“纨绔”之气。他为人正直、热情；做事尽责、敬业。他是个热心肠的人，谁有困难他都愿帮助；他是个是非分明的人，谁错了他都敢于直面指出；他是个情义很重的人，总是拿真心换真情；他是个很洒脱的人，对生活充满无限美好的憧憬。

红捷的事业心很强，只要工作需要，他都会全身心地扑上去。他干一行爱一行，担任学生处长后，认真学习研究高校学生工作的特点和规律，研究大学生身心特点和成长规律，很快熟悉了学生工作并逐渐成为行家里手。记得1990年亚运会，我们的学生全都到了各个不同的场馆志愿服务，做好与亚运指挥部的各项协调工作、做好不同岗位学生的思想工作、及时了解学生思想动态和工作情况、给学生送去学院的鼓励和温暖，对学生处是一个很大的考验。当时学生处、团委人手少、压力大、任务重。红捷作为学生处长，率先垂范，经常是各个场馆之间来回奔波，有时一天要跑七八个地方，可真够累的。他每到一个地方都带去学院领导的问候，送去亲人般的温暖。经常自掏腰包给学生买瓶汽水或买个冰棍，学生一见到他都特别高兴，说亲人来了。就这样，他跑遍了学生亚运会志愿服务的所有场馆、站点，见到了每一位在亚运会志愿服务岗位上的学生。我们全体学生也都圆满地完成了亚运指挥部派给我们的各项任务并受到上级表彰。社会实践是我们学院的一大特色，红捷和学生口干部总是策划在前、谋划在先，利用一切可能的资源让学生去接受教育、经受锻炼，街道、工厂、学校、矿山、农村、党政机关都是我们学生社会实践的场所。1991年我们利用朱生利在矿务局工作的经历，联系门头沟矿务局安排学生到矿井下去体会煤矿工人工作的艰辛。为了做好这项社会实践活动，红捷和生利事先跑到门头沟去踩点，反复研究学生的下井路线，对下井做了周密安排，确保了整个实践考察活动顺利完成。学生军训，红捷必是全程陪同，坚持自始至终。尽管那时他孩子还很小，但他十几天不回家，和学生一起摸爬滚打，一起经受锻炼，圆满完成每年的军训任务。学生工作千头万绪，项目繁杂，耗时耗力。但红捷无怨无悔，全身心投入。我们的学生工作不仅出色，而且创造了许多成功经验，在首都高校中也是蛮有影响力的。我很庆幸有红捷这样一位学生处长，我们合作的9年是幸福的9年，是充满温馨回忆的9年。

红捷是个有着火热心肠的人。他与同事相处，热情热心，不遗余力。

王爱华的孩子病了，他跑前跑后忙着联系医院，联系医生；罗兰的男朋友来了，他张罗着大家聚聚，要做出个大哥的样来；美术教师金宇来了，环境很不适应，他一壶小酒和金宇一聊就是大半夜；卢娅林是大龄女，他忙着给介绍对象；民族园开业了，他托关系搞到游园票，让大家去感受祖国民族大家庭的风情风俗；铁林去世了，他痛失兄长，为丧事费尽心力，连续多年组织我们去陵园铁林墓前吊唁……红捷的真挚热情使他身边聚集了许多志同道合的朋友，我们的相处是真诚的、无私的、无功利的。人生中能有这样一位朋友是幸福的。

作为学生处长，红捷对青年学生有着深深的情感。他能和学生打成一片，和学生始终保持亲密的关系。学生的冷暖，学生的诉求，学生的思想动态他都能第一时间掌握，争取尽早解决。很多学生干部和学生后来都和红捷成为“忘年交”。严格加关爱是他学生工作的一大特点。在执行制度、从严管理上他是一丝不苟的，该处分、该通报批评的他绝不手软。管理的目的是使青年学生更好成长，所以每当有学生受处分他都要和学生进行深入谈话，以情感人，以理服人。凡能减免的，他都手下留情。管是次要的，对学生的关爱是发自真心的。1989 年春夏，几个学生到团委仓库“偷”了学校的架子鼓、电子琴到校外同学家里疯玩，后被发现。红捷当着学生的面严厉呵斥，说要给以严肃处理。几个男同学也吓得够呛。但在研究怎么处理这几个学生时，红捷却像护犊子一样为他们开脱，青年人想玩，没办法搞了冒险行动。要严厉批评、处分还是要就以教育为主。有老师曾说过，李红捷看似严肃的背后有一颗温暖的心。

红捷热爱生活，也尽情地拥抱生活。他的生活是有品质、有味道的。卡拉 OK 里，一曲《小芳》真情投入，如痴如醉，听得我真怀疑曲力（红捷的妻子）就是他当年的同桌；舞会上，略微显胖的身材一般，舞姿也不敢恭维，但他跳得有滋有味；牌桌上，不管输赢，总是给大家带来身心的愉悦；遇有喜事好事，学生口干部小聚小酌是常有的节目；学院刚迁入新址，附近最豪华最高档的就是丽都饭店了，晚上遛弯，没钱咱也敢进去，进去纳纳凉、避避暑，回学校该干嘛干嘛；对艺术欣赏也很有品位，观画展、听音乐、看演出，只要有机会总是不放弃欣赏美的过程；从金宇老师那里要了一幅西方现代油画，裸体扭曲的人体像，挂在家中，革命了一辈子的老爷子差点没把他赶出家门……和红捷在一起，生活总是充满着欢乐，这欢乐感染着你，感染着他，感染着我们大家。

我调离北青院后，红捷提为学院副院长（后又任学院副书记），接替了我原分管的工作，继续负责学院的学生工作和思想政治教育工作。2003年红捷在外出开会的路上因公殉职，享年46岁。

北青院这9年，我从一个高校的中层干部成长为一个高校校级领导干部，上级领导的高瞻远瞩、谆谆教导，兄长般领导的言传身教、耳濡目染，师生共同生活的火热实践、难忘岁月，政治考验中的冷静思考、千锤百炼，方向的坚定明确、政策的深度把握、工作的得心应手、能力的不断增强，我更成熟了，更坚定了。回忆前进的每一步，回想所取得的每一项成绩，我发自内心地深刻体会到，是党组织培养了我，是火热的生活锻炼了我。我感恩北青院，感恩学院的每一位领导、老师、职工、学生。北青院的9年是我人生最珍贵的记忆和财富。

2019年6月

马宪平，时任北京青年政治学院党委副书记。

我的青院情结

——从恢复团校到创建北京青年政治学院

白世诚

“老年人常思既往”，年逾古稀的我，对梁启超先生的这句话有了更现实更切身的体验。我离开青院已经30年了，但在并不如烟的往事回忆中，时常萦绕在脑际的，总是创建青院的那段流金岁月。

流金，并非是我做出了什么光辉业绩，而只是我内心对那段经历的感受。创建北京青年政治学院，在北京共青团教育历史上是极具光亮的耀眼章节，我正是在人生最好的年华，全身心地参与了它的全过程：前奏、酝酿、申报、筹建和招生办学。

一

北京青年政治学院的创建，既不是长官意志，也不是某些领导人的主观偏好，其深刻的根源在于北京共青团干部培养教育事业发展的客观需要。因此，追忆青院的创建，不能不从团干部培训，市团校的恢复和重建开始。这可以说是青院创建的前奏，也是我和青院结缘的初始情结。

1973年北京团市委恢复后，培训团干部成了当时的迫切需要。北大毕业后我被直接分到北京团市委，从事研究青年运动和青年工作，培训团干部工作。期间我和靳春立等同志共同举办了多期团训班，为北京市共青团培养了大批青年工作的干部。

1982年3月，经市政府主要负责人批准，团训班正式恢复为北京市团校。6月25日，团市委组织部任命靳春立同志为北京市团校校长，姜立贵、高玉维二同志为副校长。团校设置共青团工作教研室，马列主义基础理论教研室，组教办公室，行政办公室和图书资料室。团校恢复后主要是配合团市委办好各类团干部培训班。

特别难忘的是北京市共青团后备干部培训班，这是团校恢复后以团校名义自主举办的首期培训班，那期班办得有声有色有特点。我对这期班和这阶段的团校教学工作记忆尤深。

团校的教职工并没有满足于恢复团校名称。根据《中共中央关于实现党校教育正规化的决定》精神，提出了逐步实现团校教育正规化的任务，即筹建新校舍，扩大办学队伍和办学规模，开办大专班等。为此于1983年向市委主管领导金鉴同志写了报告。在他的协调下，市政府有关部门陆续批复了市团校的重建计划任务书和选址规划。批准在朝阳区将台乡西八间房征地建造新团校。经努力，校址确定为现在的望京校区，基建经费500万元，人员编制100人。重建团校进入到实施阶段。

更重要的是在新形势下团校正规化的路子该如何走？这是摆在团校领导班子面前一个全新的课题。面对干部“四化”的新要求，1984年4月下旬，靳春立校长给我交代任务，要在5月中旬前拿出举办大专班的报告。在前几年思考和深入调研的基础上，我很快形成了一个以筹建青年政治学院为目标模式的报告交给了靳校长，并在校领导小组讨论时着重说明了建立青年政治学院对团的工作和团校发展的必要性和可能性。

经研究，团校领导班子初步确定，北京市团校正规化建设的目标就是：创办具有国民教育系统大专学制的青年政治学院。在体制上，学院受团市委和市高教局双重领导，挂北京青年政治学院和北京市团校两块牌子。内设大专部和培训部。大专部招生对象为应届高中毕业生中的学生干部和具备高中学历、工作一年以上的在职团干部，参加统一高考，择优录取。培训部仍按过去办法，负责在职团干部的培训。说到这里，还要提到的是，在学院名称选择上，还有同志提出了其他名称。记得组教办公室负责人周伟东同志曾专门给校领导写了报告，提出了建立北京青年学院的建议。研究时觉得还是加“政治”二字学院特点更加鲜明。

1984 年 5 月末，我受领导委托代团市委起草申办北京青年政治学院报告稿。报告主要内容包括：依据中央和市委对干部教育的要求，北京市团干部的状况和团校教育发展的需要，说明了把北京市团校建成青年政治学院的必要性和可行性；汇报了建立北京青年政治学院的设想，即在团市委和市政府教育部门的双重领导下的培养共青团干部为主的专业院校，兼备干部院校和普通高等院校的性质，担负着训练在职团干部，同时面向社会招生，直接造就新团干部的双重任务；请求市委、市政府批准筹建并帮助解决与筹建相关的问题：①尽快成立北京青年政治学院筹建机构；②请市高教局大力协助筹备工作；③请市委组织部和教育部从市有关高校调进部分教学骨干；④筹备期间将人事、财务逐步独立建制，并将团校经费列入教育事业费预算等。后团市委书记林炎志、副书记马木强同志阅后提出了修改意见，重点说明了建立青年政治学院的必要性、可行性和要解决的问题，将办学规模、体制和培养目标、学制等作为附件。后又把申办报告中的“北京青年政治学院”改为“北京青年高等专科学校”。北京市高教局对我们创办北京青年高等专科学校给予了大力支持，特别是庞文弟局长、李煌果副局长给了许多具体指导。

8 月中旬，团市委给金鉴（时任中共北京市委副书记）、汪家镠（时任中共北京市委常委、市委教育工作部部长）并市委递交了《关于筹建北京青年学院的报告》。8 月 24 日金鉴同志就作出批示：“这是一条好办法，但要下大气力，请家镠同志阅示。”家镠同志 8 月 28 日批示：“同意”，并请“元堃、叔俊同志阅，能否帮助调些教学骨干”。9 月 14 日，金鉴同志又将团市委的报告转给市政府文教办公室主任李学信和副主任王晋同志阅，并附言：“此件我和家镠同志都同意，请王晋同志与团市委商量一下，如何落实为好。”

后来，金鉴同志又为促进青院筹建，帮助组建了院务指导委员会并亲任首届主任。在北青院建立和发展的过程中，金鉴同志一直给予了热情关注和大力支持。回顾青院创建史，我感到当初若没有金鉴同志的支持，就没有后来的青院。我们这些曾为筹建青院而奋斗过，也因此与青院结缘的人，至今仍对金鉴同志怀着深深的敬意。

二

1984 年 10 月靳春立校长离任履新（调任北京电大副校长），团市委特意安排团市委常委、团市委大学部部长蒋效愚同志兼任北京市团校校长。这个人事安排团市委领导是深思熟虑的，是着眼于团校发展，着眼于筹建北京青年政治学院的大局而做出的决定。蒋效愚同志从学生时期就做青年工作，极具创新创造精神，善于公关和社会活动，常常设计和实现一些在一般人看来是不可能完成的任务。同时，他又熟悉大学教育工作，在高校有广泛的人脉关系。蒋校长的到任，对于正在面临新的形势，新的任务，新的发展方向，同时存在诸多矛盾和困难的团校来说是“重大利好”。他是团校不可或缺的领军人才。事后的实践也证明，他不辱使命，在很多条件都不具备的情况下，充分发挥主观能动性，带领领导班子和全体教职工上下请示、多方求援、攻坚克难、勇开新路，对团校建设和北青院的创建起到了关键作用。

1985 年是建院的冲刺阶段，蒋校长在 1984 年末制定的 1985 年团校工作方针是：“以青年学院为目标，以筹建工作为中心，贯彻建院、培训一起抓的原则，着眼于锻炼提高队伍素质和水平，争取建学院、练队伍和出人才三丰收。”同时，他还为建院工作确定了具体目标，这就是 1986 年暑期青年学院招生、开学。

这个目标既鼓舞人，也让人担心紧张。我们现有条件和目标之间差距太大啦，要解决的问题和要做的准备太多啦！按照两步审批程序，首先要市政府发正式筹建学院的批文，拿到批文后，就要按照规定的要求和准备上报教育部备案的各项办学条件。其中，关于学院的性质、任务、培养目标和专业设置，也需报市教育主管部门审定。在这些问题上，以前我们只是有一个大概的设想，要具体进入审批程序，就必须有具体的、相对完整可行的意见。审查通过后还要确定各专业的课程体系，教学计划和各课教学大纲，以及教师选聘，教材选定等。第二步，需经市高教局核查认可我院已具备招生条件，上报教育部备案。这期间还要报市计委批准学院的办学规模，并列入市属高校招生计划；请市编办批准学院编制，报财政局批准办学经费，此外还有教师职称评定，图书资料、教学设备的装备，等等。初步考虑一下，就有上述问题待解决，能否顺利解决，何时解决都有很大的不确定性。

要在一年多时间内，实现青院招生、开学，确实时间很紧，难度很大。但蒋校长对实现这个目标坚定不移。他一方面在上边奔走公关，加紧与市政府文教办、市高教局联系，争取尽早拿下青院“出生证”。一方面，狠抓团校的在职团干部培训，完成团市委的培训任务。这期间还抓多种形式办班，如业余班、专题讲座班以及面向全国团的系统的改革教育、商品经济讲习班等，既扩大了服务，又扩大了团校的影响，也为以后学院办学积累了经验。抓队伍建设，既扩大视野选调学院需要的各方面人才，又注意在职教职工的提高和业务进修。在经费紧张的情况下，委托代培教师读研。对新分配来的应届大学毕业生，先是在校内培训，而后又送到房山、密云等郊县团的基层组织挂职锻炼。抓思想工作，开展“我心中的青年政治学院”主题征文活动，增强教职工为学院建设贡献力量的自觉性。抓办学的物质条件，一方面力促学院基建，十一前奠基；一方面争取党校支持，在党校内增开办公室、教室、图书阅览室等办学区域。就这样，筹建学院的多项工作在蒋校长带领下全面而有序地展开了。

1985 年 5 月 10 日，对蒋校长来说，是先紧张后开心的一天。因为这一天，他参加第二十二次市长办公会，在会上申述了建设北京青年政治学院的理由和要求，经讨论和质询，会议原则同意，在北京市团校基础上筹建北京青年政治学院。完成学院报批，意义深远，给我们当时的各项工作带来许多新的动力，也使我们对实现建院开学的目标增强了信心。

我那时候是协助蒋校长负责教学工作的副校长。在建院工作中，主要的也是急需的工作是抓好学院的专业设置、课程体系、教员聘任和教材选定等。同时担负校长交办的其他事项和重要文件的起草工作。我们建院的申请已被市政府正式批准，那么我们正在筹建的学院应是什么样子？它应有什么特色？这时很需要一个完整的意见并落在文字上。这个意见对上是报告，对外是宣传，对内则是建院办学各项工作的依据，要写好这个意见，不能关在屋子里想。按照蒋校长的要求，要从调查研究入手，通过调研学习，形成思想和意见。于是我们就组织教研室、组教室全体人员和办公室部分人员，围绕学院性质、任务、办学方向和学院应有的特色等问题，开展了广泛的调研工作。大致分成两个组，一组是到用人单位包括工口、农口、城区和学校，了解社会对学院的需求，研究学院的培养目标；另一组到办学单位了解与我院相近的专业，主要是政教、经管、文秘、少年教育专业的培养方向和课程设置，招生毕业分配状况，师资、教材以及教学中的经验和问题，学校机构设置、行政管理措施等问题，研究我院的办学意见。通过这次调研，使大家对办好北青院的必要性更加坚定，对学院的培养目标、专业设置、教学内容也进一步明确。

蒋校长在发动组织大家进行调研的同时，并没有坐等听汇报，而是围绕建院办学中的主要问题，抽出时间亲身进行了专题走访和调研，获取第一手资料。在大多数情况下，我都随其前往。

7月上旬召开了中学团干部座谈会，听取对北青院办学方向的意见。我还随蒋校长专门到中青院学习取经，听取张修学院长、曲春郊副院长对中青院专业设置、办学思路、学院特色的介绍和对北青院的建议。还走访了北师大教育科研所少儿教育专家范小韵女士、中央教科所德育专家吴凯先生、北京师范学院青少年教育专家李燕杰先生，拜访了团中央少工委创造杯办公室等部门的领导和专家，还到各区县进行走访调研。

在调研、学习、借鉴的基础上，我们起草了《北京青年政治学院建校办学的初步意见》(以下简称《意见》)。《意见》初稿的主要内容包括:①市委市政府批准在市团校基础上筹建北京青年政治学院的决定和设立北青院的重要意义;②开展建院调研的目的、过程;③北京市团干部的状况(包括素质来源和去向),基层党团组织对筹办青年政治学院的意见和建议;④建院办学的设想,包括办学方向、学院性质、培养目标、专业和课程设置、学院体制、规模和特色,招生、毕业分配等方面的意见;⑤筹建北京青年政治学院目前急需解决的问题。《意见》和附件是团校领导班子和各部门工作人员对建院办学认识的一个结晶。对统一团校教职工的思想,明确工作方向,起了重要指导作用。

三

1986 年 2 月 23 日,是个让青院领导精神紧张而难以忘怀的日子。这一天国家教委正在郑州举行高校招生会议。从北京高教局参会的同志那里传来消息,北京青年政治学院招生未被批准列入今年国家教委招生计划。本来经过半年的紧张筹备工作,北青院已于 1985 年 11 月初由市高教局正式报国家教委备案,并列入了 1986 年北京市高校招生计划,上报国家教委,但在今年招生会上被国家教委计划司拿下了。此消息对北青院来说可谓事关重大。不单是今年不能如期开学,今后学院还能否正式成立,都可能是个问题。因为在市政府批准北青院筹建后,国家教委已收回省市政府批准高等专科学校的权限,而教委直接审批一贯是从严从紧的。蒋校长深知此中利害,更是急在心头。

时不我待,必须马上行动。当天我就跟随蒋校长赶到郑州,在河南省团校安顿好住处后,当晚来到全国高校招生会议现场,拜见了国家教委计划司副司长张念仁。蒋校长急切且动情地陈述了北青院设立的必要性和半年多来的紧张、富有成效的各项筹备工作,恳请国家教委把北青院列入今年国家招生计划。张副司长却不为所动,一边在室内踱着步,一边慢条斯理地给我们讲述他不能列入计划的理由。他从团干部的来源和去向谈到他在哈工大当团委书记的经历，从教育的分类谈到国家计划招生政策，总之就是一句话，今年列入招生不可能。张副司长不顾我们的一再请求，始终没有松口。我们离开会场时已是晚上9点多钟了。那天恰是正月十五元宵节，天上月明星稀，路上花灯如昼，观灯猜谜的人络绎不绝，欢声笑语。但我们的心情却是沉重的，难道今年招生就这样泡汤啦？看看蒋校长，神情凝重，一改往日谈笑风生的面貌。

但功夫不负有心人。后我们又找到北京市高教局相关同志，请他们向国家教委同志说明了北京市政府的意见。经过再三努力，国家教委计划一处处长徐敦湟同志就我们审批及备案中的纰漏提出了意见。为此蒋校长决定当晚赶回北京，抓紧办批文。次日，蒋校长便到了市高教局，在拿到学院成立的文字报告——即《关于建立北京青年政治学院备案报告的说明》（京高教计字〔86〕第034号）后，又马不停蹄联系了主管文教工作的副市长陈昊苏同志。陈副市长听了蒋校长的情况汇报后，也毫不犹豫大笔一挥就签署了意见。等将批文送到国家教委时，招生会尚未结束。这办事效率让国家教委的同志感到十分吃惊。于是4月5日，北京青年政治学院两个专业100名额正式列入国家教委1986年招生计划。

学院招生计划批下来了，招生开学的目标也可望实现了，但我们紧张的心并未放松下来，建院的压力更大了，繁重的任务在等待着我们。

四

还在1985年9月的一次领导班子会上，蒋校长就曾提出过要考虑请人题写院名的问题。到了1986年3月，学院已进入开学的各项准备工作倒计时的冲刺阶段，题写院名被摆到了当务之急的事项上，学院公文纸、学生证、院徽、院刊等印刷都在等待院名的题写。

题写院名问题，主要是请谁来写。探讨中，我们一些同志曾提出请与青年工作联系密切的书法家，有的提共青团工作的老前辈，也有的提主管共青团工作的市委领导。但谁也没有想到，5月初蒋校长提出请党中央副主席陈云同志题写院名，因为陈云同志在革命战争时期就曾主管过干部工作，新时期又首提干部“四化”建议，对干部教育十分关心，在党内威信很高。这着实给大家一惊，那是多大的领导呀，能给我们写吗？人家中青院的院名也只是由团的老书记胡耀邦题写的呀！效愚真敢想。我按照蒋校长的要求起草了敬请陈云同志为北青院题写院名的请示报告。报告写好，但怎么送上去？那时候请中央领导题词在程序上层次很多，我们时间要求又紧。本想通过在市委工作的陈云同志的女儿直送上去，但未能如愿。正在我们失去信心之时，蒋校长又提出了让人更加惊愕的意见，“我们请小平同志题写”，这可是中国共产党第二代领导集体的核心呀。

于是，我又把请示报告的抬头改为敬爱的小平同志，信的内容大体是：首先报告北京青年政治学院的设立，学院的性质、任务和我们按照他老人家“三个面向”的要求，把这所新学院办出特色的激情和决心。然后深情回顾了他老人家历来对青年、青年团和团干部的关怀和期望。最后说出了敬请他老人家满足学院全体教职工和全市团干部的心愿——为北京青年政治学院题写院名。蒋校长阅后做修改和润色，就责成办公室尽快选择可行路径设法呈上。还算幸运，大约 6 月就通过相关渠道将报告送进中南海。上交中办秘书局，但能不能如愿得到小平同志墨宝，大家心里一直在打鼓。由于层级离得过远，我们也不便追寻催问，只能静待。直到 7 月中旬，学院办公室忽接市委办公厅电话，要我们到市委去接小平同志给学院题写的院名。这喜讯极大振奋了全院教职工，更令远在外地开会的蒋校长激动不已，夜不能寐。返校后便乘东风，快节奏，带领全校师生准备迎接开学、校庆和学院成立大会。小平同志题写院名就像一面旗帜，指引着青院的方向，鼓舞着青院人的奋进，也使青院在获取各级领导和相关部门支持等方面起到了极大的促进作用。

五

时间进入到 1986 年暑期，为举行北青院成立大会和迎接首届新生入学，中层以上干部和骨干教职工都放弃了暑假休息，大家的工作热情可与当时的天气相媲美。按照蒋校长布置的倒计时工作安排，主要有两个方面，一方面是务实工作，即各项物质和事务性工作；另一方面就是务虚，即从思想认识上弄清怎么办学院，怎么办出青院特色。效愚同志对务虚提出的具体题目是，如何贯彻改革精神办好青年政治学院培养一代新时期“四有新人”。

中层干部务虚会于 8 月 11 日至 14 日在官厅水库管理处举行，由于蒋校长外出开会，务虚会由我和高玉维同志主持。全院各部门负责人和业务骨干能到的都到了。官厅水库管理处就坐落在宽阔水库岸边的山坡上，风光秀丽且非常安静，气候凉爽宜人，是个度假休闲的好去处。学院暑期安排在此地务虚，也有让同志们在紧张工作之余稍事休憩之意。但大家在入住的当晚就开始按会议日程进行学习文件和研究准备发言。8 月 12 日、13 日、14 日上午共两天半时间，每天上午、下午、晚上分三段安排，连水边都没时间涉足。大家精神饱满，认真学习文件，深入思考问题，精心准备发言提纲，讨论畅所欲言，使务虚会开得非常充实，在短时间内收获颇丰。

会议安排了学习团中央转发的中国青年政治学院院长张修学同志《在中青院成立大会上的报告》和北京市委办公厅转发的北京市委组织部、北京市委教育部、北京市高教局、共青团北京市委《关于办好北京青年政治学院的报告》，在学习文件基础上，大家紧密联系北青院目前的实际和今后的发展，广开思路，深入探讨，不仅提高了认识，统一了思想，而且为学院办学、建设和发展贡献了精神食粮。会议给大家留下了深刻的印象，直到很久以后，很多同志在回首当年学院筹建岁月时，还常常念起“官厅”会议。

30 多年过去了，今天在我回忆这段往事时，那些老同事在灯下认真学习思考青院特点和办学方向的情景，依然历历在目。在研讨会上争相发表自己见解的场面，更令人难以忘怀。教务处负责人周伟东说：“新时期对团干部的要求高，但目前团干部的素质不适应，活动型的多，缺乏业务基本功，不懂青年工作。团的干部工作周期短，要求很快适应，这就需要素质较高的干部。一般高校缺乏培养政治干部的环境，即实习实践的环境，不适宜团的工作和干部成长。党校教育缺乏青年特点，环境和方式都不利于造就团的干部。在团校基础上成立青年政治学院，培养具有开拓精神的青年政治干部，培养青年马克思主义者很有必要。”青教系骨干教师胡军深入分析了青院特点，他说：“青年政治学院同党校比有青年特点，同一般高校比有政治特点，同传统教育比有现代化特点。这三个特点体现在培养目标上，就是使学生具备较高的政治素质，合理的知识结构，适应现代青年工作的能力，良好的作风和科学的学习、生活态度，健康的体魄与良好的心理品质。要实现这个目标，办学应注重理论联系实际、学习结合实践，面向社会开放办学，办学和青年工作研究相结合。”总务处负责人靳志伟说：“要把青年政治学院的办学方向中的‘两个服务’，即为青年工作服务、为首都的两个文明建设服务，与学院发展方向中的‘两个中心一个渠道’，即全市团干部的学习中心和培养基地、全市青少年工作理论研究中心和青少年问题的咨询服务中心、向党政部门输送青年干部的渠道，统一起来。这样才能全面反映青院特色，既有长远目标，又要在扎实做好正在进行的每一项工作中体现学院特色。”图书资料馆负责人李红捷说：“青年政治学院作为新生事物，其生命力主要体现在三个方面——一是毕业生一定要适应改革的需要；二是青院要有自己的学科优势；三是保持和团组织的天然联系。”总务处负责人周杉如说：“青年政治学院是教育体制改革的产物，是培养新型青年工作者历史使命的产物，因此它的生命力就在于改革创新。”图书资料馆科长皇甫志军说：“我们确定的培养目标两三年后都要面临实践检验。检验对象既是毕业生，更是我们的培养教育工作。为此，我们办学过程中一定要坚持理论联系实际，加强实践环节，要面向社会，建立社会实践基地。也可以聘请优秀团干部做兼职教师或校外辅导员。”学院总务长高玉维在分析了青年政治学院应具备的特点后，很有信心地说：“学院的培养目标和发展要求虽然很高，难度也很大，但我们只要扬长避短也是有可能实现的。要看到我们的优势，我们团办学院的优势就在于全团办学。各行各业都有团的组织和团的干部。我们的优势还在于共青团是和党最近的，党章、团章都规定了团是党的助手和后备军。另外，我们的优势还在于团校具有的优良传统，无论是在教学还是学员素质培养和能力训练上都积累了很多经验。这些都不能扔掉，而应视为财富。”高玉维最后意味深长地说：“现在文件上规定的办学方向、培养目标和学院特色等都是我们现在的认识和构想，今后怎么样，能否坚持？历史的经验表明，结果和初衷有时会不一致，青年政治学院要办出特色，实现目标，要靠现在的青院人和后来者不断地坚持和发展。”

在大家充分讨论发言的基础上，务虚会于 8 月 14 日上午进行了总结。这是青院筹建以来开的最好的一次务虚会。大家心无旁骛，专心致志，集中精力学习文件，研究探讨青年政治学院应有的特色和实现特色的途径，思想认识达到了高度统一。新同志对学院有了全面了解，老同志的认识进一步深化。总结会上，我将这次务虚会的收获概括为以下几方面：

一是全面分析了在新形势下办好北京青年政治学院的必要性和可能性，坚定了办好学院的信心。大家认识到，北青院克服多重不利条件而诞生，不是偶然的。它既是实现现有团干部队伍“四化”的需要，又是解决高素质团干部来源的需要。改革对团干部素质的要求提高了，但过去仅靠调配或从工人中选拔的办法，质量很难保证，而且国家从 1984 年就已停止以工代干，因而从工人中选拔团干部的渠道已成为历史。团干部三五年就要更新一遍，高素质团干部的来源问题一直困扰着北京团的系统，团组织迫切需要专门的高等院校。此外，办好青年政治学院也是团校自身正规化建设和在新形势下生存与发展的客观需要。办好青年政治学院虽然困难很多，人、才、物诸方面制约很大，但我们有党和政府的支持，有全市团组织做后盾，有团校的优良传统，有各相关部门和友好高校的帮助，有一支生气勃勃的建院办学的骨干队伍，对办好青院充满信心和希望。

二是深入分析了青院应有的特色，提高了坚持正确的办学方向，勇于实践、勇于创新、勇走新路，把北青院建成独具特色的新型高等院校的自觉性。大家认识到，把北京青年政治学院的特色概括为政治特色、青年特色和时代特色是非常准确和精练的，反映了青院的本质特征。这个概括不是空洞的、抽象的，而是有着丰富内涵的。青院的政治特色，主要表现在全部建院办学工作中必须把坚定正确的政治方向放在第一位，把马列主义作为各个专业的主课，注重引导学生深入学习、自觉执行，积极宣传党的路线、方针、政策；坚持党对青年干部的基本要求，把培养和提高学生的政治素质放在首位，引导他们自觉成为“四有新人”和青年马克思主义者；学院要成为思想政治工作的模范和表率，使学生在浓厚的政治气氛熏陶中健康成长。青院的青年特色主要体现在，作为共青团举办的，以培养共青团干部和青年工作者为主要任务的院校，它必须把全部建院办学工作同青年工作和共青团的建设密切联系在一起；它的教育和教学必须发扬团校的优良传统和校风，坚持从青年和青年工作的实际出发，不仅在青教系的课程体系中要突出“青”字号课程，而且各专业都需要安排青年工作理论课，各学科的教师也都要在自己的教学中自觉联系青年工作；学院青年工作理论，学科建设应是高水平的，学院的共青团工作和学生工作更应该是第一流的；学院与青年学生相关的各项管理工作都应符合青年成长规律，努力倡导和养成朝气蓬勃、生动活泼的校风；学院的教员和管理人员也要实现年轻化。青院的时代特色，主要体现在它是20世纪80年代在改革中创建的面向祖国未来的院校，在总体面貌和各项工作中都应充分体现时代精神，富有时代气息；学院要有新的教育思想，新的教育内容，运用新的教育方式和现代化教学手段，实行科学管理和训练，努力培养出符合时代要求的新型青年干部。

大家通过务虚还认识到，学院的政治特色、青年特色和时代特色是学院办学的灵魂，是和学院的性质、任务、办学方向、培养目标、专业和课程设置、教学训练的内容、招生与分配、学生工作、师资队伍建设、学风校风以及领导体制、行政管理等学院各方面的工作紧密结合在一起的。每位同志都联系自己分管或负责的工作，对学院特色进行了更为具体的分析，进一步提高了在自己工作实践中努力体现学院特色的自觉性。

三是联系学院目前实际，探讨了把青年政治学院办出特色的途径。大家清醒地看到，就我院现实条件来说，与特色学院的要求还是很不适应的，尤其是教师队伍和办学经验还是有很大差距，不可能一蹴而就。实现目标需要若干年持续不断的努力，我们不能等，努力必须从现在、从我们这些人开始。路是人走出来的，学院的特色也是办学人员创造出来的。走这条路对我们来说要先从学习开始，我们这些人大多都没办过大学，有些同志只是上过大学，有些同志连大学的门都没进过，有的甚至是刚从企业调进团校工作。所以，学习是必须的，要学习团校的传统，学习党校的经验，学习普通高校的长处和办学规律，学习国内外各类有鲜明特色的院校的办学理念和值得借鉴的做法。其次是大胆实践，在探索与创造中取得规律性认识。再次是重视人才，特别是教师队伍的建设。最后就是发挥优势，扬长补短。我们这些人办青院，有短处，要承认，要通过学习和实践逐步克服，同时更要看到我们的长处。这就是团办学院的优势，与一般院校相比，我们背后多了一个共青团组织的支持，我们可以通过团组织与社会、与基层建立广泛而密切的联系，社会的需求和团干部的呼声，可以及时反映到学院建设和教学中来，这就是我们青年政治学院办出特色的最有利条件。

六

务虚会刚结束，务实会紧接着召开了。8 月 15 日，在各大、中学校还在放假时，北青院的教职工已经全部返校上班，当天即召开了学院全体会议，在会上蒋校长在简要总结了放假以来的工作进展情况后，着重对近期学院的工作，特别是急需落实的任务进行了部署和动员。他充满激情地说："从今天开始，距离北京青年政治学院首届新生入校开学和建院庆典，还有不到 20 天的时间，我们为之奋斗两年多的目标即将实现，届时我们学院将正式挂牌宣告成立，同时纪念北京市团校成立 30 周年。这对广大教职工来说是令人激动，可以举杯欢庆的时刻，但摆在大家面前的任务也是极为繁重的。为了迎接首届新生入学，为了开好学院成立大会，为了展现我们新学院的精神风貌，希望大家以高度负责的精神，积极主动的态度，高速、高效、过细地做好各项工作。”

开学前的日子，一般学校的工作都是紧张的，而对北青院来说，其紧张程度要加上几倍。对此可以用12个字来概括：任务重，时间紧，要求高，人手新。

任务有多重，大致摆一下都可掂量出：一是招生工作，青院招生是在区县推荐、学院面试、统一高考基础上，将于8月21日到怀柔参加全市招生会现场录取，程序比一般院校复杂很多。要保质保量，还要争取超指标完成任务，压力确实很大。二是教学工作，要落实授课教师、教材、教学器材以及教室安排等教务工作，其中在外聘教师较多情况下，难度和工作量大大增加。同时，新教师备课、试讲要抓紧做好，还要与党校图书馆联系，落实图书借阅和新建阅览室工作。三是学生工作，要确立学生工作的原则和计划，具体做好首届迎新工作，新生入校后要了解学生情况，分班编组，制订和实施包括军训在内的入校教育方案。四是后勤保障工作，要调整办公用房，安排好学生住宿、吃饭、洗浴及其他生活服务，许多事项都要求助党校后勤部门配合；要联系公安部门，落实学生集体户；要印刷学生手册、制作校徽、学生证及各种标牌；要建好医务室并联系相关医务部门做好新生入校体检工作等等。五是开学典礼和校庆准备活动，要做好大会文件和会场会务等各项准备工作；要做好出席会议的领导、嘉宾和新闻媒体的邀请和落实工作；要抓紧联系领导题词和装裱工作；要布置好校史展览，准备好会议纪念品、表彰优秀教师讲评等。六是行政工作，开学在即，学院领导机构和班子成员，各系、部、室及其负责人还未往上级机关正式确认，院务指导委员会成员尚未最后落实，这些亟待与上级领导机关沟通解决，另外学院人事独立亦须抓紧实现。

时间确实紧，从动员会结束到拟定9月5日校庆大会，满打满算（包括休息日）还有18天时间，为了确保上述任务按时完成，蒋校长又把工作安排分为两段：第一段到8月25日之前，共9天时间，抓紧工作，基本落实各项准备工作，并拿出各部门第一学期工作计划；25日进行大检查，通过检查找出存在的漏洞，尽快弥补，使开学工作做到万无一失，初战必胜。

要求应该高，从新生入学到学院成立庆典，这是北青院首次向社会亮相，各级领导、各级团组织和广大青年都在注视着我们。同时，这也是展现优良院风，展现青院教职工精神面貌，展现学院特色的重要时刻。参加庆典活动，对入校新生更会产生终生难忘的积极影响。因此，我们的各项工作都要有更高的标准和严格的要求。

人手实在新，北京青年政治学院的教职工大多数是在学院批准筹建之后陆续调入的，有些还是近期刚刚分配进来的大学毕业生，人手不仅少，而且普遍较年轻，又缺乏高校相关业务工作经验。要在这么短的时间内完成好上述高校标准要求的多重任务，难度很大，也确实是个考验。但这也是在实践中学习，在我们完成任务过程中锻炼提高的极好机会，建院办学之路就是这样走过来的。

动员会后，北青院的工作气氛可以用毛主席的两句话来形容："热烈而镇定的情绪，紧张而有秩序的工作。"各系、各处室，每个教职工都按既定的分工和职责要求，积极行动起来，蒋校长更是针对招生教学、学生工作、后勤服务等各项重点工作召开专题会，逐个部门听取汇报，提出具体指导意见，其中特别对校庆活动付出了更大的精力，从总体方案到实施细节，事必躬亲。

在各项准备工作检查达标后，8月28日召开了北青院开学誓师大会，蒋校长在大会上首先宣布了经团市委常委会研究决定的学院领导班子成员和各系各处室负责人任职名单，介绍了新调入的干部。而后，再一次强调了青院成立和开学在共青团教育事业的发展和青年干部培养教育中的重要意义，希望全院教职工都要明确学院开学对自己的工作和形象提出的新要求，认真思考自己如何在进院办学过程中更好地成长、更模范地工作。

各部门按照会议安排，围绕蒋校长提出的题目，组织了讨论，并推荐了周伟东（教务处）、赵卫民（基础部）、葛铁林（青教系）、丁庆标（管理系）、李红捷（图书资料馆）、王晓蒙（学生处、团委）、杨爱群（办公室）、王军（人事处）、周杉如（总务处）、孙继普（基建处）等同志在誓师大会上表态发言。发言中，大家共同的声音就是畅谈学院成立开学对自己的鼓舞和激励，同时也都感到新的历史任务落在自己的肩上。我们在学院无论做什么具体工作，在学生眼中都是老师，为人师表，不仅要有师德心，而且要有老师的形象，时时处处给学生做表率，业务上也要成为行家。大家还结合自己当前和今后的工作，纷纷表决心、立誓言，要努力开拓进取，高质高效完成在建院办学中承担的任务。

9月5日是北青院的盛大节日。这一天上午天朗气清，风和日丽，从市委党校北大门到南大门东侧的庆典会场，一路彩旗飘扬。会场主席台两侧悬挂着中央和市委市政府领导给学院成立的题词，表达学院培养目标和办学特色的标语牌，陈设在会场两厢。主席台正中上方，红底白字的校庆会标更是醒目放光，200多名教职工和刚入校的新生早早地来到会场。应邀莅临大会的国家教委、团中央、市委、市政府、市高教局、团市委、市委党校、中央团校的领导以及北青院院务指导委员会成员也都相继走上主席台就座。上午9点，大会主持人宣布庆祝北京青年政治学院成立暨纪念北京市团校建立三十周年大会现在开始！即刻鼓号齐鸣，全场沸腾，那激跃的节奏震撼人心，那热烈奋发的气氛感染了全场的人，特别是我们这些为这一天的到来，付出了大量心血和精力的人，更感到由衷的欣慰。最使我激励不已，且久久不能忘怀的是主持人高声宣布北京青年政治学院经批准正式成立，并向学院授予小平同志亲笔题写院名的标牌那一刻，我和学院总务长高玉维同志一起走上主席台，两双手共同接过并高高举起顶花披红的院牌，会场上顿时响起热烈而持续的掌声。这时，一种从未有过的自豪感在我的心底油然而生，内心的激动无以言表，挂在脸上的只有含泪的微笑。

庆祝大会结束了，但往日的峥嵘岁月却一幕幕在我的脑海频频闪现。借地办班、恢复团校、酝酿青院、申报审批、奔波筹建、力争招生、热烈迎新、激情庆生……这些既普通又特殊的经历，属于我也属于青院。岁月如歌，青春无悔，为了纪念青院的创建，今天我把这些经历以及由经历而产生的真挚情感写出来，姑且称之为“我的青院情结”吧！

2019 年 5 月

白世诚，时任北京市团校副校长，北京青年政治学院教务长。

艰苦创业　复校建院

高玉维

我是1980年5月由北京团市委机关调到北京市团校负责行政后勤工作的，直到1988年底才调离。在短短8个年头里，确实有许多值得回忆的东西，感触最深的就是在恢复北京市团校和建立北京青年政治学院时期艰苦创业、复校建院的历程。

记得刚到北京市团校时，简直是一片空白，一无校舍，二无设备，只是借用市委党校部分房间办团干部训练班。为了解决办班的基本需求，我们申报市财政局每年拨一笔专款做办班经费，购置办公用品和教学仪器设备。那时，团训班财务还没有独立，也没有专职财务人员，就是在市委财务处挂了一个账号，由市财政拨款，我负责从市委财务处领取支票或现金，购置和支付各种费用，然后再去市委财务处报账。那时也没有交通工具，就是一个人骑车或坐车全城跑。随着办学发展和外聘教员的需要，才从市委机关调拨一辆吉普车，解决了交通运输问题。那时没有办学条件，一切依靠市委党校支持，这就需要疏通和市委党校的关系。我记得那时从党校分管行政后勤的校长、教务处处长、总务科科长，甚至到一般办事员和工作人员都要进行联系协商，解决聘请教员、使用教室、调整房间、吃饭住宿等一系列问题。由于有市委党校的大力支持，帮助解决学员的吃住等后勤保障问题，这样才把班办起来。那时组织办班的人员只有七八个人，而办班的事务性工作很多，教学任务也很重，大家凭着一股工作热情，积极肯干，不分分内分外。就是在那种条件简陋的情况下，一年办5至6期团干部训练班，积极培养在职团干部，取得了很好的效果。

1982年，北京市政府批准恢复北京市团校。1985年适应改革形势发展同意筹建北京青年政治学院，这对行政后勤工作提出更高的要求。我们从实际出发，在原北京市团校校舍不能退还的情况下，积极选址，征地拆迁，进行新校舍的基本建设。新校舍的建设，承载着很多人的辛勤劳动。选址就花费了一定时间，在城里用地面积小，周边环境也不好，看了几个地方都不理想，最后选址确定在朝阳区将台乡西八间房村的农田。征地后需要进行拆迁和用地的“三通一平”工作，基建人员经过艰苦细致工作解决了农转非户口和安排农村劳动力问题。请设计院规划设计建筑方案，原计划设计一个标志性建筑，空中俯瞰像只飞燕，因建筑费用太高又改变设计。进入施工阶段又赶上全市控制基建，经过上下沟通，可以说是费尽千辛万苦才把新校舍建起来。在新校舍还没有建成的情况下，继续借地办学，与市委党校协商，解决扩大办学的各种需求。首先是扩建和改建了办公和教学生活用房。北京青年政治学院首届招生100多名学生，需要一个容纳百人的集中教学开会的场所。市委党校有两个大教室在礼堂二楼，党校自身安排都非常紧张。经与市委党校协商，决定在市委党校山字楼建大阶梯教室。我们找人设计并组织施工，解决了全体学生集中教学活动的场地。为了解决学生用餐，在党校口字楼建学生餐厅，4号楼安排学生宿舍，在3号、4号楼之间开辟课间场外活动场所。在市委党校的大力支持下，第一届学生在市委党校院内完成两年的学业。其次是实行财务独立，提出财务预算，市财政拨专款支持办学。学校调入专业财务人员，组建财务室，加强资金往来和财务管理，坚持精打细算，勤俭办学，使学校资金资产逐年成倍增长，满足教学科研和学生学习活动的各种需求。三是根据开设专业的教学需求，购置了大批的教学仪器设备，包括当时比较先进的电化教学设备设施，改进教学条件，提高教学水平。与此同时，加强学校内部建设，招收和引进教学科研和行政管理人才，组建各个科室，形成教学科研、行政管理、基本建设三支队伍。在北京团市委的领导下，在学校机关内部积极开展思想教育和党内生活，统一思想，振奋精神，开拓进取，探索改革。

短短几年时间，学院发生很大变化，在专业设置、实践教学、学生管理等方面都取得丰硕成果，使几届学生顺利完成学业奔赴工作岗位。

回顾在北京市团校暨北京青年政治学院工作的 8 年，可以说是一个艰苦创业的过程，每前进一步都要付出辛勤劳动。北京团校暨北京青年政治学院能够发展到今天，除了依靠北京市委领导的亲切关怀和社会各方面的大力支持外，还有一个重要因素，就是广大干部和教职工在复校建院的过程中，发扬了一种奋发向上锐意进取的精神、一种不怕任何困难和压力的精神、一种为了实现目标乐于奉献的精神。正是凭着这种精神，我们在一片空地上建设起自己美好的校园，创办了一所有特色的学院，这是值得欣慰和引为自豪的。

2019 年 8 月

高玉维，时任北京市团校副校长，北京青年政治学院总务长。

京师高校中的第一个文秘系

常林瑞

1987年初，我还在京郊大兴县教育局的任上，组织上已同意我的工作调动请求，只是还没有办理调动手续。北京青年政治学院党委书记蒋效愚同志即到大兴县邀请我去参加学院的工作会议。

那次会议在香山召开。给我留下的深刻印象就是：参会的人员都是后来北京青年政治学院的建设者，成为学院第一批创业的人；大家都很年轻，脸上洋溢着有志去开创一番事业的兴奋和喜悦，浑身透出无穷的勇气与干劲。会上大家无所顾忌地畅所欲言，规划着北京青年政治学院未来的蓝图，抒发着有为的方案和感想。蒋效愚书记耐心地倾听和引导着大家的发言，让每一个人都能言尽及义。当时就让我强烈地感受到，他是一位能够广采众长、精明干练、会干出一番事业的出色领导。这里会聚了一群有为的青年，一项如初升朝阳一样充满蓬勃生机的青年的事业已经在行动。正是这种场合中充满的昂扬朝气与和谐氛围，使我决心与他们一起去开创北京青年政治学院这番崭新事业。

我于1987年3月调入北京青年政治学院，任文秘系主任，文秘系正式成立。按照学院发展规划，确定参加当年夏天的高校招生，9月1日文秘专业新生入校开学。

当时文秘系只有学院调配的2名员工，当务之急是必须尽快形成一支专业的教师队伍，同时还须制订出一份完善的文秘专业的具体教学计划。

其后的短短几个月间，广开门路，招贤纳士，在新学期开学前就组建起了一支具有相应专业素养、年富力强、学科相对完备的中青年教师队伍。

北京青年政治学院从建院之初就具有明显的青年特色，教职员工都是朝气蓬勃的中青年，充满敢于变革的新锐魄力。文秘系的员工也不例外，因此择选教师的原则除了学科背景、教学能力等条件之外，年轻化也是一项重要条件。当年的我尚不到知命之年，其余教工则是以三四十岁的中年教师居多，是教学的中坚骨干。同时也适当从近期的大学毕业生中招收了几名青年教师，他们的知识结构具有当时的专业研究前沿水平，并构成合理的教师梯队。这支最初形成的专业教学骨干队伍，虽然人员后来也有少许流动，但是在文秘系的事业发展过程中，一直发挥着核心的凝聚与支撑作用。

由于学院的新校舍还在建设之中，当时是在北京市党校院中借地办学，物质条件都极为欠缺和简陋。图书馆不具规模，缺少图书资料，特别是新开设专业的图书更是匮乏。教师备课需要自己到处去借书。办公只有几张桌子可用，场地十分狭小。然而这一切更加激发起大家的创业热情，因陋就简，齐心协力，一起想办法解决困难。文秘系有教师曾写了一副长联来描述当时的情状：

党校院内，陋室两三间，如颜回无改其乐；

口字楼头，教师十数人，为学子尽瘁乃已。

口字楼是北京市党校院内的一座古老建筑，原是京城里天主教会一所神学院的房舍遗存，北面不远处还有最早来华的欧洲耶稣会传教士利玛窦以及汤若望、南怀仁等一众教士的墓地，松柏森森，使环境平添了几分肃穆。这座建筑因其房屋四面合围组成一座形状如同“口”字的楼宇而得名。北京青年政治学院此时在党校院内借地办学，这座楼西头一层的房间做了各系的办公用房，文秘系当时分得了三间。

办公室所在的古旧房屋的木质地板年久失修，已经残破，人们在上面走动时，会不停地发出木板相互摩擦的声响，在静谧的楼道中回荡，越发显得声音巨大。西晒的朝向，使得夏日的房间里充满燥热，电风扇是唯一的降温利器。然而，青春昂扬的工作热情，盖过了这一切，至今回味，那时始终是我记忆中最值得留恋的一段愉快时光。不仅是我才有这种感觉，近些年常与当年的同事聚会，大家总是不由自主就会谈起那些往事，对那时人际融洽的关系、团结的氛围、昂扬的工作热情记忆犹新，都充满感情，无比珍惜。

北京青年政治学院的文秘系，自我号称京师“第一”，自然是因其开办较早，而绝非妄自尊大。凭我们学院的资历与规模以及各种办学条件，跻身京师高校之林，绝无一分可资张扬的理由。然而论及北京青年政治学院及其所开设的各具特色的专业，在京师则可谓独树一帜，绝无仅有。我所主管的文秘系，侧列其间，自然也不例外。

北京青年政治学院伴随着改革开放大潮而生，因而具备了领风气之先的本领，又由于与北京市团校相生相长，因而遗传了青年敏感而前卫的基因，自建院之始就确定了为北京市的党团机关培养工作岗位办事人员的总体办学目标，瞄准工作岗位而设置专业，因而使得专业面貌自襁褓中已具有了职业特点。

高校开设职业教育专业，这在今天看来已司空见惯，凡高校均已把职业教育作为不可或缺的一个方面。但从我国的教育发展过程来考察，各高校纷纷不再忽视职业教育，却不过是从20世纪的90年代以后才有的共识，而那之前普遍把开展学科教育当作高校的办学宗旨而视为天经地义，职业教育只不过是理工科院校或低层次的中专学校的任务。

正因如此，可以说1987年那时的北京青年政治学院在京师各高校中，引领了文科领域的职业教育之先。

公平而论，当时的著名高校对以职业教育为名开设专业是不屑一顾的，某些大学虽然率先开设了职业特色的专业，但他们仍无法挣脱学科教育的桎梏，还是以学科为开立专业之根，尤其没有如我们而堂正豪爽地以职业之名来设立教学机构，因而北京青年政治学院的文秘系就荣幸地成为京师诸高校中的第一个以职业教育立身的教学机构。虽然此时它只是棵刚刚破土的嫩芽，但是大势所趋，一棵大树的轮廓正在渐渐清晰。

自此不久的几年后，职业教育则已成为各高校拓宽教育思路、扩大办学规模的不容忽视、不可或缺的着力点，那些著名高校亦不得不纷纷屈身俯就，再难回避这一现实。到那时，北京青年政治学院的文秘系，不但已拥有了若干围绕文秘职业岗位而开设的各具相应职业技能特点、工作岗位特色明显的专业，而且具有了千余人的在校生规模，尤其是为配合教育部关于发展职业教育的指示而新设计的明确以职业教育定性的商务秘书专业，顺利通过了北京市教委主持的专家组的论证考核，被确认为北京市级的全市第一个文科职业教育试点专业，在后来还拥有了由北京市教委授予的市级职业教育示范性专业的殊荣。文秘系名副其实地成为京师高校中的“第一”。

文秘系成立之初，重中之重的工作应该是根据学院的总体思路，在招生前及时确立起具体可行的专业教学计划。

1987 年所制订的文秘专业教学计划对于培养目标是这样表述的：

“本专业为我市共青团组织和党政部门培养符合‘四有’要求的、具有较强文字表达能力、熟悉机关工作业务、并能应用一定现代化办公手段的青年政治工作专门人才。”

这份教学计划在具体的目标要求中，不但细致明确地详列出了各项工作的技能要求，而且把思想品德要求放在首位。几十年后的今天，即使用现在的眼光和尺度来审视当年所制定的这个培养目标，应该说仍然是较为合适的。尽管由于时代的发展变化，已经不能只为我市共青团组织和党政部门培养从事青年政治工作的专门人才，而且随着科技的进步，办公手段和设备的提升，对文秘工作的岗位要求也已发生了颠覆性的变化；但是文秘作为一个专业，在文科高等教育领域中则始终充满活力、职业特色清晰、专业能力明确、就业渠道畅通、市场需求持久。为此而制订的教学计划，始终无须做大的调整。

这份教学计划在当年制订时，首先得益于学院党委的原则性方向性的清晰指导，在与学院的总体办学方向相一致的前提下，摆脱了盲目摸索的状态，便于准确把握制定专业培育人才的标准与尺度。再加上进行了广泛充分的社会调研，而且并不局限于党团机关这个狭窄的范围，尽可能多地听取了各行各业从事文秘工作的资深员工的见解，对专业基础与能力的认识较为准确，据此而设置的课程能够确保工作能力的养成，经受住了社会与时间的检验。

文秘专业的课程依据教学计划所制定的培养目标而设置，强调职业岗位特点，因而能紧扣文秘工作所需的职业技能，围绕着办文、办会、办事三项核心能力展开。

注重学生的文化素质教育，从设置课程之初就一直是我们教学理念的主导思想。教师们始终认为不但要使培养出来的学生能够具有胜任秘书岗位的工作技能，而且要使他们具备日后能够不断继续学习与提高的较为厚实的文化底蕴，因此绝不放松文化基础课的教育。这一教学指导思想在日后的实践检验中得到了师生们和就业单位的充分肯定，被不断证明是正确的。直到如今，几十年过去了，这一思想仍然在教学实践中被贯彻坚守，在课程设置上得到保障和落实。

以写作能力培养的课程教学为例，直接有关的课程有三门，分别是《基础写作》《机关应用文写作》和《中国历代文书》。这组课程是为了使学生能够胜任秘书岗位的办文能力而设，不仅有可以满足实际工作需要的《机关应用文写作》，还增设了《基础写作》和《中国历代文书》，从文化修养与历史借鉴两个方面扩展学生的专业写作视野，全方位、深层次地进行专业写作能力的培养，打下广阔的文化根基，为日后的深造提高铺好基石。后来我们从历届毕业生的反馈那里都得到了明确的认同，他们工作之后都深切地体会到了写作能力在工作中是多么重要，并庆幸自己在校学习时得到了充分的培训，不但熟知各种公文，而且拥有扎实的文字表达和驾驭写作的能力。

针对秘书工作范畴中办事能力的培养要求而设置的课程亦是如此。既有基础理论性的《秘书学》《管理心理学》《行政管理学》《档案管理学》等课程，也有专业技能特色鲜明的课程，当时开设的有《计算机应用及汉字信息处理》《办公室自动化》《打字》《摄影》《书法》《速记》《形体训练》《演讲与口才》等，随着与时俱进，这类课程始终能够不断快速调整，紧追科技手段前沿，与时代发展同步，契合工作实际。及至社会上流行起职业资格证书准入之时，我们的专业教师不但能够成为行业协会中的培训师，而且能使我们的在校生在毕业时能够百分之百地达标获取职业资格证书，为就业扫清障碍。

非常应该记下的是，学院领导出于对共青团事业的坚守，对团校事业的一份传承，要求各专业都必须把共青团理论与工作的优良传统落实到教学体系之中，因此在文秘系的专业教学计划中就开出了《青年工作理论》《中国青运简史》课程，这类课程是在学院党委的统一领导下设立的，比其他思想政治类课程以更为亲和的样式融入教学体系中，因此也就更容易地得到全体教职员工与学生的认同。如此设课的目的就是为了保持和延续共青团的健康基因，坚持青年政治特色的办学方向，也更是北京青年政治学院不同于其他高校的最本质的一种表象。

当然，合理的课程体系并不能一蹴而就，绝非一日之功，但是基本思路清晰，在全体教师的共同努力下，课程的安排总是越做越好。

文秘的专业课程在当时大多是开创性的，对教师们来说也是全新的，开始时一般难以找到适合的教材，大多采取教师编写讲义的方式授课。这本是高校一贯的做法，无可言说。然而，1980 年以后，编印教材的条件越来越方便，因此，出版正式的文秘专业教材必定提上日程。

说那时的高校教育是百废待兴、从头起步的，应该并不夸张。许多学科研究在十多年前应该都有一定的基础，但此时总被难以接续所苦恼。资料匮乏、信息过时、人员不足，更何况如我们这样的新建专业，因此虽有此心，却必须联络更多同人一起来做。还好，很多时候有志者会不谋而合，全国十余所省级团校与我们有共同的需求，遂联合起来以最快的速度正式出版了第一本文秘专业的基础课教材《秘书学概论》，使教材建设走上了快车道。

当时我在系务之余与一名教师合作讲授《中国历代文书》课程，此后不久，我二人合著的《中国历代文书》正式出版，形成了一种教学与科研相互促进的范式。前前后后还有一些教师编著的教材或学术专著相继出版，标志着文秘系学术研究的深入以及专业课程系列教材建设的全面展开。

时至今日，可以很自豪地说，北京青年政治学院文秘系所有专业的主干课程都已有了自编教材，形成了独具特色的系列，其中有一些在全国同类教材中有较好影响，在学术研究与应用方面占有一席之地。

初创的岁月里那些不论巨细的人和事总都是令人难忘的，聊记几笔以志纪念吧。

北京青年政治学院此时刚刚建院，基础建设的任务巨大，经费应是十分紧张的，然而院领导总是把保证教学的需要放在首位，对教学设备的投入是巨大的。开学时已建成的计算机房能够满足全院各专业相关教学的需要，这在文科院校中应是具有前瞻性的举措。

为了给我系文秘专业学生提供办公技能训练的条件，学院又专门拨巨款、腾场地，建立了一个配备了10台当时刚刚流行的四通打字机的实训室，教务处还专门安排学院文印室的技师担任该实训室的实训指导教师，保证了课程的质量，使文秘专业的毕业生人人身怀能够使用电子设备处理中文文档的弄潮绝技，显得高人一筹。

像这样部门间相互协作在当时被认为就是本职工作的一个组成部分，全院一盘棋的认识非常明确，动人的事例是非常普遍的。这种作风在后来一直得到了历任领导很好的坚持和贯彻，成为学院的优良传统之一。

由于生源充足，文秘系还在录取学生时增加了面试环节，因此当入学后全院集会站队时，总会让大家眼前一亮，让其他系教师羡慕不已，因为他们不论身高体型，还是相貌举止，都使观者非常养眼，愿意多注视一会儿。

不久后陆续毕业的文秘专业学生，都能在与专业相应的工作岗位就业。

即使就业变成市场化双向选择之后，毕业生以其职业素质明显的特点，仍然非常适应形势的变化，不难谋得心仪的工作。我们历年的毕业生追踪调查显示，他们在工作单位都能够表现出良好的职业能力，胜任本职工作，得到认可。时至今日，应都事业有成，成为单位的骨干。其中也不乏佼佼者，做了领军人物。每每听到这种消息，总是我们从教同人最感欣慰的时候。

就这样，初升的朝阳正在放射出耀眼的光芒，文秘系的师生齐心协力，教学相长，信心满怀，拥抱着冉冉升起的火红朝阳，开启了教育事业的崭新篇章。

2019 年 8 月

常林瑞，时任北京青年政治学院文秘系主任。

北青院创建过程及课程设置的思考

周伟东

一、关于成立北京青年政治学院的酝酿过程

1983年初，我从人民大学一分校毕业，被团市委召集到接待日本3000青少年访华工作的队伍中。接待工作完成后，团市委组织部根据我曾在中学工作的经历，分配我到团校工作。当时的团校恢复时间不长，老校舍在“文革”期间没了，恢复的团校寄居在车公庄市委党校，借市委党校4号楼一层半的校舍和主楼一间大教室进行团干部培训，每个培训班差不多几十号人。培训的内容紧扣中国改革开放以来党的方针政策，努力通过培训贯彻团市委“充分发挥共青团的助手作用，为民族振兴贡献一代人力量”的愿景。

和我一起到团校报道的有李红捷、刘云帆，我和刘云帆被分配到了马列教研室。那时的团校基本上可以叫作“一穷二白”，全校最大的固定资产是一辆老旧的212吉普车，主要用于跑机要和接送老师。50多岁的校长靳春立上下班都是和我们一道骑自行车。可能是从小过惯了苦日子，我们几个大学生对团校的状况没有觉得有什么不对，而是对工作充满了热情，也对校领导们描绘的新团校建设充满了期盼。

团校校长靳春立，副校长姜立贵、高玉维，青教室主任白世诚，马列教研室主任王昕始终强调团校培训要紧密结合中国的改革开放大潮，强调共青团要紧跟党的路线方针。促使我们不光在课堂、在运动场、在食堂、在宿舍和学员们密切沟通，了解情况，掌握共青团工作的现状，还不断地到工厂、农村的改革实践中去调研和走访。经过一年的团校培训工作，我

和我的同事们开始思索团校教育工作今后的走向问题。

调研中我们发现共青团工作已经不适应经济体制改革大潮所引发的变化，比如农村经济体制改革实行了经济承包责任制，经济组织方式从生产队变成了家庭，生产者的时间不再统一，以往共青团组织活动的方式不再适应活跃的经济行为。部分地区团组织活动开始处于瘫痪状态，追求经济效益的引力超过了思想道德教育的需求，为人民服务的信念开始淡化。同期开始探索有计划的商品经济的工厂企业，从“拨改贷”开始讲求经济效益，老国企“大锅饭”、人浮于事的状况开始转变。改革顺利的企业，企业发展、职工福利改善；改革不顺利的企业经营日益困难，企业共青团工作也存在着同农村类似的不适应问题。

另一方面，团干部的素质和工作水平与新时期团的工作要求已经严重不相适应。一是历史的原因造成团干部的文化素养普遍较低，组织能力差，虽有搞好工作的愿望，但是缺乏搞好工作的本事；二是部分团干部缺乏理想信念，缺乏为民族振兴献身的精神，受他人发家致富的影响，不再愿意把时间花费到“没权、没钱”的共青团工作上；三是缺乏探索能力，目光短浅，一切要等上级指示。

通过调研，我们深为团干部队伍的状况感到不安。当我们把这些情况向校领导汇报以后，校领导启发我们思考面对前进路上的问题，我们团校能做些什么？

当时我们马列教研室的华汉、王昕、赵卫民、付永吉、刘云帆等经常交换意见，中午休息的时候，团校的活跃分子李红捷、邵旭军、靳志伟、赵勇也会和大家交流想法，认真思考团校今后的出路。我们感到在改革大潮中，共青团工作如果不改革，不跟上时代的潮流，共青团先进青年群众组织的先进性就丢了，就会被时代淘汰。作为党的助手，共青团必须先于青年群众理解党的方针政策，向青年宣传党的路线，带领青年投身到这场关乎民族振兴大业的时代潮流中去。作为省市一级的团校，我们的责任就是要培养出一代志向高远，甘于付出的优秀团干部。经过讨论我们把新时期团校教育归纳为重点培养共青团干部应该具有的三种能力上：一是根据党的路线方针政策和中心工作，根据团中央的工作意图，制定本地区团的工作方针的能力；二是广泛深入基层调查研究，用马克思主义的观点、方法研究和解答基层团干部在现实团的工作中遇到的各种问题的能力；三是为贯彻团的工作方针，对基层团组织主要负责人进行培训的能力。

显然光凭热情、愿意付出已经不能适应当前的共青团工作了，而团校一间教室，一年十来期团干部培训也不能解决北京青年工作需求。结合学习 1980 年 1 月 16 日，邓小平在《目前的形势和任务》的讲话中关于“要有一支坚持社会主义道路的、具有专业知识和能力的干部队伍”的要求，和同年 8 月 18 日他在《党和国家领导制度的改革》中指出的“我们选干部，要注意德才兼备。所谓德，最主要的，就是坚持社会主义道路和党的领导。在这个前提下，干部队伍要年轻化、知识化、专业化”。我们认为除了干部培训以外，面对团干部青黄不接的状况，应该从新鲜血液抓起，创办培养坚持社会主义道路的共青团人才的学校。在校领导的鼓励下，我们写下了创办北京青年学院的建议。没想到的是，我们的建议被团市委迅速报到了主管青年工作的市委副书记金鉴同志那里，又得到了市委书记李锡铭、市委教育部部长汪家镠等领导人的支持。1984 年 10 月团市委派蒋效愚同志来团校领导青院的创建工作。这个时候，我们要创办的学校，已经初定为“北京青年政治学院”。

二、关于学院创办初期专业课程设置的思考

各级领导部门批准建立北京青年政治学院了，中国改革开放的总设计师邓小平同志还为这所处于萌芽状态的小学校题写了院名，这是何等荣光的激励。怎么才能办好这所培养青年政治工作专才的学校呢？许多问题都需要进行深入细致的研究。专业课程的设置实际上就是今后青年干部培养的蓝图和路径。学院党委要求我们认真做好前期调研，拟定能够培养胸怀民族大义、坚持社会主义方向的青年政治干部的课程。

团干部是什么样的人才呢？我们认为：首先他们应该是胸怀报国之志的热血青年，是共产主义的坚定信仰者，是跟着党坚持社会主义道路的后来人；其次他们可能不是适合专事科学研究的人才，但是他们必须广泛的涉猎各学科的知识，具有应对各行各业青年各式各样思想问题的能力；第三他们应该是眼界开阔，甘于奉献，乐于“先天下之忧而忧，后天下之乐而乐”的人。

经历了内部反复研究、争论，听取了老一代青年工作者的思虑，和兄弟团校的同人们交流、学习，我们不断体会着邓小平同志为我们题写院名的深刻含义。特别是学习了邓小平同志 1980 年 8 月 18 日在中共中央政治局扩大会议讲话时指出的：“现在有些青年，有些干部子女，甚至有些干部本人，为了出国，为了搞钱，违法乱纪，走私受贿，投机倒把，不惜丧失人格，丧失国格，丧失民族自尊心，这是非常可耻的。”（《党和国家领导制度的改革》，1980 年 8 月 18 日，《邓小平文选》第 2 卷，第 337–338 页）以及 1982 年在中共中央政治局讨论《中共中央、国务院关于打击经济领域中严重犯罪活动的决定》会议上的讲话：“我们自从实行对外开放和对内搞活经济两个方面的政策以来，不过一两年时间，就有相当多的干部被腐蚀了。卷进经济犯罪活动的人不是小量的，而是大量的。犯罪的严重情况，不是过去‘三反’‘五反’那个时候能比的。……现在的大案子很多，性质都很恶劣，贪污的或者损害国家利益的，都不止是什么‘万字号’。有些是个人犯罪，有些是集体犯罪。”他告诫全党，“要足够估计到这样的形势”，“这股风来得很猛”。“如果我们党不严重注意，不坚决刹住这股风，那么，我们的党和国家确实要发生会不会‘改变面貌’的问题。这不是危言耸听”。对这一问题的认识“应该提得更高一点，看得更深一点”。（《坚决打击经济犯罪活动》，1982 年 4 月 10 日，《邓小平文选》第 2 卷，第 402–403 页）我们愈加感受到在发展经济的历史大潮中，培养一代政治立场坚定的青年干部，对党和国家命运的重要性；也愈加深刻理解了市委市政府领导要我们学校必须加上“政治”二字的刚性要求的含义。

我们这样考虑了学院专业课程设置，教育方式的几个依据和原则：

一是专业课程设置与社会需求一致的原则。根据经济体制改革大潮把人们的视线和关注度引向经济效益的时代特征，培养出一批敢于坚持社会主义道路，具有社会主义道德观，乐于为民族振兴、国家富强奉献自己青春的人才。因此我们强调马列主义课程的设置，强调天下大同，共同富裕道德理念的培育。

二是授业教师“言传身教，以身作则”的原则。把教师的身教作为学校课程设置的一部分。学院初创，需要从实际出发，抓好师资队伍的建设，以往从团干部当中抽调的办法不能满足教学需要，从社会招聘来的师资如何适应团干部人才的培养成为办学的关键。学院充分利用原团校自身师资队伍中团干部的本色，带动融合，建立具有青年政治学院自身特色的师资队伍。青教系成为学院教育的第一专业，系主任是当过兵，做过工人的优秀团干部出身的葛铁林同志。教师队伍中不乏王冀鲁、胡军、金盛、李耀珠等一批从团干部队伍中选调来的优秀人才。在文秘系、管理系的建设过程中，从系主任调入开始首先强调的是调入人员的道德品质。

三是坚持课堂教学和社会实践相结合的原则。教学中坚持实地调查研究，坚持从群众中来，到群众中去的工作方法。培养学生思辨和表达能力，培养学生的组织能力和号召力。

为了保证生源质量，1986年首次招生之前，北青院还依靠各区县团委，从各中学应届的学生干部中作动员、考察，鼓励他们报考北京青年政治学院。

32年后北京青年政治学院最初培养的学生，虽说当时只经历了专科教育，但是他们中的大多数确实没有辜负邓小平同志的期望，没有辜负当初市委、市政府各级领导对北京青年政治学院的关爱。

2019年4月

周伟东，时任北京青年政治学院教务处处长。

我所经历的北青院初创时期

朱生利

有缘到市团校工作

1986年12月8日，我来到临时设在北京市委党校4号楼内的北京青年政治学院。这所学院是在原北京市团校基础上建立起来的一所市属普通高等院校。团校和北青院是两块牌子，一套领导班子，受团市委和北京市教委双重领导。当时的办学条件应当说是非常艰苦的，整个学院的办公房间只有半层楼面，每个处室只有一间办公室，处长和工作人员都在一起办公。学生的教室设在已有上百年历史的老房子一栋口字形的楼房里，因为四面都是楼房，室内光线很暗，脚下都是老掉牙的木质地板，人一走上去，就会吱吱呀呀地响个不停。当时的学院党委书记、团校校长蒋效愚和我讲，办这个学校很不容易。

蒋效愚书记向市领导汇报学院建设规划情况

蒋效愚带领部分中层干部向市部门领导汇报青院建设进展情况

蒋效愚说：“现在的办学条件确实太差了，要办大学必须有个好的学习环境。不过咱们的新校址也快正式开工了，现在正在给你盖培训楼。你做专职团干部十几年了，对共青团工作非常熟悉，培训部就是行使原来团校的职责，负责全市共青团干部的培训工作，这个工作就交给你了。现在培训楼快封顶了，从现在起你就负责筹备培训办班工作，越早开班越好。”我问培训部现在有几个人，蒋效愚说：“现在就你一个人，那边基建处有几个人先帮你把楼建好，人的事下一步想办法再给你配。”

报到后，我这个光杆司令暂时落脚在校办公室，和赵勇主任坐对桌。头几天的任务是熟悉情况，我把原来团校所有能找到的资料都找来，认真翻阅和研究。但是可找到的资料真是太少了，只有近几年办班的一些记录。因为团校复课后，开的大多数都是外请老师的短期培训，所以教学计划、大纲之类的东西还需不断完善。

年底我报到不久，学院在香山召开了北京青年政治学院第一次中层干部年终总结会议。会议的主题是如何把握好学院的办学方向和具体工作发展目标。讨论非常认真、激烈。首先在明确办学思想和坚持办学方向方面全体人员很快达成一致。

但讨论到学院当前工作和未来发展时，围绕着“先治坡”还是“先置窝”的问题和新校址建设方案出现了意见分歧。有同志提出，办学也要创造一定条件，现有教职工都很年轻，住房问题大多没有着落，很多人都和父母住在一起，现在建设指标下来了，应当先把教工宿舍问题解决了再盖新校舍。经过一番争论，最后大家认为，应该学习老一辈的光荣传统，把事业放在第一位，要用最快的速度建好新校址，更有利于学院的全面发展。

我在办公室待了半个多月，之后又来了两名转业女兵，在部队都是从事医务工作的，一个叫王爱华，一个叫孙萍。这两个人是准备留在办公室工作的。1987年元旦刚过，基建处长孙继普带我去了北京青年政治学院新校址的建筑工地。

来到工地的平房小院儿里，第一眼看到就是关在北面羊圈里的十来只体态修长的绵羊，正在吃着堆在积雪边上的扑克牌，就问：“羊还吃扑克？！”孙处长说：“饿的呗，这一下雪哪儿给它们弄吃的去，平时白天放出来自己找点草吃，这一下雪，草也吃不着了，你看饿得这样。过春节不少人还等着吃羊肉呢。”听到我们俩说话，屋里基建处的几个人都迎了出来，吕瑞书、马平、杨建军、陈兴、薛文拜，几个人说，饭都做好了，就等着二位了。

几个人两瓶二锅头下肚就开始痛说革命家史了。先是讲蒋效愚下决心建青院的宏图伟业，然后说邓小平题词，再说青院办学怎么受领导重视，最后说到基建处征地拆迁、人员安置和目前面临国家压缩基建、开工准备的困难和艰辛。

正在大家说到兴头上的时候，我问了一句“咱们这新校址什么时候能建成呀？”一句话，把大家的兴致全给打消了。孙处长说：“别提了，这不正着急吗。这么重视，那么重视，可咱们在基建上的运气不太好，现在正赶上国家压缩基建，把咱们给列到缓建项目上了。团市委的青年饭店正式下马了，还有个青年宫也是缓建。学校等着搬新址，现在咱们这儿正没辙呢。”我说：“效愚校长让我赶快把班办起来，这培训楼什么时候交工？”他说：“这个没问题，这两天就安窗户、门，一个月内保证交给你用。现在需要你定的两件事：里边的办公、教室、住宿和楼外临时食堂的东西你操持，该定的定，该买的买，房子一完工，东西咱们一块往里装；第二件事就是你的开班宣传、班次预定和课程安排的事，那就得你亲自动手了。”听了这话，我像吃了定心丸，顿时有了底。我把酒杯举：“行，就这么定，我可设计一个月后开班的事了。”孙处长说：“完不了工找我说话，干！”

光杆司令筹建团训班

为了把团训班尽快办起来，学校在新校址（当时叫培训基地）成立了联合工作小组。除了我和孙继普，还有总务处长周杉如，随后又陆续调来了管理行政的王继丰，管理伙食的何朝善，医务室主任赵小辉也被派来筹建校医务室。培训部也先后从校图书馆和矿务局团委调来李迎春和邓宏凤两位同志。在那段日子里，整个培训基地不分你我，十来个年轻人（包括基建处的人，平均年龄不到30岁），不管是装修学生宿舍、采购物资设备、安装床具、准备炊事用品，还是用炉渣、水泥砖铺设临时通道，大家是八仙过海各显其能。吃住在工地上，经常是一干就是十几个小时。

食堂的准备工作更是紧张，培训楼北面新盖起的几间平房，就是培训基地的临时食堂，那时候煤气使用还没普及，还是垒灶烧煤的大锅灶做饭。

部分教工在新建成的培训教室前留影

新来的马师傅是大饭庄的退休厨师，对饭菜的质量非常讲究。他说："没关系，你们办班最多有多少人吃饭？"我们说也就100多人。马师傅说，那好办，你们给我找个大油桶来，我自己弄个炒菜的灶，你们就别管了。结果找来油桶，把桶两头的盖子去掉，在底半部装上盖房子用的钢筋条，然后在铁桶内壁上用砖砌了一个圆形的壁，再用麻刀清灰从里面抹起炉膛，经过马师傅的加工个大炉灶就算改造完成了。在大家的共同努力下，半个月时间，我们就基本完成了开班前的各项准备工作。

在团市委年初工作会上，我介绍了团校建成新的培训基地，并准备近期开班培训。各单位反响十分强烈，大家都感觉到，能在团市委自己的学校学习培训更加亲切，更适合我们共青团的工作情况。对于适当收费问题，各单位也都表示理解，也有同志提出多收一点，只要用在团干部的培训学习上，各单位的党政领导会给予支持的。

在青院新校区举办的第一期团训班

1987 年 2 月 10 日，团市委城区街道部的培训班在新落成的团校培训楼内开班了。团市委办公室主任胡维勇和城区街道部长李晓东主持了开班仪式。团市委和团校的各级领导都前来祝贺，97 名团干部成了北京青年政治学院成立后的第一期培训班学员。蒋效愚校长为全体学员介绍了北京青年政治学院的建设发展及下一步的工作设想，并满怀信心地对团干部们讲：“请大家放心，有邓小平同志的题字，有市委和政府那么多领导的关心和支持，有学院全体教职工的不懈努力，一个崭新的北青院在不久的将来一定会再把大家请回来做客。”

筹备全国青年工作者讲习班

在前一段办班过程中，我们接触了大量共青团干部以及团中央领导、社会各方面的专家学者，从他们那里了解到，在改革开放社会主义经济建设发展的新时期，青年思想教育工作亟待加强。社会主义市场经济理论问题，青年与改革开放的问题，都需要不断加强学习与探讨。于是我们与学校青年思想教育工作系一起和团中央青年工作部合作，准备利用暑假期间开办两期全国性的青年思想教育讲习班，请全国从事青年工作的同事们朋友们到北京来，和北京的青年工作专家和学者一起研究、探讨青年思想教育问题。这个想法很快得到团中央、团市委和学院党委的支持。我们的大教室一完工，培训部就立即组织人员向全国各级团组织发出邀请信函。在组织发出信函的半个月时间里，可以用夜以继日来形容整个培训基地的十几个人的工作，每人要负责发出三四百封信件。半个月时间发出几千封信函。

团中央领导宋德福、刘延东和部分学员合影留念

全国青年思想教育讲习班

到 1987 年 7 月 20 日时，离正式开班还有一周的时间，报名第一期已经超过了 500 人，第二期也有 300 多人了。我们及时和朝阳区党校通报了情况，要求吃住的人员必须保证不低于 300 人安排。朝阳区党校负责吃、住安排，学习及活动安排由我们来负责。学校党委为了保证办班的顺利进行，分别组成了两个培训工作服务、管理小组。一组由有培训办班经验丰富的图书馆馆长李红捷、教务处长周伟东和总务后勤的果连荣负责；另一组由各教学单位的老师和后勤、车务医务部门共同组成。另外，院党委再次审定落实了这次讲习班的课程安排，具体有李燕杰的《新时期青年工作的特点》、吴木的《资产阶级自由化对青年的影响》、汪文风的《谈青年所关心的党风问题》、曲啸的《谈青年思想教育与心理学》、周

荫昌的《青年的审美意识与音乐美育》、蔡武的《国外青年工作》、彭清一的《艺术生涯与人生》、蒋效愚的《“学潮”回顾与反思》、姚望的《青年与党》以及我校李桂芝教授、葛铁林、胡军等老师的共青团理论与工作课程。这些课程每期都要分别在培训基地大教室和朝阳区委党校报告厅各讲一次。

7 月 27 日至 8 月 3 日第一期讲习班如期举行，第一期讲习班共报到学员 587 人，创团校办班规模有史以来的最高纪录。

第二期讲习班是从 8 月 10 日到 8 月 17 日，也是 8 天时间，共有 387 名学员报到。经最后统计，两期讲习班共有 965 名除台湾、西藏以外来自全国 28 个省市自治区的共青团干部和青年工作者参加学习。团中央第一书记宋德福、书记处书记刘延东和李源潮，团市委书记强卫、副书记姚望和沙万泉等同志出席开学典礼或来讲习班看望全国各地的学员、参加座谈会。宋德福同志为第一期学员讲了第一课。

为把这期讲习班的服务工作做好，团中央组织部还特意送来一台当时还很珍贵的电视投影仪。

培训、后勤双肩挑

1988 年，培训工作完成了建章立制，按照团市委的要求，作出了培训工作规划，整个工作开始走上正轨，并且很快得到较大较快的发展。就在这年的 3 月 18 日，蒋效愚校长找我说，总务处的靳志伟同志要调走，党委研究决定，让我在负责团校工作的同时把总务处长的工作也担起来，特别是下一步新校址的建设要全面参与，把全校的后勤工作从建设初期就抓起来。没有别的选择，党委的决定只能服从。从这时开始，我就担起了团校培训和全校总务后勤两副担子，办公室也是在党校和基地两个地方都有。8 月，院党委决定调胡军同志担任培训部主任工作，新校址工作由我和孙继普处长、胡军、周杉如几个人组成基地联合工作指挥部。蒋效愚校长为组长，我和孙继普处长为副组长，实行合署办公。从此，直到 2005 年市委干部轮岗调我到北京农学院（期间1992年被任命为北京市团校校长）工作，我一直没有离开后勤服务和管理这个岗位。

后勤管理人员培训学习

后勤人员为教室装配桌椅

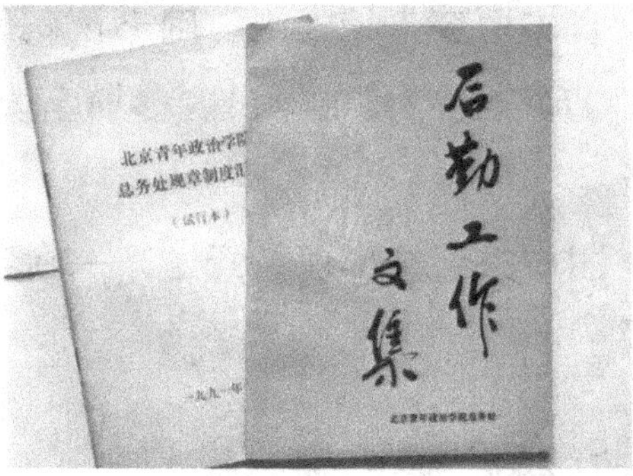

后勤工作建章立制

学院劳动服务公司研制成果捐赠给亚运会

1988年初，我在矿务局的老朋友、老同事，北京师范学院（现首都师范大学）84级的校友朱国成调到了团校，安排和我一起做后勤处工作。

因为当时是在市委党校借地办学，所以学校总务处的工作实际上是做好学生宿舍管理、教室卫生以及为教职工的办公和生活做好服务性工作。

为迎接青年政治学院东迁做好准备工作，总务处除建立健全各项管理制度外，还对新食堂建设方案提出了修改建议，对培训设施改造提出具体方案，对东迁后后勤工作的机构设置及人员安排提出设想。向党委提出了总务后勤加强技术管理和技术培训，增加校医务室工作人员和购置大轿车，东迁后开启工作班车等一系列请示报告。为不断提高后勤服务管理人员的个人素质和工作水平，总务处提出了“学文化、学技术，提高素质，为教学科研搞好服务”的工作口号，动员工作人员积极参加市委党校成人学历班的学习。总务处不仅在时间上给予大力保证，而且还为每个参加学习的人员报销50%的学费并要求结合学习，积极认真做好对本职工作的深入研究。在大家的积极支持下，1990—1991年度，我写出了《高校后勤工作必须坚持育人的方针》《试论社会组织的凝聚力》，周杉如写了《高校后勤结构与社会化问题探讨》，赵本正写了《加强党的建设确保后勤改革的顺利进行》，朱国成写了《让学生在自我服务，自我管理中成材》，何朝善写了《浅谈搞好伙食工作的途径》，赵小辉写了《对北京高校公费医疗制度改革的评价》，赵海全写了《学生宿舍公寓化管理浅谈》。当时在总务处的王继丰、刘文杰、孙凤兰、娄荣利等同志也就办公室工作、用水用电及物资管理方面写出了论文和学习体会，共十几篇。1991年8月汇集成册，由蒋效愚题写了《后勤工作文集》的书名，马宪平副书记为文集写了序言。1990年在全校积极投入到为亚运会服务作贡献的过程中，周建刚等人负责的校劳动服务公司还主动将自己的创新产品——汽车安全加强灯捐赠给亚运会组委会。

经过两年多的艰苦奋战，1991年2月，学院的教学行政大楼竣工验收，新食堂浴室投入使用，操场、看台及校园绿化美化工作全面展开。我还结合参观广东、香港其他大学校园美化的情况，设计了校园内的小花园。7月25日，全院正式迁入朝阳区中环南路4号的新校址。9月5日，北京青年政治学院建院五周年、北京市团校建校三十五周年庆祝大会暨新院址落成典礼，在新建成的大礼堂举行。中共中央政治局委员、北京市委书记李锡铭同志，司法部常务副部长金鉴同志，北京市委副书记汪家镠同志及中宣部、国家教委、市委、市政府有关方面的领导近70人出席了会议，在这次会上，我和张东升、路长伟3个人被党委授予“三育人”先进个人称号，并和常林瑞等14人获得“五年突出贡献奖”。

1992年1月，蒋效愚同志被市委调到市委宣传部任副部长，市教育工委副书记徐天民同志来校兼任党委书记。蒋效愚赴任前，团市委安排我和办公室主任李红捷一起陪同前往深圳、海南等改革开放的前沿去学习考察。

2019年6月

朱生利，时任北京青年政治学院培训部主任、总务处处长。

北青院新址基建工作札记

孙继普

1988年3月基建处及工地部分工作人员合影

我是1986年8月16日调入北青院参与新院址建设工作。但没想到的是当时学院的基建工作正处在停摆状态。因为，根据市政府118号文严格控制基本建设规模和市计委京计基字229号通知的精神，学院基建项目被调整为缓建项目。这给新成立并已经招生在市委党校借地办学的北京青年政治学院带来了极大的压力。我作为刚刚走马上任的基建处长更是感到无所适从。针对这种局面，院党委书记蒋效愚亲自召集基建处的同志，鼓励大家一定要有不灰心、不气馁、不放弃，积极进取，争取主动，不达目的决不罢休的拼搏精神。他多次亲自向北京市委市政府主要领导同志汇报学院招生办学的情况，得到了市委书记李锡铭，市委副书记金鉴，市委常委、市委教育部部长汪家镠等领导同志的高度重视。市委书记李锡铭同志为学院建设专门作了批示。在市委市政府的重视关怀下，市政府相关部门在基建的各项前期准备工作上给予了大力的支持。1987 年 11 月 16 日首都规划建设委员会办公室和市计委（现市发改委）联合签发了〔87〕首规办设字第 191 号和〔87〕京计基字第 998 号文件《关于北京青年政治学院初步设计的批复》。1987 年 11 月 27 日市计委下达了学院基建项目从被缓建的预备项目转为正式项目的通知单，1987 年 12 月市规划局批准了新院址的扩初设计，市建委签发了建筑施工许可证。据此北京青年政治学院新院址于 1988 年 3 月 19 日正式破土动工。

为了确保 1991 年暑期学院从市委党校迁到新院址办学，基建处在院党委的领导下，克服重重困难，用了短短三年半的时间，出色地完成了院党委要求的一期建设任务，在有限的建设用地上建起了一所配套设施齐全的学院。截止到 1991 年底完成施工总面积 19 350 平方米，完成建设项目总投资 2022 万元。新院址的基建工作在院党委的正确领导下，在基建处同志们努力拼搏的工作下，工程建设取得了优异的成果。在新院址一期建设阶段审计时，市计委分管基建投资的王广荃副主任和主管我院项目投资的王志刚副处长给了我们较高的评价，即：一是工程进度快；二是施工质量好；三是配套设施全；四是综合造价低。我觉得这既是对我们基建工作的肯定，也是对我们认真办好北京青年政治学院的极大激励和支持。基建一期建设成果是显著的，但工作的过程是极其艰难的。我亲身经历和直接参与了一期工程的建设管理工作。如何才能带领基建处的全体同志圆满完成院党委交办的艰巨任务，结合几年的工作实际，我简单归纳了如下几点体会：

一、擦亮牌子，叫响名字

我院新院址建设工作是在国家压缩基本建设投资规模，财政资金非常困难的条件下进行的。当时又恰逢北京刚刚申办下 1990 年第 11 届亚运会，亚运场馆和市政建设是基本建设的重中之重，我院新院址建设项目就是在这种大背景下被列为停缓建项目的。当时把停缓建项目统称为挂了“黄牌”，社会上各单位包括政府相关部门的建设项目都不同程度地受到调控的影响。在这种情况下要想让政府摘了黄牌恢复建设可想而知会有多么难，我们根据党委书记蒋效愚要“不灰心、不气馁、不放弃，积极进取，争取主动，不达目的决不罢休”的指示精神，在他的带领和影响下，我们积极奔走于政府相关部门，主动向各主管部门负责同志陈述共青团以及广大青年在中国共产党革命和建设以及改革开放各时期中的地位和作用。北京青年政治学院正是共青团北京团市委创办的一所专门培养青年工作人员和青年专业人才的新型高等院校。这所学校的创办得到了老一辈无产阶级革命家的亲切关怀，邓小平同志亲自为学院题写了北京青年政治学院的院名。国家教委（现教育部）也对北京创办这所青年院校给予了高度重视，除团中央所属的中国青年政治学院外，全国各省、直辖市、自治区唯一批准了北京青年政治学院作为普通高校列入招生计划。一次汇报人家没时间听，两次沟通无果，我们就不厌其烦地奔走在各个主管部门反复沟通，最后终于得到了市计委、市规划局、市建委等主要职能部门的理解和支持。正如时任市规划局副局长王镇远所说：“我真佩服你们共青团这些青年人干事情如此锲而不舍的精神。”所以，我们新院址的基建项目在当时那么困难的条件下得以恢复建设，共青团的牌子还是闪光的，小平题写院名的北京青年政治学院的名字在社会上还是很有影响的。

二、爱岗敬业，积极奉献

基建，一个多么耳熟能详的名词啊！社会上的各行各业尽管专业不同，但都有一个相同的事情——搞基建。在世人眼里搞基建就是盖房子呗。尤其是在大学里与搞教学的、搞党建的、搞思政的只是工作的分工不同，不应该有高低贵贱之分。不过当时的确有的人看不起我们搞基建的，在他们眼里搞基建的没有高学历和专业，工作环境和办公条件又很差，没有发展前途。在当时就业门槛儿不是很高的情况下，很少有人愿意到基建部门工作。

1986 年 8 月 16 日我到基建处报到时，我的心一下凉了半截。加上与我交接工作的过渡处长共 12 人，挤在一个征地拆迁留下的小院，有 5 间小平房，每间不超过 12 平方米，房虽少功能齐全。一间处长办公室兼做对内谈事儿对外接待，一间财务室兼做图纸档案室，两间没隔断的通间房 4 个二屉桌放中间，墙边儿摆放 10 把折叠椅作为其他工作人员办公休息用。剩下一间既是厨房、仓库，又是看摊儿刘大爷和做饭邢师傅的休息室。小院儿里养了一条看家狗和 10 只羊。

由于新院址基建项目正处在停缓建期间，基建处当时的主要工作有三件事儿：①有人分别奔赴政府相关部门沟通联系我院基建项目复工事宜；②利用团市委拨发的 25 万元自筹资金，抓紧建设团干部培训楼；③轮流负责在院子里放羊。基建本来就是很多人不愿意干的工作，加上面对当时的现状，到寒假过后就有 5 人离开了基建处到学院其他部门。当市计委下达学院新址建设项目复工通知后，我们感到工作压力非常大。虽然开工建设后相继从酒仙桥街道团委调来一名管图纸档案，从团结湖街道办事处调来一个负责合同预算，但从工程管理需要的角度讲，人员配备远没有达到要求。在现场全面开工后，我们又聘请了两位基建工程兵离休的老同志，一位担任我们甲方的总工程师，一位负责电气方面的工程师。

1988 年春节前，教学综合楼的开工许可证拿到了，基建处的人员基本配齐了，标志着我院基建工作进入了一个崭新的阶段。为确保这项工作的顺利进行，党委书记蒋效愚亲自参加基建处开工前的动员会。他在动员会上讲："新院址的建设是关系到学院生存发展至关重要的大事，为了尽快摆脱借地办学的困境，院党委相信你们一定能够出色地完成这项即艰巨又光荣的任务。" 72 岁的总工程师任恩海，离休享受副军级待遇，许多单位高薪聘请他都拒而不去，当我们找到他说是共青团办的大学时，老人家二话没说就痛快地答应了。在动员会上他针对处里同志对管理这么大工程存在畏难情绪，语重心长地讲："我们建设单位主要是对施工现场的监管，你们年轻人学东西快，边学边积累经验，衡量我们工作的标准，最主要的是看你的责任心强不强。你们不要理会一些不懂基建人的偏见，我通过几十年的经验体会到基建管理这项工作有本事的人不愿意干，没有点本事的人还真干不了。"动员会上基建处的同志积极发言，对蒋书记的讲话和任老的发言都感到很受鼓舞，信心倍增，并结合个人分管的工作深入地谈了自己的想法。

动员会后，狗杀了，羊宰了。基建处每个人都确保全身心地投入到自己分管的工作中去。开工了，有事儿了，全处的精神面貌焕然一新。以前按照劳动法的规定8点钟上班，5点钟下班是天经地义的，现在完全不一样了，每天不约而同地都会提前半个小时以上到单位，负责施工现场的同志到的就更早。因为夏天的天气热，建筑工人很早就起来干活，为了随时发现和及时解决施工过程中的问题，负责施工现场的同志早来晚走变成了家常便饭。

基建项目对外联络是一项很复杂的事情。有负责到政府各部门跑前期的同志；有负责与设计单位联系的同志；有负责争取建材指标的同志；有负责合同预算和投资拨款的同志。起早贪黑不说，人家没上班我们就早已在门口蹲了一个多小时，我们常常自嘲是人家的"蹲门貂"，有的部门连个座儿都不给你让。经常是骑着自行车跑遍北京城，中午赶不回来自掏腰包糊口是常事儿。基建处因工作需要配了一辆212吉普车，当时能有这么辆车已经是很给力了，为了让人家给我们办事积极迅速，去家接人送人回家也是常事儿。

虽然我们的工程已经步入正轨，但当时学院周围的环境还是很差的。周围大市政基本上还是一片空白，那时环保部门还没有要求施工现场必须硬化，所以一旦赶上雨水天，穿现场进办公室都是一件老大难的事儿，经常是脱了鞋扛着自行车进来，不光是我们这些年轻人，连我们聘请的两位

70多岁的高级工程师，也是每天风雨无阻地骑车上班，甚至比我们还早到。而且每天都要深入现场仔细检查施工当中有无存在质量问题。搞基建的人许多时候经常是逆势而行，比方说风雨天，常人必然要进屋躲风避雨，但搞基建的人要急忙往现场跑，因为他们关心的是现场有没有怕雨淋的，有没有该苫没苫的，大风天要搞清楚有没有火灾和倒塌的隐患，等等。

三、精打细算，高效质优

由于1986年8月我调到北青院工作时，正赶上国家和北京市严格控制基本建设施工规模。新院址的基建项目被列为缓建项目，市计委也将1987年原计划拨付的250万元投资调整为80万元，用于修改规划设计方案等前期准备工作。这一政策性变化对学院在党校借地办学造成很大的冲击，同时也完全打乱了基建工作全盘计划。

院党委对基建处的工作提出了新的要求，一是要积极主动与市政府相关部门沟通联系，争取新院址基建项目早日恢复建设；二是根据市计委节约投资多办事的原则，尽快落实设计单位，抓紧拿出让市计委满意的规划设计方案来；三是将市计委拨付的80万元资金，在留出给设计单位的预付款外，将剩余资金和团市委拨付的25万元自筹资金，为团干部在新院址建一座培训楼，为学院在市委党校改造部分旧平房作为教室和办公室。

我们对院党委对基建处提出的新的工作和要求做了认真的研究，并对每个人作了具体分工。基建处每个同志不仅在工作上兢兢业业，认真负责，一丝不苟，而且本着少花钱多办事，花小钱办大事的原则，时时、事事、处处做到精打细算，并要做到高效质优的完成每项工作。这种事例在基建过程中数不胜数，下面我仅举几个有代表性的事例说明一下。

1. 学院基建在停缓建期间，我们在紧锣密鼓与市政府各部门沟通争取早日复工的同时，利用团市委拨付的25万元自筹资金，用了不到100天的时间在新院址建起了一栋5层1300平方米单方造价150元的团干部培训宿舍楼，同时还采用砖混与轻钢结构相结合的建筑方式，配套建设了一座

200人的临时大教室，以及649平方米的食堂、餐厅、库房、传达室等临时配套工程。与此同时，我们还为学院在党校院内完成了4间教室、12间办公室和1个小礼堂共计1680平方米的旧房改造任务。

2. 在重新选择建筑设计单位和施工单位时，我们做了广泛深入调研。一方面当时社会上的甲级设计单位和一级建筑企业都在忙于1990年北京亚运会的任务，另一方面甲级设计单位和一级施工企业的管理费收费标准都很高。针对这些实际情况，最后，设计单位我们选择了北京集体企业总公司所属的北京民用建筑设计所，虽然这个设计所是个乙级设计单位，但是他各专业的主任工程师基本上都是刚从甲级设计院退休下来的，具有丰富的经验。

在施工单位的筛选上，我们选择了北京城乡集体建设总公司所属的朝阳二建团结湖工程队（民间俗称“老头队”）。从这个施工单位的名字上一听觉得很不起眼儿，殊不知他们的队长副队长和管进度、管质量、管预算的主任工程师都是从原工程兵整建制改编退下来的团级以上的干部，现场的技术骨干大部分是整编时转业军人，这些人有技术、能吃苦、讲诚信。就以建设团干部培训楼为例，我们提100天工期，每平方米150元包干，这些老同志为表示对共青团工作的支持，任何条件不讲，一份洽商没办，99天就请我们验收交钥匙。

我们在设计单位和施工单位的选择上之所以选择了北京民用建筑设计所和团结湖工程队，是经过多方面的比对，认为他们有经验、有能力、有条件承接我们这个项目的设计和施工，而且仅从管理费角度来讲，这两项就节约了近110万元。

3. 当时建筑市场材料匮乏是普遍现象，钢材、木材、水泥等主要建材都要凭计划分配指标，我们负责材料的同志不遗余力地到处收集停缓建单位建材指标使用情况，积极找主管部门协助调剂，对给我们的有限材料指标格外珍惜。学院新院址在停缓建之前是一所设有电梯的高层综合大楼，修改后的规划设计是多层布局。因之前已与上海电梯厂订了合同，并提供了制作电梯的钢材指标，我们为终止订货合同和追回钢材指标多次与厂方沟通协商，使问题得到了妥善的解决，并为学院节约了 15 万元资金。

4. 我们基建处的同志在调入学院之前都没有做过建筑项目的管理工作（通常简称为“甲方”）。但我们都有一个共同的信念，既然接受了这项工作，就要承担做好这项工作的责任。不会的虚心学、认真做，不断地提高自己的专业水平和工作能力。俗话说：“世上无难事，只怕有心人。”比如我们负责水暖及各种管线的同志对工作精益求精，大家都称他为学院市政管网的“活地图”。

5. 学院总占地面积 61.75 亩，扣除 18.4 亩的市政代征地，可建设用地仅为 43.35 亩。俗话说：“一张白纸好写最新最美的画图。”北青院新院址的确是一张白纸，但是这张纸实在是太小了，需要画的东西太多太多了。针对这种情况，民用建筑设计所做了多个规划设计方案提供给我们筛选，我们经过反复研究比对将选定的方案上报院领导，经院中层以上干部办公会讨论通过后付诸实施。

我们将这仅有的 43.35 亩的建设用地规划成四个区域：

①教学办公区：其中包括 7880 平方米的教学办公综合楼，整座楼分为三段。南段为 200 人的阶梯教室，北段为图书馆，中段 1–3 层为教室，4–5 层为办公室。为满足教学需要在一层设有专门的电教室，在楼中间的局部 6 层设有美术教室。

在教学楼后面，院区南侧建了一座 1934 平方米可容纳 500 人上大课和学院开会用的多功能大教室（实际上就是一个小礼堂）。大教室北侧设有音乐教室和部分行政办公室。

②生活服务区：主要安排在院区西南侧，团干部培训楼前建了一座 3917 平方米的六层学生宿舍楼，内设院医务室；团干部培训楼后面建有饮水和洗澡用的锅炉房；团干部培训楼对面建有 1429 平方米的食堂操作间和餐厅。

③后勤保证区：院的西北角建有 512 平方米的供电变电室，供暖锅炉

房和 372 平方米的附属工程（车库、冷库、运动场主席台等）。

④体育运动区：院区中心靠北建有 250 米跑道的操场，操场中心设有篮球场和排球场，尽可能地满足师生课外活动的需求。

由于院区布局合理，为现场施工创造了非常有利的条件。在团结湖工程队主体工程相继开工之后，我们又选聘了朝阳区建筑公司第一工程处进场，安排食堂、配电室、锅炉房等附属配套工程全面开工。

现场全面开工后，对我们的现场管理工作提出了更高的要求。除了要紧紧抓好工程进度，确保学院 1991 年暑期实现东迁办学的奋斗目标外。还有一项更重要的事情，就是严格控制建设投资。我们对每一项单体工程的预算和每一笔工程进度款都进行严格审查所列项目、认真核实的工作。市计委对我们严格控制投资的工作非常满意，后期对我们申请下一年度投资计划给予免审的最高信用待遇，甚至在 1990 年和 1991 年把其他建设单位未完成的投资调剂给我们使用。

我们一直本着少花钱多办事，花小钱办大事的原则指导我们的工作。比如：教学办公综合楼，总面积 7880 平方米，总造价 641 万元，单方造价仅为 813 元，像这样一个功能多样、设计复杂、装修讲究，外墙瓷砖琉璃瓦、内铺花岗岩的工程，当时在社会上单方造价都要在 800 元以上。又如：学生宿舍楼，总面积 3917 平方米，单方造价仅为 232 元，为了体现庄重大方我们采用了马蹄窑烧纸的蓝砖，许多大的建筑公司听了都觉得不可思议。

在新院址一期建设阶段审计时，市计委分管基建投资的王广荃副主任看完现场和听了汇报后对我们的工作给予了很高的评价，他说："共青团办事的确是有魄力，有干劲，讲实效，我对你们的评价是——一是工程进度快；二是施工质量好；三是配套设施全；四是综合造价低。"我觉得这既是对我们基建工作的肯定，也是对我们认真办好北京青年政治学院的极大激励和支持。

谈起学院创建时新院址基建工作的这段历史真是意犹未尽，时间虽然已经过去 30 多年，但一直是记忆犹新，我觉得这段经历是我人生中最值得珍惜的宝贵财富，虽然很艰苦，但收获颇丰，受益匪浅。

最后，我把1991年学院暑期在新院址开学典礼上，我代表基建处在大会上作汇报发言中的一副对联作为我这篇札记的结束语。

思昨日，征三十亩地，养三条狗，喂十只羊与蛇鼠相伴于陋室。

看今朝，铺五十亩绿茵，建五幢楼，盖百间房，同师生共聚在学堂。

2019年6月

孙继普，时任北京青年政治学院基建处处长。

记一次难忘的社会实践活动

赵卫民

一、造访大师

在北京青年政治学院工作的28年里，我曾多次参加各种形式的实践活动，其中印象最深的是一次由学生组织的社会访谈活动。

那是在1990年学校将要放暑假前的一个中午，我走出校门正要回家，恰巧碰到89级文秘系的女生吴钊。她对我说："我们班几个同学下午要去人艺（北京人民艺术剧院）访问于是之先生，您跟我们一块去吧。"当时我毫不犹豫就答应了。

下午我按照约定的时间到达人艺后，与学生们进入一间会议室等候于先生的到来。不久即透过大窗户看到于先生骑着一辆自行车匆匆赶到，放好车后大步向会议室走来。但是途中突然转向屋外一排水龙头，俯身将其中一个正在滴水的拧紧后紧赶几步进了会议室。

于先生进屋后的第一句话是："对不起，我来晚了。"随后便对大家表示欢迎并示意大家随便坐。他随和的态度和亲切的语气立即使原本拘谨的我们放松下来。由于于先生事先已经知道我们此行的目的，所以只是简单确认了一下便谈起自己以往的经历和对国家、社会一些现实问题的看法。

但在最初几分钟里，我很难集中精力听于先生讲话，只是不由自主地端详着他那张脸。这就是1959年5岁时在电影《青春之歌》里看到的那个人格卑鄙、心理龌龊的余永泽，也是"文革"结束后复映的电影《龙须沟》里那个把跨越新旧社会阴阳两界的社会最底层艺人的悲苦与狂喜表现得淋漓尽致的程疯子，还是从小至今在老式电视机、电影银幕和人艺舞台上看过不计其数的话剧《茶馆》里那个已成中国话剧表演艺术永恒经典形象的王掌柜。现在那张给我成长的不同阶段打下艺术化真、善、美烙印的脸，就在与我一桌相隔的对面！一想到这一点我就变得不淡定起来。

但我很快意识到深入了解儿时心目中偶像的机会转瞬即逝，随即静下心来倾听于先生的讲述。他的讲述平实质朴，娓娓道来，没有半点演艺界时下流行的“范儿”和“气场”，但数次给予我很大触动与教益，令我至今难忘。

我曾想当然地以为于先生是靠刻苦、勤奋自学成才的。因此，听到先生说他童年就读于北京孔德小学并于1945年考入北京大学西语系时，着实吃惊不小。因为曾看到有关资料说，孔德小学是1917年北京大学校长蔡元培和教授李石曾、沈尹默、马幼渔、马叔平等在北京创办的一所新型的学校，这所学校注重科学精神的教育、美学教育和实际能力的养成，要施行一种“人”的教育理想，力求实现使它成为人格养成的地方，熔冶“思想的人”“情感的人”和“实际创作的人”为一炉。至于当时的北京大学的教育理念与育人特色在中国教育界的位置和影响，更是自不必说。当时我想：也许这就是于先生善于总结，融生活与艺术为一体，把表演技巧深隐于形象创造之中，形成了独特的现实主义表演方式——既体现出对生活高度凝练的感性认识，又充满了耐人寻味的审美价值的教育渊源和人文基础之一吧。

随着访谈的深入，同学们发现于先生不仅对访谈提纲中的问题给予详尽、严谨的回答，而且对自己关心的社会热点问题亦有问必答。于是提出请他谈谈对当时已经引起群众严重不满的干部队伍，特别是党的干部中的腐败现象的看法的要求。我原以为在当时比较特殊的政治氛围中，以于先生著名话剧艺术家的人生阅历和人艺常务副院长的职务身份，面对几个青年学生提出的这样一个敏感话题，恐怕也只能先做出原则性表态，再发些标准化议论了事。但实际情况并非如此，于先生在表达了对社会和党内存在的贪腐现象和几个著名贪官污吏的丑行表示深恶痛绝之后，表情凝重地讲了这样一番话："我经常想，那些贪官如果在战争年代，都会是在敌人面前宁死不屈的英雄。如果他们那个时候牺牲了，到今天就是大家敬重的革命烈士。可是他们活到了和平年代，遇到很多没见到过也没想到过的新情况，又不知道怎么应对。结果没有经受住考验，开始贪污腐化做坏事。有的被判了刑，有的是死刑，成了群众痛恨的人。"先生的这段话令我颇感意外，因为在我看来，这段听似平淡无奇的话并非毛泽东同志在七届二中全会上关于一些英雄的共产党人会在未来和平年代败于资产阶级糖弹的著名预言的简单重复，在那预言发出 42 年不幸成为丑恶现实后，由一位著名艺术家做出的这一思考，因历史条件的变化而有了新意。

不知不觉结束访谈的时间到了，大家纷纷起身对于先生表示衷心的感谢，我也十分诚恳地说："学校虽然让我做系主任，但我还很年轻，才 30 多岁，能力和经验都很缺乏，希望今后再有向您请教的机会。"不料于先生听罢哈哈大笑着说："你 30 多岁可不年轻啦，人艺的三大支柱郭（沫若）、老（舍）、曹（禺）成名的时候才 20 多岁，你得更加努力，加速成长啊！"于先生这一"不合套路"的回应令我猝不及防，反应过来后忙连连称是。而实际上，先生所言恰恰点出了自己参加工作以来在自我认知上的一个重要盲点，成为推动我日后不断进步的最可宝贵的"临别赠言"。

二、受益匪浅

访谈活动虽然结束了，但由于它给我的印象非常深刻，所以在以后的许多年里我一再回味访谈过程中于先生点滴举动和他讲的那些话。并由此引发了我对这次访谈的诸多思考，从我参加这次访谈的原因，到它对我日后思想和实践的影响教益。

首先，在我看来，我作为一名主要承担公共课教学的教师，能够在一个看似偶然的时间、地点得知某个系里学生组织的社会实践活动并主动参加进去，并不是各种不确定因素的巧合，而是建院初期学院领导与全体教师在开展社会实践活动问题的认识上高度统一、意识上高度自觉的必然结果。

建院伊始，学院党委便非常明确地将开展独具特色的社会实践活动作为探索，形成能够充分体现新生的北京青年政治学院的青年政治特色、实现培养具有高于一般院校学生思想道德水平的建设人才目标的最重要的措施之一，并把它提到关乎学院未来生存、发展的战略高度加以强调和实施。

为了切实贯彻这一基本办学理念，探索、创新青院的实践特色，院党委不仅提出开展全员实践活动的要求，而且狠抓“密切师生关系”这个关键环节，加大了对于全院教工进行宣传、教育的力度。当时的院党委书记蒋效愚同志，就曾多次对全院教师就教师必须密切联系学生提出非常具体的要求。在一次全院教师大会上，他以一贯坦诚的作风针对当时部分教师在联系学生方面的消极表现发问：“我们平时总说要与学生打成一片，可是每天学生一下课离开了教室，咱们的教师也收拾好讲义回了办公室；下午学生回了宿舍，咱们教师也拎着包往家走，那我们到底什么时候联系学生呢？”当时会场里一片死寂，显然，包括我在内的很多同志，都在为自己在密切师生关系方面的言行不一感到惭愧。这种毫无客套直至要害的教育多次重复的结果，就是后来在青院下课后的食堂、操场、宿舍，处处可见教工与学生们在一起同吃、同玩、同聊的身影。在很多学生的眼中，我们这些年纪不大的老师，不仅是他们授业解惑的师长，而且是他们亲密无间的“哥（姐）儿们”，甚至无话不谈的亲人。

密切师生关系对于开展全员实践的重要意义在于：只有在教师与学生真正“打成一片”的情况下，教师对学生学习、生活、思想状况的关注和对他们组织的各种活动的参与，才已经不再是一种职务行为而是基于高度自觉的生活常态。正是有了这种新型师生关系，我才能在那样一个看似偶然的情况下有了那样一次宝贵的经历。可以肯定地说，假如此前没有我与89级文秘系和吴钊同学在长时间交往和多次活动中建立的稳定联系与深厚友谊，即使文秘系安排了这次活动，吴钊也不会贸然要求我跟她（他）们一起去；而我即使得到她的邀请，也不会当即就毫不犹豫地答应参加她（他）们的活动。

其次，此次访谈过程中于是之先生的言行使我获得颇多教益，对我日后的思想和实践产生了多方面的影响：

于先生在进入会议室前突然转向去关水龙头的举动，使我亲眼看到一位享誉世界的话剧艺术家、剧院主要领导对于表面微不足道却关乎国家、社会、人民生存发展状况的“小事”做出的一种近乎本能的反应。我作为一名思政课教师，固然需要凭借自己的理论修养和授课技能去影响学生，但要使学生真正接受自己的教学内容，同样也应从点滴小事做起，首先将我们力图使学生接受的思想政治观点和道德品质内化为自身的人格品质，使学生在教师言行不悖、表里如一的人格魅力感召下亲其师，信其道。

于先生关于干部队伍贪腐现象的见解，启发和深化了我对毛泽东同志那段英明预言的思考和理解。于是之先生不是政治家而是一位艺术家，在他63年的人生旅程中，不仅亲身经历了时代的变迁和两种社会制度的更替，而且饰演过话剧《茶馆》里那位在旧社会备受煎熬最后死于最黑暗时刻的茶馆掌柜王利发，《龙须沟》里经历了旧社会的苦难后对新社会抱着无限美好憧憬的穷苦艺人程疯子，并早在1951年就在歌剧《长征》中饰演过领袖毛泽东。对贯穿新旧两个社会的苦难、革命、胜利与曾经饰演过的角色精神世界的双重体验，使他对于一些共产党人会在不同的历史条件有截然相反的形象和结局的遐想更具人文情怀。从他的谈话中，我听不出一般人对贪官污吏的轻蔑痛恨之气，有的只是一位饱经政治风霜的老艺术家对于新的历史条件下一些曾经优秀的党的干部已经腐化变质这一事实的残酷性、他们变质原因的复杂性以及拒腐防变斗争的极端艰巨性的忧思，甚至是对那些因为“不知道如何认识和对待那些战争年代没有过的东西”而招致杀身之祸的腐败分子的痛惜。因为那不仅是他们个人的悲剧，更是党的不幸，中国特色社会主义建设事业的不幸。而党内腐败状况和反腐败斗争形势在此后近30年间的演化过程，业已证明他那时的心态并非杞人忧天。

这也正是我在此后的20多年间，在思政课教学过程中会对每个任课班学生讲到于先生的这一见解的原因。

至于于先生关于几位撑起人艺辉煌艺术殿堂的几位文学巨擘成名年龄的话语，则不仅在当时令我汗颜，更在以后的工作、学习中时时鞭策、警醒我，使我始终有一种紧迫感和自省意识，一方面对时间心怀敬畏，工作中不敢有丝毫拖延懈怠。同时每逢成功和荣誉降临，于先生的话就响在耳边，随着当年面红耳赤的感觉再度出现，激动兴奋的心情立刻被时不我待的紧迫感取代。

三、影响至深

当然，根据我的观察和体会，从与学生一同参加社会实践活动中获益匪浅的绝非我一人。我作为从学院筹建时期一直工作到退休的唯一工作在教学部门的中层干部，在近30年的时间里亲眼见证和亲身感受到在当年院党委全力推动和坚持的全员实践之风对于那些积极参与学生实践活动的教师素质、能力的深远影响。

其一，教师们在参与学生们组织的大量实践活动的过程中，更加全面、客观地了解了学生，在与学生朝夕相处的过程中，更加密切了与学生的关系，使师生关系在实践的基础上上升到一个相知相交的新阶段，为大幅提高师生间教育教学的沟通水平和实效性创造了良好的条件。

其二，大家通过自己在实践过程中和回到工作岗位后思想和能力发生的变化，更加信服社会实践对于教育教学、科研等工作的促进作用，从此以更加积极的态度和行动参加和组织学生开展社会实践。

其三，由于青院创建初期的教师在年龄结构上是一支名副其实的“青年教师”队伍，因此在他们人生发展的重要阶段，即阅历极不充分的阶段，在实践活动中亲眼看到、听到特别是感受到了此前仅仅在教科书里看到的关于党和国家以及社会的历史与现实重大问题的当事人以及他们对那些历史的见解与思考，无疑大大丰富、检验和矫正了他们的世界观、人生观和价值观，使他们后来无论在什么时候、任何岗位上，每当遇到自身与党和国家利益冲突的时候，都会自觉关照曾经给予自己重大影响的那些人、那些事、那些话与那些期许，从而对自己的行为做出正确的抉择。

最后，在大量参与学生实践活动的基础上，教师们对于学生社会实践方法的学习了解，经历了从感性体验到理性认知的过程，逐渐积累了社会实践的宝贵经验，锻炼形成了素质能力。

上述影响在后来青院以后的建设、发展中逐渐展现并发挥了极其重要的促进作用。随着岁月的流逝，绝大多数当初参加和组织学生社会实践活动的教师都成了学院各级领导。他们无一例外地成了响应党关于新时期、新时代大学生培养目标与强化学生社会实践活动与实践教学环节的最积极的支持者和参与者。其原因，固然有党和政府文件的政治要求与执行部门的督导措施，但作为内源性动力，无疑是他们年轻时参加学生社会实践活动后对于社会实践在改变自身思想观念和提高工作质量方面的不可替代作用的亲身体验。

2019 年 8 月 30 日

赵卫民，时任北京青年政治学院社会科学基础理论教研部主任。

青年政治学院的勇气

王晓蒙

我是 1986 年 7 月从北京大学地质系本科毕业分配到北京市团校的。当时北京青年政治学院还没有正式成立，我的人事组织关系还都放在北京市委组织部。我到团校工作 40 多天之后北京青年政治学院正式挂牌并迎来了第一批学生。时至 1991 年 7 月我调入原国家教育委员会思想政治工作司担任信息处副处长，我在北京青年政治学院工作了整 5 年时间。虽然这 5 年的时间非常短暂，但有幸参与北京青年政治学院的初创已经成为我最为重要和难忘的人生经历。每当我想起青院初建的这段经历，我常会被一种可以被称为“青院勇气”的东西所感动。现在细想起来，这种“青院勇气”首先应该源自当年北京市委、团市委领导和新老团干部对北京市共青团要创办一所具有“政治特色、时代特色、青年特色”正规院校宗教般的追求和无比坚定的信念。北京青年政治学院的创建也可以说是青年人的胜利，更是胸怀壮志、团结一心，不畏艰险、不计得失，坚韧不拔、开拓进取，勇于创造、敢于担当精神和意志的胜利！北京青年政治学院本身正是“青院勇气”的产物，从我个人情感的角度来看，“青院勇气”更成为青院留给我的一个情结、一块烙印，成为我后来虽然变换了多个工作岗位和工作环境，但却从未改变的精神动力和力量源泉。

“青院勇气”饱含对年轻人的信任与期望。我刚分配到青院工作的时候才 22 岁，但当时已经在团校工作的领导和同志们却都没有把我当刚刚大学本科毕业的“小毛孩子”看。记得我第一次迈进青院的“大门”（其实仅仅是现车公庄市委党校院内 4 号楼，与北京市社科联平分的一层和二层楼），效愚同志就我毕业分配的事找我在他堆满报刊和书籍的简陋办公室谈话。我因在北大学习期间曾担任校学生会主席与效愚同志熟识，谈话自然直奔主题，时间不长，当效愚同志对我说："我们一起干点事吧！"我就马上表示回北大办毕业分配的手续了。"一起干点事"也就成为我从校园步入社会第一步的基本信念。当我第二次走进车公庄市委党校大门的时候，已经是接到通知参加青院的中层干部会了。当时青院没有会议室，中层干部会是在 4 号楼西侧的阅览室，一座简易的活动木板房里。因为担心我找不到开会的地点，当时的图书资料室主任李红捷到楼门口接我，见面互相介绍认识后，他用力地拍了拍我的肩膀，非常开心地说"北大的学生领袖终于来了"，希望之情，溢于言表。这一瞬间也成为我和红捷终生至交的起点定格。后来李红捷担任了青院学生处长，我们两人搭档负责院学生工作时，谈及我们第一次见面时的情景，他给我讲明了青院老同志们给予我自然而然理解和希望的缘由。筹建北京青年政治学院时全体干部和教师的平均年龄只有 28 岁，相信年轻人，寄希望于年轻人，给年轻人肩上压担子，给年轻人舞台是创办北京青年政治学院的初衷。也就自然成为北京青年政治学院创立之后的一大特色。

多年之后，青院创建初期部分"老领导"返校合影，第二排左三的本人是当中最年轻的一位

“青院勇气”是敢想、敢干、勇于担当精神的涌现。1986年9月青院第一批学生入校，当时学校临时党委原计划安排学生军训，但因时间过于仓促，无法成行。效愚同志就明确提出让这批学生参观中国最好军营的要求，并把到解放军三军仪仗队参观学习的具体任务交代给我。我当时连三军仪仗队在哪儿都不知道，找到了和军队有些联系的朋友帮忙，才使我有机会到三军仪仗队驻地介绍情况。见到三军仪仗队陈大队长时，我向他简单介绍了创建北京青年政治学院的过程和首批学生的基本情况及我们想观摩三军仪仗队日常训练和内务管理的想法，他听完我的介绍就爽快答应了。我心里也就把这次活动定位在一次普通的入学新生教育活动，直到要带这首批114名学生到三军仪仗队参观出发之前才想起询问效愚同志有没有时间一起去。他那天下午正好没事就和我们一同前往了。但效愚同志不经意间的出面，却给我们解决了一大难题。当我们进入营地参观完仪仗队员训练和宿舍之后，后面发生的事却让我吃惊不小。在营地内部参观结束后的片刻时间，三军仪仗队全体队员已经换上了军礼服威武雄壮地持枪列队在操场，当仪仗领兵按阅兵程序向效愚同志敬礼、报告、请求指示后，效愚同志沉着果断地发出了“开始！”的指令，随后三军仪仗队按照接受外国国家领导人检阅的礼宾程序，进行了阅兵式和分列式表演。我当时站在效愚同志身后，心里一直在庆幸他能参加这次活动。曾经参加这次活动的青院师生至今提起这段“总统般”的待遇，仍津津乐道。现在回想起来，正是北京青年政治学院坚持正确的办学方向，努力给青年学生营造出最好学习环境和实践环境，正是全党全社会对青年工作者和共青团干部所给予的殷切希望才促成了这次令大家终生难忘的经历。

“青院勇气”还是“寸有所长，尺有所短，不以小为小，敢为天下先”特色办学思想的集中体现。创建初期的北京青年政治学院的确是太小了，小到可以列入北京教育发展史之“最”了。一百多学生，借用了的两层楼和两间教室，这就是青院建院初期的基本环境。但在我的记忆之中，当时大家从来没有青院在北京是最小的感觉。“不求取长补短，但求长的更长”，坚持办院的“青年特色、政治特色、实践特色、学生工作特色”是大家的坚定共识。从学生业余党校的辅导员到各种学生社会实践活动的指导教师、从“变藏龙卧虎为龙腾虎跃”为主题的学生干部竞选的评委到学生自我管理为主的学生宿舍公寓化管理员、从青年干部教师与学生一起参加的军训到每天早晨全校同学的集体早操，各式各样的学生活动到处都活跃着学院领导、中层干部和教职工的身影，使“以学生为本的特色教育”理念在学校工作的各个方面得到了充分的体现。就是青院有了这样一股“不以小为小，勇为天下先”的勇气，使建院初期的青院成为社会“最”关注的学校之一，曾是北京大专院校每年电视、报纸、广播等媒体“正面曝光率”“最”多的学校。成为北京市委、市政府领导到学校亲自授课“最”多的学校，成为直接接受团市委各种重要任务“最”多的学校，也成为各级领导关注“最”多的学校。1987年初，青院首届114名学生在三十八军一一三师三三九团军训结束的时候，当时负责文教卫生工作的北京市副市长陈昊苏同志，时任三十八军军长的李际均同志、政委高天正同志等专程赴河北省固安县，亲自检阅了青院学生和青年干部教师的军训仪仗队和分列式，青院也成为高校军训参训人员“最”少、参加阅兵式领导同志“最”多、规格“最”高的院校。

1987年初青院首批学生在三十八军一一三师三三九团军训结束，时任三十八军军长李际均（左一），三十八军政委高天正（左三），北京市副市长陈昊苏（右二），团市委副书记刘亚晶（右一），团市委副书记、北京青年政治学院党委书记蒋效愚（左二）专程到河北固安军训驻地检阅看望受训师生

青院的“不以小为小”还体现在了超越年龄差距，超越等级差距的“同志加兄弟”的工作氛围。我担任青院团委书记的时候才刚过23岁，当时青院中层干部中年龄最大的是常林瑞同志，他从北京大兴教育局局长的任上调入北京青年政治学院创建文秘系的时候已经51岁，当时学院中层干部延续着团市委机关工作的习惯，一般都称时任青院党委书记的蒋效愚同志为“老蒋”或“效愚同志”，常林瑞同志来青院后，效愚同志带头称呼常林瑞同志为“常老师”，常林瑞同志也就成为在学院中层干部中被称为“老师”的第一人。常老师刚到学校的时候，因为办公用房紧张的缘故，临时给他在学生处的办公室里安排了一张办公桌，因我当时还兼任青院学生处副处长，自然有机会更多地接触到常老师。从那时开始，我感觉到常老师一直把我当兄弟看待，我也自然而然地把他当作自己的兄长，无所不谈，推心置腹。有一次他跟我讲起“文化大革命”期间的亲身经历，眼里噙满泪水的情形至今令我难忘。现在回想起来，是共同的理想、对事业的无限追求和对美好未来的憧憬极大地拉近了我和所有青院“老同志”之间的年龄差距，也更使我真切地感受到，在人世间的确存在着一种不是亲情却胜似亲情的情感，这就是“不知大小”“亦师亦友”“亲如兄弟”的战友情谊！

1988年暑期青院部分中层干部在戒台寺合影

诸如此类的“最少与最多”“最小与最大”相互并存、互相转换的事情在青院真是不胜枚举！可以说，这种并存和转换从一个侧面证明了“不以小为小，勇为天下先”精神的胜利！是青院勇气的胜利！

我离开北京青年政治学院已经27年了，在青院工作生活的一幕一幕时常在我眼前浮现，我也利用一切可能的机会了解和关注着青院的每一点变化，为今天青院的发展和壮大而感到欢欣鼓舞和由衷的欣慰！在这期间，不论我变换了怎样的工作岗位和工作环境，每当想起在青院的日日月月，我都会用心去触摸自己在青院得到的“青院勇气”这个弥足珍贵的人生法宝！我也衷心地祝愿北京青年政治学院能产生出更多的法宝，让青院和一代又一代“青院人”，享用着它，去奔向更加辉煌美好的未来！

2018年12月11日

王晓蒙，时任北京青年政治学院第一任团委书记兼院学生处副处长。

我与北青院二三事

谢维和

我与北京青年政治学院是有缘分的。在这里，我遇到了许多一辈子的朋友；在这里，我有了第一批自己辛勤培养的学生；在这里，我正式地走进了教育学科的第一扇正式的大门；在这里，我开始了从事教育管理工作的第一步；在这里，我体会到了人生与社会的一系列的道理；等等。很多很多的记忆，很多很多的感受，很多很多的故事，还有其他的很多很多。但我最想说的是这样几件事。

一、义无反顾背后的情节

很多认识我的人对我在中国社会科学院取得博士学位，并且留在社科院哲学所工作以后，毅然决然地离开中国当时人文社会科学最高殿堂的社科院，来到刚刚起步的大专学校——北京青年政治学院工作，感到极大的不解。由于北青院的新院址就在中国社科院研究生院旧址的对面，以至于在平日的邂逅中，这个疑问也常常成为人们讨论和问询的话题。尽管我当时尽可能地回避这个话题，但它的确是一个值得一讲的故事。

坦率地说，在当时诸位研究生院的同学中，我很幸运地成为唯一留在哲学所工作的毕业生。根据哲学所的安排，我分配在西方马克思主义研究室工作，并且在《哲学译丛》担任一年的编辑。实际上，根据我的博士生导师王玖兴先生的想法，我准备申请德国洪堡基金去做进一步的研究。因为王玖兴先生本人就是洪堡基金的中国推荐人，许多获得洪堡支持在德国从事哲学研究的学者，都是王玖兴先生推荐的。而且，我也做好了准备，包括与有关德国汉堡的学者进行着接触和联系。而洪堡基金也是学术界中学者发展的一块非常重要的基石。然而，我为什么会放弃这些十分诱人的前景，而来到北青院呢？这就不能不提到两个人。他们就是当时北青院的党委书记蒋效愚先生和院长周之良先生。应该说，正是他们的热情与睿智，让我做出了一个人生中非常正确的选择。

由于当时政策的规定，我的夫人与孩子无法及时调到北京来团聚，这使得我十分的纠结。就在我感到十分苦恼的时候，北青院给我传递一个非常的信息，北青院非常欢迎我去工作，而且可以帮助我及时解决夫妻分居和孩子团聚的问题。但是，我又有点舍不得哲学所的工作和洪堡的机会。就在这种左右为难，甚至是患得患失的时候，蒋效愚与周之良先生从不同的角度，给我描述了北青院发展的前景，给我讲述了青少年研究的意义与价值。我十分清楚地记得，当时两位领导给我讲的一个非常重要的道理：青少年研究是教育研究的基础，不懂青少年，就不懂教育。这一席话曾经让我思考许久。无疑，哲学所和洪堡当然是一个极大的诱惑。但很多人可能并不知道，我人生的一个初心其实是当一名教师。这是我父母从小给我的一种教育和熏陶。因为我母亲就曾经亲口对我说，教师是社会中最崇高的职业，人们对教师的尊重，是一种真正发自内心的尊重。而她自己就是一名非常受学生和同事们尊重的教师。而且也正是这种对教师职业的执着，让她因病早早地离开了我们。这种家庭的无意识遗传早已深深地融化在我的血液里。也许真的是一种缘分和神意，我也不知道他们何以会抓住我对教育的那种初心。其实，当时全国政协等国家部委也都承诺了为我解决夫妻分居和孩子户口的问题，但我还是接受了他们两位领导的观点，而且认为是很有道理的。现在回过头去看，可以这样说，他们是真正懂教育的。这也是我当时能够放弃哲学所的重要原因之一。所谓“士为知己者死”可能就是这个道理吧！当时也就为这个初心，我毅然决然地做出了决定。也正是在蒋效愚与周之良两位领导的引导下，我成了北青院师资队伍中的第一位博士。现在回想起来，还的确是一种懵懂的正确。实事求是地说，我能够在教育研究领域中有那么一点点成绩和贡献，也不能不与当时我在北青院对青少年的研究有关。因为对儿童和青少年学生的认识和研究正是教育研究的重要基础。由此，青少年研究也成为我一辈子的事业。不懂学生，当然就不懂教育。

后来，我在回想这个过程时，我切实体会到，做什么事情决不能患得患失，也不能有太多的算计，而初心真的是一种最正确的导向。而且，这种不忘初心在我后来到清华工作时，也发挥了非常重要的作用，并且时时引领着我的内心。

二、“当官”的前前后后

如果说，我在学校和教育管理方面也有一点点经验和成绩，那么，这个事情也应该归功于当年北青院领导的提携和鼓励。可以说，也正是在北青院从事教育管理的实践经验，为我后来20多年大学管理的工作进行了非常好的铺垫和准备。

就在我调入北青院不久，学校领导就任命我担任青年教育系的副主任。坦率地说，我对这样的工作是不太情愿的。好在当时系的规模不大，还有一位非常能干的系主任葛铁林教授，他里里外外都张罗得很周全，我也不用操心。但尽管如此，我心里仍然对这种行政管理工作有一种不自觉的抵触，感到与自己的学术研究是不对路的，为此也多次在不同的场合与蒋效愚和周之良两位领导表达了自己的想法。记得有一天晚上，我在与蒋效愚书记一起参加一个活动时，我又向他提出了自己的想法和顾虑，希望学校能够免去我的行政职务。让我没有想到的是，蒋效愚书记并没有答应我的请求，而是语重心长地对我说：“担任一些行政管理工作，对你更好地认识和了解学校，认识中国的国情，特别是对有关政策的把握是有利的，也有助于你的青少年研究和教育研究。”实事求是地说，我当时并没有充分理解他的话，只是觉得他需要我这个博士来做一个门面吧！而没有真正理解他与学校领导对我的信任和期望。

也许实践是最好的导师。正是在随后的工作和研究过程中，我慢慢地体会到了蒋效愚书记的良苦用心和对我的培养。也正是有了这样一个职务，我能够更好地与北京团市委以及北京市各区县、各大企事业单位的团组织进行合作，开展各种各样的活动。它也让我有机会能够获得更多的学习的机会，有了一个更大的平台发挥自己的作用。

在这个基础上，北青院领导又给了我更多的信任，以及更大的工作平台，任命我担任筹建中的北京青少年研究所负责人，给了我进一步锻炼的机会。当然，这是一个更大的空间，也是一个更大的挑战。为了不辜负大家的期望，我与同事们常常一起骑着自行车，在硕大的北京城里四处奔走，联系不同的团组织和青年机构，组织各种各样的活动。我记得有一次，我与同事们甚至骑着自行车到丰台参加活动。虽然非常辛苦，但仍然非常有成就感。

现在回想起来，我真是要感谢北青院的领导，特别是蒋效愚书记对我的信任与大胆使用。让我这样一个比较迂腐的书呆子能够获得一定的行政管理的实践经验。而且，可以这样说，北青院的工作经验对我后来在北京师范大学、首都师范大学和清华大学的教育管理工作，都打下了一个非常重要的基础。而且，通过这样一个经历，我也深深感受到，从事人文社会科学研究的人，一定要更多地接触社会，认识和了解社会，增强学术研究的现实取向，而不能只是“躲进小楼成一统”，脱离社会实际。

三、一字之差的故事

在我参与筹建北京青少年研究所的过程中，虽然经历了前前后后许多的事情和锻炼，但其中最让我感触深刻，甚至是影响我后来从事学术研究和大学管理的一件事，则是关于这个研究所的命名的故事。

筹建这个青少年研究所是北青院发展中青少年学科建设中的一个非常重要的工作，甚至可以认为是一个体现北青院特色的重要学科平台。所以，学院的各位领导都非常重视，而且多次与北京市委、北京市社科院以及团市委领导汇报，也得到了上级领导的大力支持。然而，在正式向有关领导提交筹建报告时，采用了一个“北京青少年研究所”的名称，而没有用“北京市青少年研究所”的名称。当时，我甚至以为是工作人员的笔误。然而，当我向蒋效愚书记提出这个问题时，我清楚地记得，他非常含蓄地笑着对我说，就是这个名称好。当时，我这个愚笨的脑袋仍然没有理解他的用意，仍然认为应该是“北京市青少年研究所”。这时，蒋效愚书记给了我一个充满睿智的说明。他告诉我，之所以不要这个“市”字，正是要表明，这个青少年研究所的定位不仅仅是北京市，而且是要定位于全国，甚至是面向世界……我一下子仿佛是热血沸腾了，突然感到眼前的天地都特别的大，就连自己好像也高大了不少，也觉得自己的工作是特别有意义和价值的。后来，我逐步地琢磨这件事，由衷地体会到什么才是格局，什么才是站得高看得远，什么才叫作视野。

我不能不承认，当初的这件事对我后来的工作，包括学术研究、行政管理和领导，都产生了十分重要的影响。我觉得，一个人不管是做人做事，还是做管理工作，都需要有一定的格局，这种格局决定了工作的价值，能够最大程度地帮助自己抓住工作的重点，形成最适当的战略选择。而且，这种格局也才是真正的领导力。因为，它能够激发大家高昂的工作热情和内在的积极性，凝聚各种不同的力量，形成正确的价值导向。

我在北青院的时间只有短短的 3 年，但它在我的人生中是一辈子的怀念和记忆。自从 1992 年调离以后，我常常保持着与北青院的联系，参加北青院的各种活动，与昔日的老领导和同事们聚会，我应该感恩于他们。而且，我也愿意在尽可能的情况下参与北青院的建设和发展。

我是北青院的校友，我为此而骄傲。

2019 年 9 月

谢维和，北京青年政治学院第一位博士，时任北京青少年研究所所长。

学院创办初期的团干部培训工作

胡　军

一、面临选择来到团校

1985年3月，我到团校办理调入手续，这说起来还有一段经历。我于1969年初中毕业到内蒙古生产建设兵团工作6年，1975年回京分到北京印染厂团委，1979年又调到上一级公司团委，1983年考入北京师范学院管理系大专班脱产学习，我们班150人，都是来自北京各行各业的专职团干部。1985年2月，正值寒假期间，突然接到单位通知，我们公司因企业改革被撤销，重新找单位只给一个月的时间，我只好求助同学们帮忙。很快接到两个信息，一个是去市委统战部工作，接待我的处长很热情，马上同意接收我，部门由我任选，这对我的确有很大吸引力。另一个是团市委的同学告诉我，说市团校来班里挑人，选中4个人其中有我，并说团校的发展方向是要办北京青年学院，那将是一所崭新的、有朝气、有特色、有发展的高等院校，目的是培养新型的青年工作人才。他说团校非常需要有一定共青团工作经验，又有大专及以上学历的同志。面对这两个选择，一个是在机关同老同志打交道，一个是在青年学院同年轻人一起开创一番新的事业，我作为一个有10年共青团工作经历的老团干部，从情感和事业发展上考虑，自然选择了后者，便即刻办理了调动手续。

当年7月毕业之时，班里同学们都拿着学校发的通知，到祖国南方改革开放的前沿去考察时，我独自来到北京市团校正式报到，并被分配在青年工作教研室工作。时任教研室主任的邵旭军同志不仅向我介绍了学校的发展前景，而且介绍了教研室的工作任务，她也坦诚地告诉我，她将离开团校去中央和国家机关工作，接替担任教研室主任的是葛铁林同志。

见到葛铁林，一见如故。他与我有相似的经历，当过兵、当过工人、上过大学，有多年共青团基层工作经验，来团校以前是北京公交公司的团委书记，比我早一年来到团校，一直承担共青团工作理论的教学工作。他向我详细介绍了教研室的人员、承担的课程等各方面情况，他重点谈到了当前共青团工作对团校培训的需求，谈到教研室发展的设想以及相关学科和课程的发展方向，他特别希望同我们这样既有工作经验，又有一定理论基础的同志一起工作。他的热情、真诚、事业心、理论水平以及朴实的作风深深地打动了我，我再一次感到我来团校的选择是正确的。当时他认为，团校条件很差，做不到待遇留人，只能努力做到事业留人，帮助大家把个人的发展与学校的发展结合起来，就一定能留住那些有事业心的人才。

刚到团校时，感到团校很像机关。我们不仅受团市委领导，而且每周一上午还要到团市委参加机关例会，与团市委各个部门的同志们一起，听团市委书记讲话，布置相关工作。团市委书记林炎志对大家要求很严格，比如要求下基层时要坚持艰苦奋斗的作风，到城区必须骑自行车，到郊区才可以坐公交车，后来我们下基层讲团课，也始终坚持这样。有时一些部门缺少人手，还要相互借调人员帮忙，我曾经被借调到北青旅，当导游带旅行团爬泰山。我提着十公重的白色塑料桶，里面装着全团人员的饮用水，前前后后招呼着二十来人爬到山顶，真是累得够呛，但交了很多青年朋友，还能有机会旅游还是挺开心的。

当年来到团校的应届大学毕业生，按照团市委的要求分别派到郊区乡团委挂职锻炼，我们青年工作教研室的党伍涛、丁晓娟等都下了乡，他们一去就是几个月，这对他们熟悉和了解共青团工作，培养对共青团工作的感情，做好青年工作教学有非常大的帮助。正是挂职锻炼的经历，使他们逐步走上团干部培训教学的讲台，同时承担起了青教系相应的教学工作。

二、筹建学院过程中的团干部培训工作

1985年，团校在筹办青年政治学院的同时，也在开展团干部培训工作。一方面在团校举办团干部培训班，另一方面派教师下基层讲团课，帮助基层团组织开展培训。我印象比较深的一次是，团校举办区县局团委书记培训班，班主任是付永吉，组教办公室有一些刚去的新同志，不少学员认为团校老师太年轻，资历和级别又低，所以不大服管。团校就采用了半军事化管理，又是紧急集合，又是队列训练，做不好当面提出批评；有些学员觉得栽了面子，反倒越来越不服，告状到了团市委。团市委书记林炎志听到消息，马上来到团校，公开表态：坚决支持团校的做法，表示一定要维护团校的权威，要求学员们必须放下架子，不管什么级别，只要来到团校就必须服从老师管理，并把这问题作为培养团干部良好的工作作风来抓。林炎志还在团校摆了一张办公桌，表示要经常来团校办公，帮助办好团训班。后来培训班结束时，学员们非常感慨，认为这样严格要求，使自己得到很大收获。这次培训班的经验，对我后来从事培训工作具有一定启发，虽然不一定半军事化管理，但严格要求是必须坚持的原则，如果管理松散，必然影响团校声誉。

每期培训班，我们虽然不是直接管理的老师，但全校人员都要投入到后勤服务中，如搞卫生、换被套……特别是洗被套、床单和枕巾，都是大家分头拿回家去洗，每洗一套给补贴几块钱，大家都认为这是一种福利。那段时间白天行政工作量很大，除了办团训班以外，大量的工作是筹建青年政治学院的工作，经常是晚上五六点下班后学校开会，蒋效愚同志向大家介绍筹备工作进展情况，并了解大家工作完成情况，研究遇到的问题，提出解决问题的办法，布置新的工作任务。会议一开就是很晚，我们教研室的同志对筹建工作的艰辛和艰巨了解不多，而为不能集中精力搞教学而着急，逐渐就有了意见。记得在一次会上，蒋效愚同志征求大家意见，我就冒昧地提出了意见，认为学校就应该以教学为中心，不能大家都围绕行

政工作转。没想到这一意见在当时虽然有些片面，但也得到蒋效愚同志的重视，安排副校长白世诚同志组织教研室的人员集中精力开展教学研究。白世诚同志组织我们研究培训教学工作，并组织我们编写团干部培训教材。我记得那是我第一次参与编写教材，不知道该怎么写，我写的那部分就像叙事故事，娓娓道来，与大家的写作风格完全不同，还是白世诚同志帮我调整好了写作风格。后来编写出来的培训教材使用白色的封面，大家都开玩笑管那本教材为“白本”。这本教材，使团干部业务课程培训教学有了基本的依据。

由于团校在市委党校院内借地办学，条件较差，培训数量也有限，所以，大量的培训工作还是在基层单位，我们教研室的老师们，下基层讲团课就是日常的工作任务。

我的教学任务是讲授“青年思想教育”这个专题，领到任务就开始了紧张的备课。第一次备课心里没数，时间紧、压力大，所以采用了最笨的办法。我到图书资料室领了几百张空白的资料卡片，借了一些相关的书籍，还领了一大摞大开本稿纸，回去一边看书，一边摘录相关的资料，逐步积累了近 200 张卡片。然后就是晚上在家里“爬格子”，那时没有电脑，都是手写讲义，大约每课时要写 3000 字左右，写完还要修改，然后再抄一遍，很费时费力，非常辛苦。后来为青教系开设《青年思想教育概论》时，就这样写了近 18 万字的讲义。但在动笔之初，我总觉得还缺少实践材料，讲课必须理论联系实际，空谈理论是没有人爱听的。对此，我就抽空下基层开展调研工作，结合自己的工作经历，与基层团干部交流讨论，逐步厘清了他们在工作中的困惑与需求，在此基础上写出了课程讲义。每个课程第一遍总要先讲给我爱人听，她也是基层团委书记，只有在她这通过了才拿出去讲，然后在讲课的实践中，还要不断收集反馈意见，不断修改完善，课程也日趋成熟。

在基层调研中，发现很多基层团干部工作方法很简单，他们既不懂得青年成长的规律，也不懂得青年心理特点，只会用大道理简单地向青年们硬灌，弄得青年们很反感和抵触，教育效果很差。回顾自己的成长经历也遇到过这样的情况。由此我想到，如果学会运用心理学可以提高青年教育工作成效，解决青年心理问题有助于解决青年思想问题。1985年9月，我又报名参加了中科院心理所举办的心理学大专班，利用两年的业余时间系统地学习了基础心理学、生理心理学、发展心理学、青年心理学、教育心理学、社会心理学、管理心理学、试验心理学、病理心理学、接受心理学、心理测量学等十几门专业课程。这次学习，其学历对我没有任何意义，但其专业知识对我的教学工作帮助极大。我一边学习，也一边把心理学的原理运用到思想教育课程中，分析青年心理和思想问题，研究青年思想和行为变化规律，探讨改进青年思想工作的方式方法，提高青年思想教育效果，从而使这个专题的课程更加有针对性和实用性，在基层团干部培训教学中也受到基层的好评。

特别是我分别在团市委一些部门举办的培训班上讲课，获得了比较好的评价之后，各个口都有基层团组织请我去讲课，我又借讲课的机会继续调研，了解各行业青年思想教育工作的情况，努力做到讲课有针对性。后来我面对不同行业的团干部要做到有针对性的备课，选择该行业的实例，努力把课讲得既生动活泼，又有针对性，从而受到大家的普遍欢迎。有的单位组织刚下夜班的同志来听课，课前反复提醒我他们可能会打瞌睡，让我有心理准备，但我一堂课讲下来，大家兴致浓浓，没有打瞌睡的，他们的团委书记和党总支书记，激动地拉着我的手说:“你能让大家开会没有睡觉，真是没想到。”其实这种情况已经很多次了。甚至有一些单位的党组织领导，听完我的课后，还特意安排我给他们单位的党支部书记、宣传干部讲课，也收到了良好的反响。我去讲课的单位有工厂、农村、学校、机关、医院、交管局、安全局、航天部、国家机关等各类单位。

那时下基层讲团课，开始那几年都没有课酬，没有专车接送，主要是骑自行车或乘公交车，运气好的话，团委可以安排搭蹭他们单位领导或职工的班车，但这种情况很少。最难的是到郊区县，要坐长途车。记得一次去昌平一个单位讲课，早上不到五点就起床，六点半赶到了长途汽车站，到那个单位时快九点了，讲完课就快十二点了，然后大家又陪我吃饭。由于我有慢性咽炎，讲课很费力气，总靠不停喝水润喉，胃里就积了很多气体，憋得喘不上气来，根本吃不下饭，还要陪大家说话，一顿饭吃到快两点才走。等乘坐长途车回到城里时，已经四点多了，我一下车，胃里的气就涌上来，哇的一下就吐在了路边，直到吐干净，回到家已经快六点了。到郊区讲课基本都是一整天。

那时下基层培训讲课的工作量是比较大的，记得1987年教研室统计每人的教学工作量，我在校内讲《青年思想教育概论》和《管理心理学》课程，每学期讲一门课，每门课大约56课时。而跑基层讲团课全年有100多课时，但是学院规定校外课时不计算为教学工作量，当时我还有点想不通。其实，不只是我，还有葛铁林、王继鲁、刘思明、党伍涛等很多同志都是这样，其中葛铁林在校外的教学工作量最大，也最受基层欢迎。

三、成立北京青年政治学院，积极探索培养新型青年工作人才

1986年9月，北京青年政治学院正式成立，并招收了第一批学生，开始了采用学历教育的方式系统培养新型青年工作人才的大胆实践。

学院成立后，以原青年工作教研室人员为骨干，又增加一些新同志成立了青教系，葛铁林任系主任。青教系以培养新时期青年工作人才为目标，在教育培养方式上进行了有意义的探索。一是首届招收新生时挑选的全部是团员，大多数学生在中学就是学生骨干，甚至还有像肖毅这样的在职高考的学生。二是配备了强有力的班主任。我和丁晓娟是青教一班的班主任，学院团委书记王晓蒙和党伍涛是青教二班的班主任。三是学院采用“三育人”（教书育人、管理育人、服务育人）的方式培养学生，要求全校各个部门都要从育人的角度开展工作。记得我们为了培养学生的组织管理能力，每个学期改选一次班委会和学生会，让大家轮流当学生干部，团委也经常组织各种社会实践活动，让每一名同学都能得到更多的实践锻炼。四是青

教系开设了有青年工作特色的专业课程。如中国青运史、青年学、青年组织学、青年思想教育概论、青年心理学、青年法学……特别是葛铁林开设的青年组织学课程，学习借鉴了中央团校老师们的理论成果，又把自己多年青年工作实践经验带进去，还采用了当时一些新兴学科的知识和方法，形成了一门全新视角的青年组织学课程。葛铁林的学术水平及影响力，在全国省市自治区团校教师中得到认同，被很多同行称为南有上海金国华，北有北京葛铁林。

青教系的师资力量也不断得到加强，教学水平也大幅提高。原系里的教师主要是转业的老团干部和科班出身的大学本科毕业生，但后来从北师大教育系调来了学院第一位副教授李桂芝老师，又调入学院第一位博士谢维和老师，还有北师大心理学副教授杜惠平老师，他们与葛铁林都成为系里的学术带头人。后来，系里又陆续来了一些学习教育学、心理学、社会学、伦理学和历史学等专业的博士和硕士毕业生，师资队伍的整体水平得到快速的提升。青教系师资水平的提高，为青教系的教学质量提供了保证，为青教系教书育人的培养目标提供了有力的保证。

四、学院成立以后，团干部培训工作发生了很大的变化

1986 年 9 月，学院开学占用了在市委党校院内的借用校舍，暂时影响了在校举办的团训班。为保证团干部培训场所，1987 年初，学院与团市委在学院新校址先行盖起来一个“小红楼”，用作团干部培训，使培训工作有了稳定的场所。同时学院还成立了履行团校培训职能的培训部，派老团干部朱生利同志担任主任，及时恢复了团干部培训工作。朱生利同志很快打开了培训工作的良好局面，并在培训管理制度方面奠定了扎实的基础。朱生利在他的回忆录《人生如潮》一书中对这段工作情况有比较详细的记录。1988 年夏天，学院调朱生利去负责新校址基建工作，调我来接替担任培训部负责人。我又在此基础上继续努力工作，经过我们的共同努力，使建院后重新恢复的团干部培训工作发生了很大的变化。

第一是团校培训工作与团市委工作配合得更加紧密。团校组织的团干部培训工作受到了团市委的高度重视，并纳入团市委年度工作计划。每年定期到团市委组织部，同冯青松、高士英等研究培训工作，制订年度培训计划。团市委在年度工作会上，都对基层团组织提出培训工作要求，我们也代表团校参会，宣传培训计划，收集各级团组织培训安排信息，以便统筹安排好全年的培训工作。

我们每年的培训工作分四个层次。一是重点与团市委组织部合作，搞好区县局级团干部培训，由团市委组织部和学院培训部共同组织，组织部负责学员组织管理，同时安排年度工作和团务培训，我们负责安排青年工作理论和时事政策课程培训，同时组织学员小组交流讨论、参观、文艺晚会等多种形式的活动；二是与团市委各部门合作，如青工部、城区部、郊区部……帮助团市委组织好各分口团干部培训；三是配合各区县局团委开展其区域或行业团组织的团干部培训；四是接受基层团组织来校举办的培训班，帮助他们完成培训任务。

第二是团干部培训工作依托青年政治学院，建立了一支高水平的、专兼职相结合的培训师资队伍。因为有了北京青年政治学院的社会影响，使我们可用于培训的师资有了广阔的来源。首先是自身学院的高水平师资，如党委书记蒋效愚同志、院长周之良教授、青教系副教授李桂芝、谢维和、杜惠平等，还有青教系葛铁林、王继鲁、金胜等一批老团干出身的教师，还有一批新入校的硕士及以上学历的青年工作专业教师；二是团中央书记及一些部门的领导同志也能请到来团校授课，如团中央第一书记宋德福、书记处书记刘延东同志，部门领导吴黔生、蔡武、王松鹤……三是中央团校如黄志坚等一批在青年工作、少先队工作中有重要影响的教师；四是北京团市委历任书记如林炎志、强卫、姚望等，副书记张虹海、李路以及各部门领导；五是北京各大学社科领域的知名专家如方复之、林泰、魏杰、周荫昌……市委党校如吴木等部分知名教授；六是中国社科院一些对国家改革开放有见解、有影响的知名学者，如何新……七是国家体改委等一些研究国家经济体制改革的专家学者等；我们的师资名册最多时达到70多人，授课水平在全国团校界绝对是一流的，授课内容也是紧密结合青年工作和改革开放现实的。

第三是团干部培训内容紧跟改革开放的形势发展需求。那时在培训内容上主要有两方面，一部分是与共青团工作相关的，包括青年工作理论、青年问题研究最新成果、团务知识及现实工作信息等，目的在于帮助团干部提高工作理论水平，提高业务素质和工作能力，熟悉并明确工作任务；另一部分是形势政策教育，帮助大家解放思想、打开眼界，理解国家改革开放政策，提高思想认识水平。1989年“政治风波”之后，按照团市委的要求，又进一步加强了对团干部的政治思想教育，认真学习邓小平讲话精神，反思改革开放以来青年社会意识中存在的问题，高度重视西方意识形态对青年的影响，帮助团干部理解在改革开放中必须坚持四项基本原则，反对资产阶级自由化，维护社会稳定的必要性。特别是时任北京大学党委副书记林炎志、团市委书记强卫、学院党委书记蒋效愚、学院院长周之良等一些领导同志和一批专家学者的报告，澄清了学潮和动乱的基本事实及其本质，揭穿了社会上流传的各种谎言，帮助学员们端正了政治态度，提高了思想认识，在学员中引起热烈的反响。此后，培训效果不断向基层传导，很多团组织都来团校接受培训，团校培训也不断掀起一个个新的高潮。

第四是开展团干部岗位职务培训，使培训工作走向规范化。1990年，团中央组织部领导各省、自治区、直辖市团校开展团干部岗位职务培训工作。团中央组织部把团干部岗位分为三级，基层团支部（团总支）干部为基础级岗位，基层团委专职干部为中级岗位，各区县局级及以上团委干部为高级岗位。团中央对每一级团干部的职责进行了划分，并根据其职责提出了岗位工作、岗位素质和岗位能力要求，并要求各级团组织和团校开展针对性培训。团中央组织部还对培训工作进行了分工，高级岗位团干部培训主要由中央团校承担，中级岗位团干部培训主要由各省、自治区、直辖市团校承担，基础级岗位团干部培训由各团校指导基层团组织开展。这一工作使全国的团干部培训进入了正规化和有序化状态，促进了全国团校之间的交流、合作与发展，同时也很好地配合了团中央“抓基层，打基础”的工作战略。

我们培训部也按照团中央要求，逐级开展了团干部岗位培训工作。首先是高级岗位（区县局级团干部和大学团委书记）培训，按照团市委的意见，还是由我们与团市委合作，在团校自己开展高级团干部岗位培训。我们在原来培训模式的基础上，按团中央的要求，增加了岗位职务培训的内容，每年开办 2–3 期。二是以团校为主开展中级团干部岗位培训，我们培训部与青教系合作，制定了北京市团干部中级岗位培训大纲，与团市委组织部共同制订了年度培训计划，与团市委各部门及各区县局团委合作，面向各基层团组织开展中级团干部岗位培训工作，每年举办中级团干部岗位培训班 50 多期。三是指导基层团委，帮助他们在基层开展基础级团干部岗位培训，同时也接受一些基层团委的委托，在团校给他们举办基础级团干部岗位培训班。

1991 年，培训工作重心逐步转到团干部基础级岗位培训。这一级团干部均为一线不脱产的人员，面积大，数量多，如何开展好这一级的团干部培训我心里没数，我就又一次跑基层团委开展调研，了解到这一级团干部培训，主要还是要由基层团委采取因地、因时间、因条件制宜的方式，他们特别需要我们提供给符合基层特点的培训教材。为此，我们和青教系、团市委组织部合作，共同编写了《团支部书记岗位职务培训教材》，供基层团组织使用。这本教材由蒋效愚同志审订，姚望同志撰写了序言，李路和我主编，我院葛铁林、金胜、党伍涛、盛鲁杰，北青报何平平，团市委杨志宏，还有李玉琦同志等都参加了撰写。姚望同志在序言中对这本书的特点做了生动的说明：这本书同其他类型的书相比，我觉得有以下几个显著特点——一是它严格按照团中央基础级岗位培训教学大纲的要求编写的，体现了教材的规范性；二是它结合了北京市团委对基层支部工作的要求，借鉴了其他地区团支部工作的有益经验，向读者提供了丰富的事例、经验和资料，体现了教材的丰富性；三是该书用讲座讲稿的形式编排，在全书内容的内在逻辑关系上，不以理论体系的面貌出现，而是力求贴近基层，语言形式通俗、亲切、生动，特别适合基层培训教学和团支部书记自学阅读，体现了教材的通俗性；四是该书力戒“为什么”的空泛论述，着重介绍“怎么做”的实际工作方法，具有很强的操作性；五是在把握规范内容和传统经验的基础上，尽量吸收近几年团的工作新鲜经验，反映共青团在建设、改革和发展方面的新特点、新规律，体现了教材的时代性。

这本教材由新华出版社正式出版，受到了基层团组织的欢迎。团市委组织部把这本教材，与组织部印发的《共青团基层组织工作问答》作为全市基层团干部培训必备教材。《团支部书记岗位职务培训教材》印刷了 5 万册，仅两年多的时间就基本用完了。除了我们办培训班发给学员外，主要是基层团委买回去办培训班并发给团干部阅读使用。一些外地团组织也慕名前来购买，而中央国家机关团委一次就购买了 2 万册。

第五是团干部培训规模不断扩大，培训条件不断改善。自从 1989 年“政治风波”前后的形势政策教育，再到 1990 年开始的团干部岗位培训，团干部在团校的培训规模不断扩大，团校培训条件也逐步改善，培训工作也逐步进入新的高潮。我记得，那时小红楼暂时改为教工宿舍，临时把学生公寓用于培训学员住宿，使培训住宿条件得到改善。当时学生公寓楼每层可住近百人，一层不够住了再住二层、三层，在 1991 年夏天学院搬进来以前，培训学员最多时已经住到了四层，各种培训班经常排得满满的，有时甚至是两个培训班同时交叉举办，最多时有四个培训班前后交错同时在校。实在排不过来时，就派人指导基层在本单位办班，我们帮助安排培训教师。这样全年下来，直接在团校培训的团干部就有五千多人。

当时，培训部工作人员也比较少，平时办班大家分工共同办好一个班，李迎春主要负责联系安排师资；周国兵和李伟主要担任班主任，组织学员讨论交流；郭淑芳主要负责组织学员文艺活动。但培训班多的时候，不得已只能分派一个人负责一个班，从早上接老师到上午上课、下午讨论，然后晚上的文艺活动，再到打扫教室准备第二天上课，每天都要干到晚上10点多，承担这么大的工作量，大家都很辛苦，非常疲劳，很是心疼大家。

为了安排好学员的课余生活，学院配备了一台20多寸的彩色电视机和录像机，晚上给学员放录像。我们每天都要把电视机和录像机搬回办公室存放，由于大教室里的电视柜顶高两米多，底座大约一米五左右，每天要把好几十公斤重的大彩电举过头顶搬上搬下，绝对是个力气活。记得一次，我和周国兵去收电视机和录像机，周国兵为了照顾我，抢先去搬电视机，他不到一米七的个头，瘦弱的身材，把比他身高许多的电视机搬下来时，因电源线刮了一下电视柜，电视机脱手滑到了地上，造成电视机的损坏。学院领导听说后很生气，在气头上提出要处分周国兵，因为那时办学条件很差，全校只有3台彩电，损坏一台不仅影响培训使用，而且对学院贵重设备造成了损失。对此我也很后悔，为什么没有坚持自己去搬，但我听到要处分周国兵时，头脑里一下闪现出当时一刹那的场景，周国兵那瘦弱、极度疲惫、惊恐又自责的面孔，若再挨处分实在不忍，再加上我自己的自责感，当时就高声地怼了领导一句“要处分就处分我吧”，我话一出，惊得领导一下就愣住了，可能没有想到我那么大的反应。后来，领导们还是理解了我们，不仅没有给处分，还给我们换了一台电视。这件事，后来成了我们谈笑的话题，但也从一个侧面反映了当时大家艰苦奋斗的状况。

后来随着学院基建工程的陆续完工，培训教室换成了教学主楼的阶梯教室；再后来，又有了新的培训宿舍、新食堂、新操场……培训条件随着学院建设的发展而不断改善。

1991年9月，学院从车公庄（市委党校院内）正式搬入望京新校区，标志学院发展的一个重要里程碑，学院终于有了自己独立的校舍，学院从创办阶段进入了正规办学的新阶段。

五、总结回顾创办学院与团校培训的关系

在纪念中国改革开放40周年之际，回想起自己当初选择来到团校，经

历了从团校到创建青年政治学院的发展历程，回顾自己在这个过程中从事团干部培训工作的经历，颇有感受。

北京青年政治学院的创建是改革开放时代发展的内在需求。这种内在需求体现在以下三个方面。

一是共青团工作发展的需求。十年动乱结束以后，共青团组织得到恢复，特别是党的十一届三中全会以后，党的工作重心转移到经济建设上来，当时的共青团组织一方面要帮助广大青年消除“文革”的影响，学做“四有新人”，另一方面还要带领青年投身“四个现代化”建设，争做“新长征突击手”，这些时代发展的历史任务，需要大批的团干部去组织、去工作、去带头。因此，团干部培训工作就越发重要。

二是帮助广大团干部适应社会发展的需求。改革开放以来，社会发展变化不断加速，既有中国改革开放不断涌现的新事物，更有西方传来的各种社会文化思潮，青年人最敏感，接受新事物快，但学潮也不断涌现。可广大基层团干部普遍没有受过高等教育，没有条件全面了解国家改革开放的政策和思路，如何把握形势、如何把握社会发展、如何把握青年的人生方向、如何提高自身的素质和能力以适应社会发展需要，这些问题都希望得到解答。这又给团干部培训工作提出了新的课题。

三是团校自身生存发展的需求。“文革”后，中断了十多年的团校得到恢复，但是依赖借地办学，每年6万元经费，二十几个人员，每年办几期培训班的现状已经无法适应改革开放的时代要求。团校要生存，要完成历史赋予团校的使命，就必须蹚出一条新路来。因此，在社会主义市场经济条件下，要解决办学场地并建设相应的校舍、要争取稳定的办学经费来源、要能够不断引进高质量师资并留住人才、要具有稳定的生源并纳入国民教育系列受到国家教育主管部门的承认，这些原因就是创办北京青年政治学院的内在动力。

事实上，全国各省、自治区、直辖市的团校都面临同样的生存与发展问题，因而从中央团校到各省、自治区、直辖市团校陆续都走上这样一条发展道路。

北京青年政治学院的创办，不仅应时代发展需求而生，而且受到了改革开放总设计师邓小平同志的支持，它是幸运的。学院成立以后，更好地履行了团校培训团干部的职能。随着学院的逐步建成，崭新的校舍、高水平的师资力量、浓厚的校园文化氛围，特别是学院的青年特色、政治特色和时代特色，使学院的社会影响不断扩大，都为团干部培训提供了良好的条件，团干部培训工作也不断与北京市共青团工作紧密结合发展到新的水平，学院培训工作发展的实际情况证明了这一点。

回望这段历史，学院发展的格局印证了蒋效愚同志当年的设想：两块牌子一套人马，两个职能，互相支撑，互相促进，共同发展。

2018 年 12 月

胡军，时任北京青年政治学院培训部主任。

少儿教育系的创建与发展

吴云清

教育是培养人才的摇篮，为适应首都经济和社会发展的需要，在市教委和学校领导的大力支持下，1991年5月我校少儿教育系应运而生。在整整十几年的奋斗中，从无到有、从小到大，站在一个较高的战略起点上，不断探索、创新，走出一条独特的人才培养的发展道路。

一、重点建设北京高校的“三个第一”

经一年的筹备、酝酿，计划与上报，在市教委的亲切关怀下，北京市第一个少儿思想教育专业获得批准。这里面，有张先翱、范晓韵等专家教授顾问团的心血，有学校领导的细心指导与推敲，有我们在北京市中小学校的充分调查与论证，加强少年儿童思想教育成为时代的呼唤，培养少儿思想政治教育工作者成为一致的决定。

市教委的批示中，正式确立了全系招生的指标与原则，率先开辟了从中等师范学校招收保送生制度。一个个面试加笔试，一次次择优的选拔，使德才兼备的好学生进入少儿教育系学习。

但是，人才培养规划的实现，需要更多的办学条件，需要一定的设备与资源。因此，建系伊始，我们努力向上级领导申请经费，力争科学地进行专业建设，将教育的目标锁定在更加规范和常态化的运营之中。

俗话说：“有志者事竟成。”在20世纪90年代，经多方努力我们幸运地得到了3笔高达100万的建设经费，足以证明市级领导的高度重视和切实的帮助。三个建设重点，寄予了深厚的希望，提供了宝贵的机遇和向好的发展前景。

首先，建立了北京市高校第一个少儿思想教育重点学科。包括建设目标，学科体系，设备与师资编制，运行步骤及机制，乃至验收标准。在不断地改革发展中，我们创出了一条学科建设的新路。

第二，建立了北京市高校第一个少儿教育高职实训基地。我们顺利地通过了专家评审会，而且在建设的硬件和软件上提出了校内、校外实践活动的一揽子计划，一项项落实建设目标，取得了良好的成效。

第三，建立了北京市高校第一个少儿教育重点课程《少儿育德学》。进行了理论与实践相结合的新探索，首次提出规矩论、主人论、情感论、接受论一些新观点，以及立德树人的规律。我写出了《社会发展与少儿育德》的专著，光明日报有很好的报道。

我们建立了专业建设委员会，举办了教学研讨会，积极进行教改，大力提高教学质量。打破了课堂教学的传统结构，遵循信息传递与接收的“谐振定律”，按照提出问题、讨论问题、教师点拨和总结、举一反三地练习与应用的步骤组织教学，突出实践教学环节，激发学生内在的需要，指导他们学以致用、身体力行。由于校内、校外实训基地影响广泛，技术服务影响深刻，社会效益突出，为了表彰多年来北京青年政治学院少儿教育实训基地建设的成效，中共北京市委教育工委、北京市教委、共青团北京市委员会、中共北京市委宣传部授予“首都大学生社会实践示范基地”的称号。

二、努力实施可行的人才培养模式

我们为全系精心设计“全面发展，学有特色”的育人宗旨，逐步建立起能力培养的指标体系，全面提高学生的政治素质、专业素质和技能素质，培养出一批批受用人单位青睐和社会欢迎的创造型人才。在长期的教育、教学实践中，在开放的社会大环境下，探索出一条培养人才的基本模式。

所谓“全面发展”寓意深长：其一，是指德智体美劳全面发展，哪一方面也不能偏废；其二，是理论与实践并举，在实践中验证理论、应用理论；其三，是一专与多能并重，在扎实地掌握少儿教育专业知识的同时具备多方面能力，以适应未来社会的需要。所谓学有特色，就是要求每个学生具有某一方面特殊的本领和突出特长，从而培养并发展学生的才能与丰富的个性。

1. 学生为主人

这是指在民主、平等的师生关系中，以学生成长为中心，使学生成为学校的主人。就是把他们在现代社会自主的意愿和独立人格充分加以调动，发挥一切潜能，围绕学生、关照学生、全心全意为学生服务，尊重并接受学生合理和正确的意见，相信他们有力量解决自身存在的问题，不断进步和成长。

作为系主任，我注重发动全系学生参与专业建设，做出学生上讲台的决策和干部自觉管理的制度；每个教师倡导自主学习、自主实践和自主评价；经过有效的指导，学生们积极地成为教育活动的主体，主动提出工作预案，分阶段地加以实施，促使系团总支、学生会、各班团支部和班委会的工作自觉自动地运作施行，并有许多新的创造。从而吸引广大学生积极主动地参加，做好每个人要做的事情……因此，这一套工作的程序和方式，形成一届又一届学生从事工作的信条。

2. 能力为主线

这是指教学中以达到某种职业能力要求为教学目标，以能力为教学单元，将掌握能力的表现作为衡量教学质量的标准。多年来，少儿教育专业通过课堂讲授、小组讨论、课外实践活动与练习在活动与交往中锻炼能力、增长才干。虽然，他们并不能成为专家、学者和高级专业人才，但专业技能训练却使其成为具有综合能力的人，因而得到社会和广大少年儿童的信赖和喜爱。

全系开设多门教育技能课。学生的钢琴课上得有声有色，舞蹈课练出优美的舞姿，鼓号队的专门培训乐此不疲，三维动画的设计深入人心。尤其是军乐的有趣合练，手风琴的齐心合奏，还有历年精彩的文艺演出，出色地检验学生的能力。许多学生脱颖而出，发展并展露各种才能。

全系开展丰富多彩的校外实践活动，大力锻炼学生的工作能力。在白家庄望京分校、望花路小学、花家地实验小学，每年本系各派出上百名学生担任辅导员工作。每周坚持安排2课时，开展多种活动：召开主题中队会，试讲、批改作业，进行心理辅导，等。每项活动各具特色，活动结束学生都会护送小朋友回家，负责任的精神和吃苦耐劳的态度，深深打动了学校老师和家长。同时，我们每年都要安排学生在团市委实习，参加“六一”全市最大的游园活动和人民大会堂的庆祝活动，冒着盛夏的酷热，忙碌于各项活动中间，从天安门前一块块地数砖到分发上千份服务生的餐饭，每项活动事无巨细都要妥善地安排，学生们从不叫苦喊累，那种乐于服务、乐于奉献的精神在这里得到最好的发扬。团中央《辅导员》杂志的实习已坚持十几年，大学生以杂志为家认真地审稿、校稿，外出采访撰稿，联系各种活动，用极大的热忱、细致的工作迎接一期期的出刊……由此，学生的工作历练，能力提高亦十分显著。

3. 育人为主导

素质教育以育人为根本目的，这是一根割不断的导线，贯穿于教育、教学过程的始终，处于教育的主导地位。它决定人才培养的方向、规格和质量，具有渗透作用、辐射作用和保证作用。全系十分重视学生品德能力的提高和优良品行的塑造，把培养学生的社会责任感和集体主义精神放在首要位置。关注他们积极进步的愿望，帮助他们树立利他的思想，引导他们为集体、为社会服务，发挥其认真做事的态度和自觉奉献的精神，养成自律与合作的品德习惯，获得了较好的结果。

在“邓小平理论”进教材、进课堂、进头脑过程中，党支部做了大胆的尝试，有计划、有步骤地开展了“邓小平理论进宿舍”活动。我们以宿舍为单位进行学习、讨论和总结。同学们在茶余饭后，或利用熄灯前半小时，经常三五成群地交流学习的体会，发表自己真实的看法，这一灵活的学习形式成为宿舍生活中一道亮丽的风景线。虽然在某些问题上大家曾有不同的看法，但通过点拨和引导，学生们对市场经济带来的双重效应有了更清醒的认识，对教育面临的挑战也有了充分的准备。除共同的学习内容外，每个宿舍都有自己的学习特点和学习专题，进一步浓厚了政治空气，促进了学生政治素质的提升。

记得1996年5月22日，本系同《辅导员》杂志社和《中国少年报》合作，与百对“手拉手”活动代表举行大型联谊活动。《辅导员》杂志社社长林子云、《中国少年报》著名的知心姐姐卢勤、中国少先队事业发展中心主任刘俊友等出席会议。他们对少儿教育专业的大学生提了殷切的希望。本系的大学生分别与25位小朋友结成对子，亲切地攀谈，入微地关心，场面十分动人。95级、96级少儿教育专业的学生分别写信给25个“手拉手”儿童，每月援助贫困学生10元。并以学习帮助、思想交流为主，开展互助活动。那一封封来信和一点点捐款表现出学生们的一片爱心……

记得建党80周年《一切献给党》的活动上，师生们热情讴歌“没有共产党就没有新中国，就没有现代中国一切”的巨大成就，表达了热爱党、热爱祖国的深情厚谊。会上，嘹亮的歌声、铿锵有力的诗句震动人心，而“向党说一句心里话”活动更将大会推向高潮。红布蓝字留下许多党员、积极分子和学生的赤子之心，感人的场面给师生们留下了深深的印迹和美好的回忆……

系党支部和团总支多次开展信仰问题的学习和爱党爱国的主题活动，使学生受益匪浅。参观烈士墓，组织志愿者服务，从细小事情做起，深刻地体现时代特点；在农村劳动中，发扬艰苦奋斗精神，同农民打成一片；在军训中，他们认真操练，受到教官的一致好评；同时还在基层小学进行一系列少先队活动，无论是红领巾心向党主题还是祭扫活动，或是少年科学院和少年军校活动，乃至平安行动演习及争为学校添光彩行动，不断增强队员们的光荣感和党、团、队组织的归属感，创新能力有所发展。

因此，少儿教育系为各学校用人单位培养和输送了一批批政治上信得过，工作上责任心强，行为上自强、自律，有作为的教育人才。

三、大力提高学生的职业素质

作为少儿教育专业学生的职业素质比一般专业要高。由于工作性质是培养祖国未来的接班人，所以要尽全力抓好素质教育。从难从严要求学生，使他们更好、更快地成为中国现代化社会需要的高素质少儿教育工作者。

一是在政治上严格要求学生。根据实际情况，我们提出各阶段的具体要求。以理想信念教育为根本，引导各年级学生不断树立更高的奋斗目标。绝大多数同学入校后都写了入党申请书，积极参加业余党校初级班和高级班学习，思想政治素质有了明显的提高。系党支部组织学生党员和入党积极分子定期举行“思想行动进步汇报会”，引导他们认真交流为他人、为集体服务的体会，仔细剖析自身存在的问题，帮助他们端正入党动机；同时，及时提醒他们做人做事应有较高的政治水准和思想水准，对党和国家有利的话就说、有利的事就做；在平时工作中，帮助他们克服华而不实的作风，踏踏实实做事，抓一事、抓到底，做一件、成一件。

二是在学习上严格要求学生。在大力推进专业建设和学风建设中，我们发出“努力上好每一节课”的号召。通过严格的教学检查和学习评估，尤其是对党员和学生干部要求更严，谁都清楚无故旷课应受到的惩罚；尤其是“五一”“十一”及元旦前、放假前或毕业前的课程学习，每个学生都明白：越是在这样的时刻，越应懂得尊重教师的劳动，越应对自己的行动负责。在任何时候都要保证上课的出勤率、活动的参与率和学习的高效率。回忆起来，这是多么难得的好习惯啊！

三是在工作上严格要求学生。为此，全系制定了学生干部的轮换制度，每学期进行一次更替。我们坚持进行干部培训，明确责任分工，开展互评、互帮、互学活动，“用最少的时间做最成功的事情”成为一个重要的规矩，紧紧抓住并发挥功效。因此，发扬团队精神，锲而不舍地做好每项工作，出色完成预定任务，已成为全系的光荣传统。就这样，我们带出了一批特别能战斗的队伍，学生平时的实践与实习单位表现均得到一致好评。

四是在科研上严格要求学生。由我主持的北京市哲学社会科学及教委的“八五”“九五”“十五”重点课题全部获得批准后，学生们同老师一起快乐地进行调查研究，科学地开展教育实验，细致地组织数据统计和分析，深入地探索规律、升华理论，指导着一个又一个实践活动。97 级、98 级、99 级和 00 级共四届学生，为了追寻少儿育德人的先进足迹，进一步探索育德规律，不辞辛苦地一次次外出采访，一遍遍地整理记录，写出 38 篇鲜活的榜样文章，感受与感悟的收获使他们共同扬起理想的风帆，增强了为社会服务的责任感。

记得 2002 年，我们与北京电视台青少部联合主办“光荣啊，少儿育德人”专题节目，组织广大师生参加，许多学生听到消息后赶往会场。这次活动表达了少儿教育专业学生热爱教育事业、热爱少年儿童的自豪感。特别是 96 级才华横溢的话剧团团长刘可研同学，毕业后立志献身特殊教育，当她带着聋哑学生汇报成绩时，我被感动得热泪盈眶。此节目于 7 月 10 日播出，产生了积极的社会影响。

记得在“非典”期间，我同学生们创作了展现当代大学生拼搏向上、团结奋斗精神风貌的合唱歌曲《心念》。学生们用整整一夜画出 200 平方米的背景画面。雨中拔河那激动人心的场面，震撼人心的气势，凝聚着当代青年知难而上的坚定信念和相信自己力量创造美好未来的心愿。此片在中央电视台和北京电视台连续播放，收到了很好的社会反响。

四、各届毕业生发展回报母校

大家都知道，学生们亲切地称我为“系妈妈”。这个称谓我是从一位家长那里听到的。她说：“您为学生付出了那么多心血，无微不至地关心着他们。从招生上学、培养入党到毕业分配，一个个陪着他们去面试，一件件事情让您操碎了心。我们想到的您都做到了，我们没想到的您也做到了。您对我们孩子的心这样重，我和孩子们真心地感谢您。”我说：“这是我应该做的，他们都是我的孩子。”是的，我爱我的学生们，这份爱使我义无反顾。

我常常想：培养少先队干部和少儿教育人才，必须充分发挥北京的教育资源优势和少先队老专家“传帮带”的指导作用。从专业建立伊始，到一些活动的开展，许多少先队专家、学者成为我们的兼职教师和学生的良师益友。张先翱教授、陈膺老师多次到校上课，学生中的不少人成为他们系统讲课的亲授弟子。范晓韵老师、吴剀老师、王延风老师、刘俊友老师、王同瑞老师多次参加全系的重大活动，对学生们进行具体指导。

在我的心中，确实装了许多的新设想：

——想让理论学习不再枯燥，使学生有兴趣，学不够；

——想叫更多的学生关心他人，关心祖国的命运前途；

——想使每项活动都有一些新意，实实在在地发生教育的影响；

——想申请到更多的科研项目，以科学研究为先导，带动教学、行政和学生工作。

这些教育意图与设想，经过全系师生的努力，一个个变成了活生生的现实，不断验证着少儿教育系的发展成效。这表明，我们就是要维护学生的根本利益，让他们在学校里学到真本事，毕业时找到好工作，充分发挥教育人才的重要作用。

2019 年 5 月 26 日，各届毕业生代表欢聚一堂，汇报彼此的工作，感恩学校的培养。他们说：

● 北青人是一种身份，一种承诺，一种承担。阔别二十多载，回忆青春奋斗历史，感恩祖国，感恩母校的培养。

● 系里对我们要求非常严格，系妈妈充满亲切关怀。从专业知识、品德修养，到技能训练，为我们打下深厚的基础，对工作有很大的帮助。

● 学校为我们提供很好的教育环境，搭建发挥才能的平台，引上传承的道路。我们没有忘本。这些阅历让我们更加成熟，在工作岗位上大显身手。

● 我们被保送到青院少儿教育系，格外珍惜学习的机会。在这些昂扬向上的集体锻炼成长，贡献自己的力量。我们不忘母校和全系的希望，工作中交上了一份份满意的答卷。

● 学校为我们扣好入职的第一粒扣子。给予社会实践的宝贵经验，培养了多种能力，特别是对少儿教育事业的热爱之情，一辈子不会改变。

● 毕业这么多年，感染、激励、凝聚，始终没有离开过我；对工作的热情、激情、爱党爱国的家国情怀，始终鼓舞着我积极为理想而奋斗。

● 少儿系充满了榜样的引领，革命先烈、英雄模范、军事教官、往届毕业生们，思想正确，信念坚定。缘于大学难忘的经历，使我们成为又红又专的人才，真是了不起，感到很骄傲。

● 北青人、少儿人有优秀的传统。在工作遇到困难的时候，我总在坚持、坚定、坚强，因为我有共产主义的信仰和对未来的信心。担当的责任让我充满生命活力。

● 学校给予的正能量，使我受用终生。经历太多太多的事情，培养未来的接班人，钟爱这份事业，祖国大有希望。

● 我从内蒙古上了北京的大学，进行了人生的蜕变。新的集体凝聚，新的课程和理念，新的学生会主席的工作磨炼，我非常开心、快乐！感谢学校和系妈妈的关心帮助。我会用更好地工作来报答。

● 我从安徽考上了北青院这所大学，深刻体会到“熏陶”这两个字沉甸甸的分量。我从来没有学过钢琴、又不会跳舞，但困难面前无阻挡，有信心练好它！现在工作体验到系里“全面发展学有特色”目标的作用。

● 我从幼儿师范保送上学，入了党，毕业从事少先队工作。常常得到系妈妈的关心和指导。学校大家庭里的培养，良好的素质教育，至今成为我的宝贝财富，受益匪浅。

●我在北京少年宫学生活动指导中心工作。学校思想政治引领，红色基因的传承，使我路子走得正，对党的感情深。我为北京的孩子们服务，不断创造创新，不辜负母校的期望。

●我在东城某小学当校长，工作中最大的体会是马克思主义信仰、坚定的共产主义理想和信念的重要。而这些恰恰是少儿教育系所给予的。这是成就教育事业的根本。

●我在特殊教育学校工作21年，这种坚持源自少儿教育系的学习和实践。深深感到坚持的意义，体会到坚持带来的快乐。能坚持不懈地工作，就能不断看到新的希望。

●我在进入北京青年政治学院学习期间，对我帮助最大的人是被同学们亲切称呼为“系妈妈”的系主任吴云清。作为一名老党员，她对事业的热爱和全身心投入，以及个人的魅力和感召力，坚定了我们这些学生对少儿教育事业的热爱。当我遭遇车祸瘫痪之后，又是她向我伸出了关爱的手，希望我重新鼓起生活的勇气。她对党、对事业的无私奉献到现在仍然是不断激励我前进的榜样。

毕业的各届学生代表，紧握拳头在党旗面前重温入党誓词。纷纷表示向吴云清教授这样的老党员学习，一代代人接力传递，做党和人民放心的可靠接班人。

现在，我虽年事已高，但少儿教育系的往事却历历在目。诚然，我已不能驰骋疆场，但看到年轻的同事已在系主任岗位上挑起大梁，那些亲手培养的弟子已在中、小学校堪当重任。我一次次沉浸在教育的幸福之中，享受着“桃李芬芳”无尽的快乐。

2019年9月

吴云清，时任北京青年政治学院少儿教育系首任系主任。

改革开放40年我同北青院一起走过

蒋玉芳

我是1982年调入北京市团校工作的，当时团校只有20名工作人员，我的职责是承担办公室内勤、外联、财务（财务不独立，和市委财务在一起核算）和库管工作。当时团校是借市委党校办学，办学条件很简陋，一人一桌一椅一书柜，每个办公室有一个文件柜，还有党校配备的一床一衣柜。吃饭、上课、看病都在党校，全校只有两部外线电话和设在走廊电话间的公用电话，外线电话一部设在校长办公室，一部设在校办公室，其他部门接听电话都需要办公室传呼。交通工具只有一辆破旧的吉普和几辆公用的自行车。有一间图书资料室及一间文印室，文印室仅有一台打字机和一台油印机，后来又陆续购买了录像设备和投影等，当时团校的财产仅此而已。每年团校经费很少，除人员工资由市委发放外，所有业务费、办公费、差旅费等不过几万元，经费紧缺程度可想而知。为了节省开支，培训班结束后，学员房间的清扫、卧具的更换及清洗、房间窗帘的加工、开班前的各项准备工作，都由全体教工利用工余时间来完成。北京青年政治学院就是在这样物资匮乏，资金短缺的基础上建立起来的。

建院后财务开始独立核算，我专职负责会计核算和财务管理工作。常言道“不当家不知柴米贵”“巧妇难为无米之炊”，作为一名学院理财当家人，对这两句话的体会更加深刻。兵马未动，粮草先行，筹措更多办学资金，是财务部门的第一要务，为了保证学院建设和发展需求，不但每年要做出准确、完整、周密、科学的年度预算，还要根据学院特殊需求，要及时向上级和财政部门申请专项经费报告，积极同有关部门交流和沟通，以不怕跑断腿、不怕磨破嘴的精神，让有关部门了解我们的困难，同情我们的苦衷，理解我们对资金需求的重要性、必要性和迫切性。在院领导和需求部门、财务部门共同努力下，为学院尽量多的争取到了学院开办费；少儿系、法律系等新专业开办费；青少所、东方所开办和科研经费；文秘、计算机、艺术、模拟法庭、运动场地等教学设施建设费；锅炉更新、浴室改造、煤改气工程、食堂扩建、大小车辆的购置费、校园绿化、家属宿舍楼的启动资金等后勤保障专项经费。这些资金的到位，为学院的建设和发展，确实发挥了及时雨、雪中炭的作用。

作为财务管理工作，开源是一方面，节流更为重要，管好用好资金，首先要建立规章制度和管理办法，而且要紧跟改革开放大形势的制度变化而不断改革、创新。原来行政事业单位的资金管理，完全是计划经济，年初下达指标，年末余额收回上交，明年重新计划，造成年末突击花钱的现象普遍存在，随着上级拨款方式的改革变化，我们也适时调整经费管理方式和分配办法，采取专项经费专款专用，人员经费统一管理，正常经费实行包干管理和票券管理，结余结转下年使用。这样避免了年末突击花钱，而各部门积累下资金，明年可以自主安排急需支出，解决临时困难。这样分解指标管理，虽然加大了财务核算工作量，但培养了群众理财意识、勤俭节约意识、参与管理和监督意识，使有限资金发挥到最大经济效益和社会效益。

30多年过去了，如今已到鹤发之年，但对学校事业发展的过程依然历历在目，对校园内的一砖一瓦、一草一木的情感依然深厚。正因为对学校的事业有着这份执着和热爱，也怀着对学院领导和教工感恩之心，我曾经放弃了到市委财务处、团市委、市对台办、市政协和《支部生活》杂志社等单位工作的机会，毫不犹豫地扎根下来直到退休。

北青院能有今天的辉煌，那是青院人用聪明的才智、辛勤的汗水和勤劳的双手干出来的。我作为一名青院的老教工，不但有幸目睹了我国、我市、我校由改革开放所带来的伟大跨越，而且经历了改革开放的全过程、践行了改革开放方针政策、共享了改革开放的伟大成果。真心为我们这一代人有机会投身到祖国建设、发展和改革开放的大潮之中，为学院的建设、生存和发展而拼搏过、努力过、付出过、贡献过感到幸运、幸福、欣慰和自豪。

我们青院人在改革开放的洪流中以自主创新的精神、高质量的要求、踏实的作风、兄弟般的团结、无私的奉献换来了学院的发展。同时，在学院建设、巩固、发展、壮大的过程中，锻炼了队伍、培养了干部，全员思想境界得到了升华，党员的模范作用得以发挥，也涌现出一批先进集体和先进个人。我很荣幸也成为其中的一员，曾多次被学院评为“三育人先进”“特殊贡献”和优秀党员，1992 年全体党员大会又选举我为北京市第七次党代会代表。这些荣誉的背后有个人的努力和付出，更有党的培养和教育、院领导的支持和鼓励、同志们的帮助、配合和信任。我衷心地感谢青院人对我的厚爱，向青院人致敬，同时更应该向全国改革开放中的楷模们致敬，他们才是真正的英雄、是中国人的脊梁、是中国快速强大起来的中坚力量!

在上级领导和有关部门的大力支持和协助下，在创业者与后来者共同努力下，在改革开放春风的吹拂下，北青院不但成立起来了、建设起来了，而且生存下来了、发展起来了、壮大起来了。目前学历教育在校生已由 1986 年建校时的 114 人、1988 年的 306 人、1998 年的 1269 人，发展到了 2018 年的 3500 多人（均不含培训）；全校经费收入由 1986 年 97 万元、1988 年的 113 万元、1998 年的 1579 万元，2018 年增加到 2 亿多元；教职工年均收入由 1986 年的 1380 元、1988 年的 1966 元、1998 年的 14 677 元，2018 年提高到 20 万元（含各种税费和保险）；办学条件由当初的借地办学发展到如今具有教学、办公、生活、运动等功能齐全、教学手段现代、学习环境舒适的独立校园，而且又扩展了具有一定规模的东校区；学院的师资水平、教学质量、科研成果不断提高；教书育人、管理育人、服务育人的教育理念不断加强。30 多年来，我校为北京、全国以及国际培养了大批有特色、有觉悟、有素质、有水平、有青春活力的专业人才，为北京市的改革开放输送了新鲜血液和有生力量。

看到学院30多年来所取得的如此成就，感觉到我校的发展正是我国改革开放40年快速发展的一个缩影。作为学院的元老之一，深感快慰，也感想万千。

壮阔东方潮，奋进新时代，希望我们青院人在院党委的领导下，紧密团结在以习近平总书记为核心的党中央周围，携起手来，不忘初心、牢记使命、砥砺前行，持续深化改革开放，用勤劳、智慧和汗水为学院新的腾飞干出一片新天地。

转眼已过36个年头，其中在岗工作22年，返聘1年，退休13年，在岗期间一直做财务管理工作，为学院的建设和发展可谓：

付过辛苦流过汗，
为校理财千千万。
目睹学院大发展，
倍感欣慰无遗憾。

如今虽已退休多年，但对学院的一砖一瓦、一草一木仍记忆犹新、感情深厚。

祝愿北京青年政治学院明天更美好！

祝愿祖国更加繁荣昌盛，人民永远幸福安康！

2018年12月

蒋玉芳，时任北京青年政治学院财务处长。

北京青年政治学院建院初期办学精神赞

吕秋芳

1987年到1996年，我在北青院工作了9年。这9年是北青院建院初期的9年，也是我32岁到41岁黄金岁月的9年。可以这样说，这9年我与北青院共同成长。30多年了，很多的事情都已经淡忘了，但北青院建院初期创办者们敢为人先的创业精神、宽厚温暖的人文关怀、强青年讲政治的办学特色，给我留下了深刻的印象。

一、敢为人先的创业精神

我是首师大化学系78级的学生，毕业后留校做专职学生辅导员。1987年，已经在首师大化学系当了5年学生辅导员的我，面临着人生中一个重要选择，学了4年的化学似乎是干不成了，继续做学生辅导员也不是长远之计。怎么办？恰好北师大学校教育专业招收第二学士学位的学员，我决定放弃化学转学文科。就在我站在人生的十字路口左顾右盼之时，北青院人事处的两位老师不知从哪里得到的信息，主动找上门来了，动员我加盟北青院初期的建设。我一开始还是很有些犹豫的，但被两位老师的真诚和热情以及他们展望的“北青院”建设的远景打动了。那个时候我才32岁，正是充满理想和向往、想干事的年龄。于是，我离开了首师大，满怀着热情、理想和希望来到了北青院。

1987年时的北青院，没有属于自己独立的校园，借北京市委党校的部分场地办学，老师们连个像样的办公室都没有，一个系十几位老师，挤在一个7~8平方米的办公室里，教室也是借的，办学的硬件条件比首师大差远了，但领导和老师们的热情都是蛮高的。因为大家都是来干事的，不是来享受的。一切从零开始，要办一所前所未有的学校，要走前人没有走过的道路，要创造性地开展工作，创建什么样的专业、开设哪些课程、招收什么样的学生、开展哪些学生活动，一切一切都需要从零开始，这本身对想干事的人来说就具有极大的吸引力。借助于国家改革开放，高教领域思想解放，大干快上的大背景、大趋势、大环境，没有人捆住你的手脚，而是鼓励你在遵守国家法规、尊重高教规律的前提下，充分挖掘和调动自身的创造潜能，所以老师们干起工作来，有一种发自内心的自由和解放的快感，这种可以创造性开展工作的快感是金钱也难以买到的。正是在这种开拓和创业精神的鼓励和感召下，我勇敢地站在了讲台上，开始系统地为学生们讲课。

在北青院我为学生开过三门课:《思想道德修养》《大学生心理健康》《公共关系》，都是开创性的。

《思想道德修养》是1989年开始开课的，那个时候的《思想道德修养》课，没有现在这样全国统一版本的教材，一个学期要开54学时。第一轮开课时，我是边学边讲，边备边讲。既要思考课程体系的先进性、逻辑性、哲理性，又要把握学生思想道德修养的主体性、可接受性和现实性，也要实现课程进行过程中的生动性、活泼性、趣味性。虽然没有统一的教材，但我自创的课程体系，领导很支持，也很受学生欢迎。这门课我讲了20多年，也研究了20多年，1996年离开北青院后，我也一直未改初衷，还专门读取了北大马克思主义理论和思想政治教育专业的硕士学位。2005年，此课由教育部更名为《思想道德修养与法律基础》，并开始使用统编教材。经过20多年的积累，我将音乐课教学中的情感激发、化学教育中习得的科学思维模式、学校教育专业的现代教育思想、心理健康教育中的对个体的信任和尊重、思想政治教育的基本原理、党和国家的大政方针以及多年做学生工作的经验结合起来，将此课打造成了北京高校的市级精品课，我自己也被评为北京高校第四届教学名师。当我拿到获奖证书的时候，我在内心深处深深地感激北青院，感谢北青院给了我登上高校讲台，开拓创新的勇气、条件和机会，帮我完成了由教师职业向教师事业和志业的转变，为我提供了以教师为志业，研究和服务教育、服务学生、施展才华和心智的舞台。

《大学生心理健康》课也是一门具有挑战性的课程。在从事教学和研究大学生思想政治教育的过程中，我发现，随着时代的发展，传统的我讲你听的思想政治教育模式受到了挑战，迫切需要进行改革和创新。北师大教育和心理专业的学习，使我认知了一种舶来品——《心理健康教育》，这种基于对个体的尊重和信任建立起来的一系列理论、知识和技术方法体系，可以成为思想政治教育的重要补充。在北青院鼓励教师开拓创新的大背景下，我很顺利地获准为大学生开设此课，成为北京高校中最早开始对大学生开展心理健康教育的教师之一，这一课程我也是边学习、边教学、边研究，此课我也是为学生开了 20 多年，研究了 20 多年。我自己也在 2009 年被评为北京高校心理素质教育先进个人。

《公共关系学》课，是青教系开设新专业时新设的一门专业课程。当时，青教系这门课没有请到专职师资，我那个学期恰好没有课，青教系负责教学的领导几次找我，希望我帮忙，我竟然就大胆地接受了。这门课我只开设了一个学期，因为我感觉还是要集中精力做德育领域的教学和研究，就没有继续开下去。但只此一次，也可以看出，学校在教师尤其是青年教师开新课的政策上是鼓励和支持的，尽力为教师特别是青年教师提供学习、研究和尝试创新的条件和舞台。

二、宽厚温暖的人文关怀

在北青院工作的 9 年，我还深深地感受到了北青院宽厚温暖的人文关怀。院系领导蒋效愚、周之良、徐天民、朱天麟、王殿卿、马宪平、常林瑞、王新宏、葛铁林、谢维和等同志宽厚、豁达、真诚的待人之道，尊重、信任、体恤同辈和下属，热心关爱学生的人文情怀，深深地影响着北青院的干部和教师队伍，也深深地影响着北青院的校风、教风和学风。举三个小例子吧，见微知著。

第一例：很不幸，刚到北青院不久，由于既要工作，又要学习，还要照顾生病的2岁女儿，我病倒了。学校领导蒋效愚亲自带着一队人马到我家中看望，我很是感动，至今难以忘怀。

第二例：在青院工作的9年，是我初上讲台的9年，也是我年轻气盛的9年，我感觉我这个人优点很突出，爱教育、爱学生、爱学习、爱钻研、爱工作，敢想敢说敢干。缺点也很突出，看问题有时候片面，说话有时过于直率，处理问题急躁、简单，有时还不讲情面、顶撞领导……但院系领导并没有因为我的缺点给我设置任何阻碍，而是给予了我极大的宽容和谅解，只要我提出的想法是合理的、可行的，院系领导都会大力支持。我的讲师和副教授职称都是在北青院解决的。也正是在北青院，我成了“北京高校德育研究会”和“北京高校大学生心理咨询研究会”的会员，找到了教学和学术研究的生长点，为我的教师生涯由职业向事业和志业的转变奠定了学术成长的基础。

第三例：每到暑假，北青院都要组织教师和教师家属一道外出旅游。我母亲平时很少有外出旅游的机会，正是得益于北青院特殊的旅游方式，我母亲才有机会跟着我们的旅游团队去过北戴河、南戴河、青岛……我母亲可开心了，总夸北青院好。2011年，83岁的老母亲走了，每每想到我作为女儿能够在母亲有生之年带着母亲去游过高山，看过大海，总是能从心底里感觉到一丝欣慰，也总是从心底里感激北青院宽厚温暖的人文情怀。

三、强青年讲政治的办学特色

北青院是一所1986年才起步的新办高校，在高校林立的北京，应该是高校中的小弟弟。何以自足？必须有自己的特色。这一点，我感觉学校领导的头脑非常清醒，大会小会上反复强调，使得学校领导和老师们上下同心同力。从请邓小平同志亲自题写的“北京青年政治学院”的校名也可以看出，学校办学的顶层设计，定位于讲政治和强青年。

我清楚地记得，学校将青年思想政治教育系作为特色专业重点系精心打造，在人力、财力、教学、科研课题的设计和投入等方面重点支持。我也清楚地记得，青教系的第一任系主任，破格晋升副教授职称，41 岁英年早逝的葛铁林，曾经发表过多篇高质量高水平青年思想政治教育研究方面的论文。我还记得，青教系从北大、北师大、中科院研究生院等国内一流高校、研究单位，引进了好几位在青年教育和伦理学界很有影响的学术学科带头人、专家、学者、教授：甘葆露、李桂芝、谢维和、张国钧、刘绮菲、唐文军、李素菊、龙迪……聚集了一批高水平的青年教育教学研究方面的师资力量，这种讲政治、强青年的办学特色，也为我专心致志地从事高校德育的教学和研究提供了很好的氛围和条件，使我的教学和研究可以得到更多高水平领导、前辈、专家和同行的指导和帮助。

1996 年，为了孩子上学便利，我离开了北青院，但北青院给予我的高校德育教学和研究方面的历练，使我在新的工作岗位上有了更高的起点。2017 年 9 月 17 日，我应邀参加了北青院 87 级学生庆祝入学 30 周年的聚会。30 多年了，看到学生们发展和生活得很好，我很高兴，也很骄傲。我为北青院的建设和发展出过力，尽过心，得到了学生们的尊重和认可，我很欣慰。

祝今天的北青院能够为北京市培养出更多更好更时尚更符合时代发展要求的高素质人才，能够有更新更多更好更为广阔的发展空间，产出更多更好更高水平的教学科研成果，为北京市政治、经济、文化、社会和生态文明建设提供更多更好的服务。

2019 年 4 月

吕秋芳，时任北京青年政治学院德育教师。

艰难困苦　玉汝于成

——创建初期学院基建工作回眸

吕瑞书　马　平　陈　兴　杨建军

基建处和新校址建设基地工作人员留影

吕瑞书（时任北京青年政治学院基建处干部）：

我是1985年7月来团校基建办公室工作的，当时负责基建工作的金福顺同志介绍了基建工作的情况。征地拆迁已基本完成，“三通一平”也基本完成。

第二天我到现场上班，按金福顺介绍的方位延将台路骑车过来，走到现在丽都饭店路口，我就不知怎么走了。因当时学院门前的花家地街还没有路，我推车过了京顺路往北看一片荒地，沿一条土路过一条明沟上的小桥，遇到当时在办公室值班的刘成水（刘大爷），这处房子是征地拆迁时留下的一处农民房。9间北房、2间西房、1间车房，共12间，位置在教学楼南。因房屋年久失修，大家动手维修，砌了门垛，安了门。9月份因调整，靳志伟负责基建，他用红油漆在门垛上写上了北京市团校基建办公室。因为是新建单位，好多事都需要协调沟通，记得冬天到了，需要取暖，要购置炉子、烟囱。当时买煤都很困难，我们找到煤炭公司，好像在青年路附近，和他们讲明情况，得到了他们的支持批准，让我们可在酒仙桥煤厂购煤球。刘大爷一直在夜间值班，到了晚上还要封火，但不管怎么说，我们有了自己的窝。

在当时压缩基建投资的大环境下，团市委的项目都被列为停缓建项目，团校被列为缓建。1986年在我印象中，经与市计委争取只拨了几十万元的维护费。按当时施工要求，施工单位进场前要达到“三通一平”，即水电路通、场地平。当时经基建同志努力，施工用电和水已完成，但所征地学院前面路还没修好，进场需走南面小路，而且我们所征地较低，按设计要求需要大量土方。在靳志伟带领下联系了许多施工单位运送土方的车辆，对我们需要的道路及低洼处进行填埋。记得有一次晚上9点多，和靳志伟去顺义联系土方事宜，因为土方车有时是夜间才能来，基建处的同志就轮流值班，指挥车辆卸土。有一次因为天黑，土车翻斗碰到了高压线，可把我和刘大爷吓坏了，也许是因为只碰了一条线，可能也是因轮胎是橡胶的，没发生事故。从那以后每来一辆车我们都盯着指挥，避开电线。

建院初期，这里还是一片荒地，什么市政配套设施都没有。当时，由最早来这里的社科院研究生院带头成立了市政工程集资小组，共建市政工程，主要就是建学院门前花家地的道路、雨水、污水、热力、燃气等主干线。当时有中国社会科学院研究生院、北京青年政治学院、中国针灸骨伤学院、北京经济干部管理学院、技术交流培训中心、中国法制报社、北京财贸干校等多家单位。这种方式在当时得到了有关领导的认同，尤其是得到规划部门的支持。虽然是在缓建期间，这些工作的开展，也为以后学院建设打下了基础。

1986年的下半年，基建人员有了调整。靳志伟调学院负责总务处工作，由孙继普接替负责基建工作。当时，因处在缓建阶段，基建处一是做一些基础工作，另一方面也是最重要的，就是争取把缓建改为开工项目。在当时压缩基建投资的大环境下，我们还要在团校的基础上扩大面积、增加投资、由缓建升级为开工，可想而知难度有多大。当初仅学院的设计方案就修改过多次，孙继普同志带我分别奔波于各部门协调，有时为了找到具体负责同志，晚上到家中拜访，早上上班前在单位门口堵等，想尽一切办法。大家只有一个信念，办法总比困难多。那时的工作确实比较忙，在开联席会时，到会十多个部门都要率先联系，沟通要事先求得认可。工作量确实很大，虽然身在学校，但根本没有周日和寒暑假的概念。记得1987年7月暑期，我和马平去上海电梯厂办理电梯退货事宜，因学院规划设计方案调整，最早设计的2部十站电梯需退货，当时市场订到电梯已不易，而且我们的电梯已在厂家基本制作完成，按合同规定，至少要向厂家赔偿50%货款。我们多次与厂家沟通，讲我们当时遇到的困难，我和马平在上海住了近10天，把具体负责同志请出来谈。我俩住的旅店没有空调，每天靠风扇吹风解暑，晚上醒来身上都是汗。也许是被我们锲而不舍的坚持感动了，厂家最后只象征性地收取了3万元补偿金，以前交付厂家的18万预付款中的15万元也退还给了我们学院。在项目缓建期间，为解决借地办学的困难，在很短的时间内和缺少资金的情况下，建成了培训基地，使团校的培训工作开展得红红火火。在上级领导的关怀和各相关部门的支持下，终于迎来了从缓建升级为开工项目。

在缓建的期间，基建处的这些年轻人，当时年纪最大的孙继普也就40岁出头，在靳志伟、孙继普的带领下，不但没有松劲，反而更加努力，做了大量细致而具体的工作，这些工作的落实，为日后青年政治学院的开工建设奠定了基础。

看到今天青年政治学院的教学楼、学生公寓、运动场和美丽的校园，我真心希望青年政治学院越办越好，为我们国家培养出更多的新型人才。

马平（时任北京青年政治学院基建处干部）：

我是1985年到学校来的。恢复团校建设是在1984年北京市规划局批给的一块地，朝阳区东直门外西八间房大队西西生产小队的一块地。1985年从东直门过来得坐公交东9路，那时还没有机场高速，就这一条马路，坐到西八间房大队。

当时团校在党校借地办学，基建筹备处已有几位同志，团校我是后来的，王新宏、李红捷、丁庆标、蒋玉芳都是老人。他们都不是搞土建的，但是为了筹建团校，他们被临时从管理口、行政教学口抽出来，做这些准备工作。后来基建处又来了吕瑞书、杨建军、陈兴、胡小芳等，恢复团校的筹建工作逐步迈入正轨。

最早1985年团校基建的临时办公用房，是西八间房的一个小院，当时要拆迁没拆给留下了。那个时候的补偿没多少钱，给农民兄弟李文才拆迁费300元、李文友768元，就把房子拿下来了。

当时的第一个工作是征地，登记地上物、补偿，把现有的住户搬迁到生产队集中的一个地方，队里统一建房。农转非手续完了以后还有83个人集体安置到朝阳区做环卫工人。

1984年252号北京市人民政府批复："你校为建设校舍用地的申请报告收悉。经研究，同意你校征用朝阳区将台公社西八间房大队西西生产小队菜田52亩，包括市政代征地18.4亩。为解决社员的生产生活问题，同意将该队184人转为城市居民，其中83名劳动力由朝阳区环卫局代为安置。"

孙继普处长1986年6月左右来的，来了以后一个是熟悉熟悉情况；一个是找领导、找团市委、找相关部门把建设资金落实。当时我记得老蒋还在大学部，后是团市委副书记兼团校校长。他是1984年正式到校的。他这人没架子，官挺大，什么事都亲自跑。但当时正赶上国家压缩基本建设，团市委3个项目——团校、青年宫和青年饭店，青年饭店下马了，青年宫和团校缓建。

在这样困难的条件下我们还是用3个多月时间盖起了团校第一个5层小红楼，建成后1987年初就做了团干部培训楼。

记得1987年初，蒋书记带着我们一个是落实资金，另一个是要把学校整体建设方案跟团市委、市规委和计委等相关部门确定下来。

1987年我们学校正式开始建设的建筑有：主教学楼，现在1号楼；2号楼，也就是礼堂；3号楼就是我们的学生公寓，现在的6号楼。还有就是我们的食堂、浴室，还有1个小锅炉房。主楼1号楼是1987开工，1989年年底才竣工的，礼堂是1990年年底竣工。

1991年9月5日在这里开学，北京青年政治学院就正式就搬到这里办学。回想起这个工作过程有几件事让我刻骨铭心。

有一天规划局王书明让我们第二天就到规划局去审批项目。他认为我们根本做不出来，蒋书记说："这个你甭管，先把你这关给我批复了，剩下的事情我来考虑。"当即蒋书记就带着我去找我们的设计负责人——毛工程师，要求他加班把相关设计补充资料搞出来，由我在那儿盯着。弄出来之后，已经是深夜了，但蒋书记当时什么也不想就开车带我去找王书明。到了他家之后，王书明很是惊讶地说："怎么还找到家里来了？"我就把蒋书记介绍他，他说："蒋书记您有什么事情？"蒋书记说："今天你务必要给我一个行还是不行的准信。行的话就没事，不行您就告诉我们怎么办。"王书明说："今天这么晚了，我的孩子没人看，我也出不去，怎么帮你找人？"于是我就提出来帮他带孩子，让他放心，然后他跟我们书记出去办事。就这样因为信任和互相配合，这件事情当天晚上就定了下来。

这个过程中还有很多值得回忆的事情。1987年我们是新建院校，需要通信，就和电话局那边的主管和技术员谈判申请80部电话。但因为新建单位多，只批到了47部。接下来安装也遇到难题，问他们什么时候能够安装，他们也不给确切时间。但是我们非常急用，于是孙处长就想尽办法来完成，大概花了半年时间安装上了。

陈兴（时任北京政治青年学院基建处干部）：

1985年一个十分偶然的机会，碰到了当时在北京市团校工作的史子健老师说起想调动工作的事情，简单聊了以后他让我先到团校的新校址实地去看看。我来到当时叫朝阳区西八间房的一所破旧的农民小院（团校临时指挥部），在办公室里一位叫金福顺的老师接待的我，问我是做什么工作的，我说在市粮食局做水暖工作已经有四五年的时间了，他听后很高兴，说："咱们是建设新校搞基建，工程、土建、水、电、暖气都要懂技术的人，不过你要想好咱们刚刚开始筹建，条件不好苦得很，现在的工作刚完成征地拆迁，大量的具体工作还在准备中，接下来的工作是非常辛苦的。"我说："咱就是干活的，插队、煤矿都干过，苦点累点不算什么。"就这样一星期后我到当时团校所在地市委党校院里报到了。那时基建人员有胡晓芳、吕瑞书、马平、娄荣利等几人。我的具体工作是靳处长和后来调过来的孙继普处长安排的，当时工作主要是"三通一平"，由我和先来的娄荣利一起去办理水电指标等工作，通过和市公用局苏工和市自来水公司的雷工沟通联系，经过一段时间的努力，相关部门批准了我们提出的比较充足的用水用电指标。自来水的外线施工是由北京市自来水工程公司来施工完成的。在施工过程中还出现一个小插曲。管线接口突然爆裂，直径四寸的管线压力是非常大的，一会儿工夫就把地面冲出一个大水坑。这时晚间施工人员早下班了，我知道后马上到自来水施工工程公司把施工人员请回进行抢修。因接口在水下大坑中，水已快流到丽都饭店门前，事情紧急，施工人员冒着寒冷低温脱下衣服，往身上擦点白酒就跳到冰冷的水中把管道节门关上，并很快修复了裂口处。当时的条件就如金福顺领导讲的一样，夏天有蛇从房梁上往下掉，冬天北风能把人吹跑，确实是苦累。

基础工作完成后，学校遇到了为迎接亚运会全市压缩基建工程的情况，团市委几项大的工程——青年饭店被取消、青年宫和团校列入缓建。在缓建的时间里，学校买了10只羊放在基建工地养，我还当了几天羊倌。

为了保证团市委每年对全市团干部的正常培训工作，在团市委和团校的共同努力下，上级批准我们可以自筹资金在先期已确定的校园内先建一座团干部的培训小楼。交给我的任务是确保楼内的供水供暖设施的质量和工程进度。这座楼的面积虽然不大，但它是整个学校建设的第一座建筑，我一定要把我自己全部技术力量发挥出来。为确保工程质量，我和工程技术人员认真研究楼内自来水管线及供暖管线的合理布局，施工过程中仔细检查，力求每道工序都确保工程质量和进度。经半年左右，于1986年底前完成团训楼的施工，1987年初把这座小楼交到团市委和学校培训部新来的领导手中，确保了1987年春节后全市团干部培训班的正式开班。

1987年11月27日市计委给学校下达了基建项目转为正式项目和新校址配套工程建设项目的批复。

1988年1月份确定教学楼、学生宿舍楼开工，4月29日举行了隆重的基建工程奠基典礼，市委市政府和团市委很多领导都参加了这次活动，锅炉房食堂等项目也相继开工。

1990年教学楼、食堂、浴室暖气工程煤气工程相继完工。新校址已初步具备了开学使用条件。

1991年暑假期间学校开始从市委党校正式东迁至新校址工作。9月5日，北京青年政治学院在新校址开学，至此学校基本完成创建阶段最重要的工作任务。

杨建军（时任北京青年政治学院基建处干部）：

我是1986年7月调到北京青年政治学院（团校）基建处工作的。新校址的征地、拆迁、“三通一平”等前期工作已全部完成。基建处原有老同志在极端艰苦的条件下，做了大量艰辛、卓有成效的工作，为开工建设工作打下了很好的基础。有部分同志因工作需要或其他原因有的转岗了，有的调离了学院。

我来了以后基建处的主要工作任务：一是尽快解决团校培训工作过渡性用房问题；二是学院新校舍开工建设工作。当时基建处一班人大多数正值青春盛年、风华正茂，正是不知苦不识累的年龄，大家都很率真、坦诚，心无旁骛、说干就干、说走就走，一切都是那么正常自然。当时的社会风气也很好，虽然已有所谓的“倒爷”，但真正的骗子少之又少。大多数人为别人帮忙出力，没有提钱的，都是义务。特别是一提到支持共青团工作，不论是单位还是个人都有一种义不容辞、责无旁贷的感觉，都能伸出援手真心相助，用现在的话说，充满正能量。

我当时主要负责建筑材料工作。那时国家还不是很富裕，建材生产能力远不能满足市场需求，从“三材”（钢材、木材、水泥）到水暖器材、成套设备都是紧俏物资。建材市场还没有全面放开，处在一种半开放状态，国家计划投资的工程项目实行所谓的“双轨制”，也就是根据投资计划，由物资管理部门核发一定数额的“三材”指标，即“平价材”。核定量极为有限，仅占总需用量的三分之一不到。不足的部分由市场调节采购，就是所谓的“议价材”。“平价材”和“议价材”的价格相差三到四倍不等，个别规格品种价差更大。按批复我们的投资概算，就那么一点点“指标”，远远不能满足工程的实际需要。如果大量使用市场上的“议价”材料把学院建起来，花销大的很难想象。社会上各建设单位的通常做法多是“托关系”“找门路”，各显神通“跑材料”。那时的建材领域“信息”满天飞，这里有螺纹钢、那里有盘条还有不要指标的水泥等等，好像人人都在做建材生意，好像物资多得很。几圈冤枉路跑下来，才知道多数是“荒信儿”，说一说而已。即便是看到了实物，也是些“地条钢”“三无产品”“小窑水泥”，根本不能用，好在没有受骗上当。

但是我们也确实遇到了许多好心人和热心人，如今想起依然心存感激。最早是北京市城市建设开发总公司无偿划拨给我们50吨钢材指标、50立方米木材指标、100吨水泥指标，他们的帮助对于顺利完成培训小红楼的建设起到了不可或缺的作用。培训楼建成后，为了能够尽快开展全市团干部培训工作，急需解决与之配套的取暖、洗浴、饮用水问题的锅炉房和用于上大课可容纳200人的大教室。当锅炉将要安装时，发现有部分配件市场上采购不到，无奈之下跑到东城区建筑工程公司上门求助。当时材料科的同志看过材料清单后说："别那几种了，反正量也不算太大，我们全部配齐后，明天给你们送过去，就算我们支持共青团工作了……"第二天所有零配件一次送到现场，没有收一分钱。不久容纳200人的大教室结构工程完工，为增加室内采光，教室两侧均采用大型钢窗。由于钢窗尺寸太大，必须选用正规厂家的产品。到北京钢窗厂一咨询，加工生产不论多少都要钢材指标（缓建阶段无指标），二是订货周期最少3个月，我们一听这样非误事不可。于是又找到东城区建筑工程公司寻求解决办法。主管门窗外加工的同志说："我们有一批钢窗正在生产中，有些规格型号与你们需要的尺寸差不多，你们把维护墙略作调整，给你们先用，我们再补。"当时心情非常感动。很快容纳200人的大教室就交付使用。

那时我们与河北省团校（河北省青年干部管理学院）联系比较多，他们建院比较早，已建成使用。在向我们传授大量建设经验的同时，在材料采购上也给了我们大力支持。河北团校领导经多方联络，又派出专人从石家庄到北京陪着我，先到唐山钢铁公司又到邯郸钢铁公司奔波数日，购进了最大一批钢筋现材，价格远低于市场价格，校际的兄弟情谊可见一斑。

我们先后还去过北京矿务局水泥厂，说明来意后厂长当即表示大力相助、绝无二话，中午还盛情款待；北京琉璃河水泥厂主管设备的副厂长听到我们的困难后，将其手中仅有的用于对外协作的100吨水泥指标无偿拨给我们；北京景山建筑公司在其材料指标也非常紧张的情况下，千方百计挤出50吨冀东水泥厂水泥指标让给我们；平谷县木材公司一次解决低价木材几百立方米，基本填补了木材用量的缺口。诸如此类的事情很多，好人也很多。

由于时间久远，有的淡忘了、有的记忆模糊了，但有一件事至今记忆犹新。当时山西省某地有一新建成投产的国有大一类化工企业，与之配套主要用于消纳化工生产废渣的水泥生产厂，此前做过一些了解，其主要生产低标号水泥。学院建设工程结构部分基本完成后，多数转入维护工程和墙面、地面、抹灰等施工，水泥用量比较大。其产品用在结构工程上略显不足，而用于维护工程、墙面、地面等施工没有问题。当时给我们帮忙的是一位60多岁的老伯，是抗战初期参加革命的老干部，做过地市级的“一把手”。记得我是晚上从北京站出发的，第二天上午到太原，出站上了一趟厕所，转眼间一不留神随身提包被小偷给偷了，当时头皮发紧一下子蒙了。钱、身份证、介绍信等，还有给老伯带的两瓶“燕翎春”全没了。有事找警察吧，到站前派出所，包没找回来还审了我一个多小时。出来后心情那个郁闷、那个别扭，就别提了，真想打道回府不去了。可是想了想这边联系好了，人家在等着，学院的工程还等着用水泥，回去也丢人呀。好在身上还一些零钱，够坐长途车的路费。在汽车上一路越想越懊恼，真是有点点背，想睡一会儿又睡不着，肚子还直叫唤，直到天色将黑才到目的地。下了车天气有点凉，一天水米没打牙，两腿发麻身上发冷，旅馆、招待所去不了（没有介绍信和身份证），就直接摸到老伯家去了。一家人看到我两手空空、灰头土脸、两眼发直、声音嘶哑一副狼狈样子有点吃惊，进到屋里看见桌子上冒着热气的饭菜，我才缓过神来。听了我的述说，老伯哈哈一笑说“先吃饭，明天的事我都安排好了”。那是吃得最香、最快、最饱的一顿饭。告别出来，老伯给我拿上回京的路费，让家人把我送到招待所。次日一早老伯派专人专车把我送到厂里，厂销售科的同志早已准备妥当，生产许可证、质量证明、批次检测报告、合同、付款账号等相关资料一应俱全，连铁路运输车皮都落实好了。很快办好一切手续，当天下午我就踏上返京的归途。一路上心情愉悦，想着老伯，想着厂里的那些同志，都是好人。将近30年过去了，老人的那种热情、友善、豁达、爽直、周密、严谨的智者风范，一直深深印在我的脑海里。算来老人已过耄耋之年，在此祝老人和所有好人长寿安康，并致以我真诚的谢意！

时间到了1991年初，工程建设进入关键的冲刺阶段，施工重点进入内外装修、设备安装、室外配套等项目。院内绿化、道路、围墙、室外运动场、供电管线、路灯、供热供水管道、图书馆设备安装、多功能教室（礼堂）内外装修、舞台灯光音响设备安装、大门口影壁、教学楼主入口及大厅的装饰等等，几乎同时施工，涉及多工种、多专业、多支队伍交叉作业。基建处全体同志鼓足干劲、明确分工、各守一方、相互配合、主动协调、随时通气，大家每天都死死地盯在工地上，基本是有人施工我们就有人在现场。保证工程质量、进度、安全在最后阶段不出问题。

大门口的影壁、主入口的台阶、门头、大厅地面和4根直径80厘米圆柱子的石材装饰就成为重点，可以说是学院门脸的门脸。学院领导非常重视，较早以前就与我们议过多次，还进行过实地考察，比如“一二·九运动”纪念亭和昆仑饭店等，对材质、颜色、工艺、规格、造价等进行了很多次的比较研究，形成一致共识。

刻有邓小平同志题写校名的影壁宽10米、高2.5米，选用产自济南市华山镇黑色花岗岩“镇南青”，要求必须由一块大型“荒料”切成5厘米厚石板，不能有色差、不能有石线、表面磨光。单块尺寸满足一字一块，不能在“字”上拼接，字的镌刻要凹凸有致，真实表现原作的笔法和间架。

教学楼主入口的台阶踏步要求由纯整块石材加工砌筑，不能用板材粘贴，否则质感差、易碎裂、易松动、不延年。

门头蘑菇石一要选用真石材，不能搞水泥脱模；二要选用纯自然开面，表面不能有人为加工痕迹。最初考虑过北京昌平白虎涧的花岗岩，但由于其含铁量太高，着雨水后会产生铁锈污染。后决定选用产自山东莱州柞村一带称“芝麻黑”的花岗岩，亚运会场馆多数使用这种石材。

教学楼一层大厅的圆柱子颇费周折，当时国内已有大型石材企业利用进口设备，加工三拼或四拼的圆形石材，不过一般只能加工大理石，要加工花岗岩还比较困难。大理石一般质感比较差，没有厚重感，可选用的颜色也比较少；再一个问题是价格高，最低要1000多元每平方米，无法接受。根据学院特色，决定选用产自沂蒙山老区的红色花岗岩“将军红”，用窄条围成圆形，按外径周长均分22块、每块宽11.4厘米、高60厘米，两块板对接处形成约145度大钝角，在每块石板纵向一侧开宽深均为1厘米的凹槽，使钝角产生过渡，视觉上似乎更“圆”更“高”。由济南华山镇石材厂制作，每平方米不足300元。

1991年春节过后，加工制作厂家通知，石材加工已基本完成，不久将发往北京，希望能来人确认一下。我们也认为应该在发货之前看一下实物，心里更有底。这样我和基建处的一位同事晚上从北京乘火车出发，次日早上7点多到济南。华山镇就在济南市历城区，很快就到了。在厂里一块空地上影壁石板已按安装顺序排好，正在“字”上描金。乌黑的花岗岩石板，色泽光亮，没有丝毫色差。“北京青年政治学院”几个大字在晨曦中泛着金光，煞是壮观；4根圆柱子石料基本完工，只有少部分凹槽部位正在手工磨光。随手选出一组22块拼装演示，基本达到预期效果。暗红色的石材表面色泽、光度一致，加工尺寸规整统一。我们只是要求厂家运输时多加小心，不能损坏，打出一定余量免得到安装现场被动。临近中午我和同事坐上开往潍坊的火车（莱州不通火车），下午5点到达潍坊火车站，下了火车一溜小跑坐上开往莱州的小巴，到达莱州时天已大黑。路上没有几盏路灯，带着咸味的海风呼呼作响，马路被吹得干干净净，没走多远浑身上下就透心凉，上下牙直打架。找到了一家旅馆，门前两边的柱子上分别写着“民以食为天”和“君以住为先”，有点意思，就住这里吧。路边摊吃了点东西，上床时已过11点。一天一夜赶是赶了点，心情不错就是有点冷。感觉刚刚睡着，就听到有人敲门，一看表还不到6点。开门进来的是柞村石材厂跑业务的老孙，操着山东味的大嗓门儿喊道“你们让俺好找啊！俺12点就搭个村里的车来了，一家一家旅馆、招待所问有没有北京来的，想跟你们一块儿睡一觉，天亮去厂子”。我问到柞村有多远，“不远，不远，20多里地吧”。我与同事商量了一下，决定直接去厂里，早去早回。我问老孙这么早有车去柞村吗？他一个劲地说“有，有”，收拾东西退房，到路边有一辆正在发动着的“三马子”农用车，带着大窟窿小眼的帆布篷。老孙拉住我和同事说就是这车，我们四目相视均是一脸的无奈，不知说什么好。不管怎么说有篷子，风是小多了，可是这黎明中的寒冷更冷。我俩是双腿夹包，缩着脖子，两手抱肩，半蹲半坐，上上下下，一路颠簸。天光大亮到了村里，我们被直接拉到老孙家。屋里炉子上蹲着一个硕大的铜壶，冒着热气，满屋弥漫着特有的酒香。老孙热情地说："先吃饭，这是我们当地特产，用小米做的酒。"我那同事滴酒不沾，那酒黑乎乎有点黏稠，我不管这些了，连喝两碗，顿时浑身热了起来。每人一大海碗自家做的海蛎子陷儿的馄饨，外加一个"杠头"，都吃得头上冒出汗珠。放下筷子直接奔厂里。所谓的厂子其实就是生产队时期的场院，几十口子青壮劳力大锤小锤叮叮当当加工着斧剁石和蘑菇石，完全靠手工制作。场地边上码放着有"中国五矿"字样的大个包装木箱。我正在环顾四周，同事低声说"坏了、坏了，我这肚子……"，赶紧找厕所，不到一个小时拉了三四回。我暗自庆幸是那小米老酒救了我。仔细看一看石材，就是当时多数亚运会场馆用的产自当地的"芝麻黑"，加工尺寸还算规整，四边都是上锯锯过的。那老孙赶紧说："我们 90% 的成品都是从青岛港出口日本，你们这些和出口的一样标准。"那时新闻上有过报道，由于中国石材随便开采，劳动力成本低廉，山东离日本又近，日本大量进口中国成品石材砌筑海岸。我一再叮嘱要按时发货，组织好安装工人，老孙一边应诺，一边说吃了中午饭再走。我那同事弯着腰、捂着肚子、脸色泛青，有气无力地说："兄弟，别吃了。再吃，指不定吃成什么样呢。"看一看时间，今天赶回济南来得及。我们原车原路返回莱州，路上停车拉了一次。从莱州坐长途车直达济南，路上我看同事脸色还没有缓过来，就商量说："咱们今晚在济南住一夜，你缓缓劲儿，明天到市里转转，明天晚上咱们再回去。"他有气无力地说："这就得耽误一天，家里还有一大堆事呢。我看了地图，大明湖公园离车站不远，咱们到门口晃一圈，门口照张相就算来过了。"我顿时无语了。下了长途车，我们赶到大明湖公园时天色已经昏暗下来，想拍张照片都难了。在附近转了转，又傻傻地在门口坐了一会儿就赶往火车站。大概是晚上 9 点左右登上回北京的火车。那时车厢里抽烟喝酒都可以，再加上人多满员，非常暖和，也可以说有点热，同事的脸色渐渐好转。早上7点多火车到达北京站，出站乘坐403路公交车，紧跟着坐班车回到青院工地。这就是我们普通的一次大约60小时的行程。

我那位同事好一口“小叶白糖”，进办公室赶忙沏茶，两杯茶下肚后，便拖着一条不太得劲的腿（受过工伤），手里拿着尺子一步步走向施工现场。当时，看着他的背影，我想到了鲁迅先生笔下“车夫”的形象，有点“须仰视才见”的感觉。

转眼30年过去了，每当看到校园中当年栽种的树苗已经长成枝叶茂密、遮阳成荫的大树；几经装饰、扩建、改建，亮丽、清新、时尚，犹存当年风韵的校舍；一届届意气风发步入社会，事业小有成就的同学们；或款款而过，或开着私家车鱼贯而行，事业生活双双收获的中青年教师们；心中总是平添几分感慨、几分欣慰、几分喜悦。但是静下来想一想，我们真的不能忘记当年为学院建设提供过大力支持、无私援助和为学院建设出过力、流过汗（受过累、遭过罪）的那些人、那些事。

2019年10月

北青院筹建和建院初期体育的人和事

刘培庆

北京青年政治学院是一所培养青年干部和工作者的市属高等院校，为首都各行各业培养了大批干部。1986 年正式建校招生，体育教学工作和群众性体育活动也先后展开。

一、体育师资力量及组织机构设置情况

筹建初期，北京青年政治学院共有 3 名体育教师，我是 1985 年 8 月从北京体育大学应届毕业直接入职的，当时暂时安排在北京市团校组织教育办公室（简称“组教”）工作；1986 年 3 月从北京师范大学附中引进一名女教师葛丽丽；1986 年 6 月北京体育大学应届毕业生王华倬入职。建院初期学院就成立音体美教研室，与团委同属于学生处领导。

二、教学大纲和课程设置

体育教学大纲根据学院学生培养目标来制定，根据当时的历史背景和环境及教委颁发的体育教学指导纲要（即体育教学指导方案），参照北京师范学院（即现在的首都师范大学）的体育教学大纲。结合我院青年工作的特点，编写了我院第一版体育教学大纲，主要制定了体育教学目标和任务，学期的教学周数、教学学时、授课内容、考试内容及评分办法，规定了每学期体育理论课程（运动解剖、运动医学还有规则、裁判方面的相关知识）不能少于 4 学时，主要教学内容为：田径课（50 米跑、中长跑、跳高、跳远、铅球）、体操课（单杠、双杠、跳马和垫上技巧等项目）、篮球、

排球和武术（太极拳）。在体育课的教学当中，根据学校重点学科建设的需要（学生毕业后主要从事青年工作的特点），在体育教学大纲中着重加强了体育课程的游戏和组织环节，以及体育比赛规则、编排和组织等方面的内容，使学生能够具备结合自身工作组织一般群众赛事的基本能力。

三、体育课与教学场地

由于我校是新建立的院校，教师多为刚刚毕业的大学生，学校特此从北京师范学院请来了专家、教授对我院 3 名体育老师的任职资质进行了鉴定，并组织试讲。记得在 1986 年的四五月份，由于当时学校还没有招生（没有学生），试讲地点在市委党校东侧的室外篮球场，试讲的对象全部为学院的中层干部，记得有教务处长周伟东、院办主任赵勇、人事处处长史子健、图书馆馆长李红捷、付永吉等。由于他们平时体育锻炼较少，年龄较大，连续试讲 3 节课，教师更换学生不变的情况下，体力消耗较大，有的中层干部还崴了脚和意外摔倒，但是轻伤不下火线，还是精神饱满、积极主动，坚持配合教师完成了试讲工作。这种态度受到了专家的好评，3 名教师获得了专家的认可，顺利通过试讲。

课程设置方面，我们克服了教师少，课程过于单一的问题。教师除了自己本身的专业项目之外，还要教授其他项目的课程，对于自己之前没有从事过的体育项目，利用课余时间加强自身学习，通过校外进修等方式来提高业务水平、丰富教学内容和手段，较好地完成了教学任务。我校建院初期，在教师人数少、场地受限、可开课程内容受限的情况下，开设了包括篮球、排球、武术和体操技巧（垫上、单杠、双杠等）、田径项目（跳高跳远、投掷、短跑和中长跑）等体育课程；在教学内容方面，针对青少系专业特征，特意增加了比赛规则、运动项目竞赛组织、裁判培训等方面的内容，以便于学生走上工作后能够顺利胜任工作岗位要求。

由于借用市委党校办学，体育课场地的使用都要跟市委党校的相关部门提出申请协商解决，以市委党校使用为主、我院为辅，在市委党校不用场地的情况下，我校体育教学、运动训练、群体活动才能开展。即便是这样，由于市委党校有短期培训和临时性的使用运动场地，也给我院体育课及课外运动训练的使用带来了较大的困难。体育教学的排课既要躲开市委党校的上课时间，还要跟我校教务处协商，避开专业课上课时间，为体育的排课、上课带来了较大的困难。

体育课教学，由于我院没有器材保管员，所以任课教师每节课都要提前进行课堂器材准备，例如给篮排球打气，负责把器材带到运动场地上，下课时要收好器材，再放回器材室，这些都给体育老师增添了许多课外的负担。由于那个年代，篮球排球经常亏气，一是每天上课前要进行充气（不像现在都有电动打气筒，那会儿都是人工打气，十几个球打下来胳膊都累软了），后面还要继续上课；二是由于球经常慢撒气，教师想了一个办法就是借用女生使用的猴皮筋，拧成麻绳塞进去，减慢撒气的速度。教师们因地制宜、克服困难，完成体育课的教学工作。例如，田径课当中的跳高课，由于没有场地，且考虑到经费问题，跳高横杆损耗大，所以利用两棵树作为跳高架，猴皮筋代替跳高杆，将猴皮筋勒在两棵树一定的高度，将海绵垫放置在两棵树之间，进行跳高课的教学和训练。跳高课结束后已是中午吃饭的时间了，教师跟学生本来就很疲惫，还要将大型海绵包抬回器材室放置，非常辛苦。由于市委党校学生增加，使原本有限的体育场地资源更加紧张，加上考虑安全等问题，市委党校也不愿意让我们继续使用他们的运动场地，我院体育课基本上属于没有场地可用的状态。鉴于此，从1988年开始，我院的体育教学又转到了离我院两站地远的北京建工学院，经协商建工学院只借场地不借器材，上排球课时，老师提前骑自行车，带着二十几个排球带到学校的运动场，上完课之后还要骑车带回来，周而复始。学生也克服困难，在本院下课后集体排队，持统一开出的进门条，步行走到两站外的建工学院操场上课。

曾记得，有一个学期市委党校运动场地要进行维修，事前也未通知我院相应部门，开学后才得知此事，严重影响了我院体育教学工作的正常开展。

我院体育老师临时决定在 4 号楼的房前屋后开展体育教学活动，按期完成了该学期的教学及考试任务。

四、运动会开展情况

我院召开的第一届田径运动会应该是 1987 年 4 月 26 日，地点是中央民族大学田径场，参加学生是 86 级的学生，运动项目包括径赛：100 米、200 米、400 米、800 米、1500 米、3000 米；田赛：跳高、跳远、三级跳远、铅球、标枪。比赛时间为一天，裁判长和裁判员均为本校的教职员工和学生担任，裁判员要进行分组培训。由于民族学院（现民族大学）只提供场地，比赛所需的体育器材（起跑器、烟屏、接力棒、跳高的架子、横杆、海绵垫子等诸多器材），甚至桌椅板凳都需要从车公庄党校运送到民族学院，运动会结束后再送回，运动会当天 3 名体育教师组织竞赛工作非常辛苦和疲劳，但还要负责器材的运送和回收工作。

参赛运动员的号码是根据比赛规则，要求参赛运动员胸前和背后两块号码布，但是由于经费少，本着少花钱多办事的原则，就从学院各职能部门办公室搜集使用过的黄色牛皮纸信封，将其裁剪成 2 张来代替运动员号码布，然后用毛笔即黑墨在里面（没有字的那一面）编写运动员号码，在办公室晾干后发放到学生手中（写号的那几天办公室桌子上、地上到处是学生的号码纸，那时使用的墨水，闻起来非常刺鼻）。秩序册也是排好后，由打印室打字排版，印刷是由体育老师采用原始的印刷方式，推滚筒一张一张印制、装订完成的。

第一届田径运动会虽然有点简陋、寒酸，但我们很兴奋，那是北青院第一次召开自己的田径运动会呀！

五、运动训练和课外群体活动

1987 年，组建学院首支田径运动队，以竞赛项目为主，主要是参加 100 米、200 米、400 米、800 米和 1500 米比赛。1988 年 5 月首次代表北京青年政治学院参加北京市高校田径运动会。由于不具备训练场地和设施，借用较近的建工学院进行运动训练，有时就在市委党校内的房前屋后可利用的平地上进行训练。记得长距离项目的运动员由王华倬带领，在党校外的马路上进行训练。1987 年 10 月，在市委党校篮球场举办了我院首届男子篮球联赛。

体育教研室配合团委、学生处、学生会体育部利用课余时间组织全院学生召开丰富多彩的校内体育活动，组织了篮球、羽毛球、乒乓球等丰富的体育比赛。由于我校没有器材保管员，3 名体育教师要轮流值班，为师生活动发放体育器材。教研室的教师克服困难，例如女教师葛丽丽产假都没有休完，坚持回到工作岗位；刘培庆鼻骨骨折、颈腰椎老伤复发的情况下依然坚持上课；王华倬克服腰伤等伤病，带病坚持工作等。

与工会配合，因地制宜开展了丰富多彩的体育活动。举办了首届教职工乒乓球比赛（在市委党校 4 号楼二楼东侧的水房摆放一台乒乓球台），教职工在业余时间开展比赛等活动，书记蒋效愚还获得过首届教工乒乓球比赛的冠军；我们还经常与社科联等单位展开乒乓球比赛交流等活动；还与工会共同举办过首届我校教职工围棋、桥牌智力项目比赛，付永吉、丁庆彪、李红捷等均在比赛中获胜。

我校建院初期，学校体育工作在学院党委、院长的领导下，以及各部门领导的关心支持下，克服了诸多困难和挑战。全校一盘棋，各部门分工协作，当一个部门在工作中遇到具体困难的时候，其他部门主动了解困难、提供帮助，相互支持、相互补台，确保了我校体育课教学、运动队训练、运动会和课余体育活动的顺利进行，为我校今后体育工作的发展打下了坚实的基础。

2018 年 11 月 16 日

刘培庆，时任北京青年政治学院体育教师。

青院的芳华

蒋今锦

2019 年 4 月中旬的一天，刚刚退休的我，坐在家中庭院品茗赏春。一阵铃声将我从惬意中唤醒，电话那端传来遥远又略感熟悉的声音："今锦您好！我是马宪平（曾任北京青年政治学院党委副书记），我们正在组织编写一本书《北京青年政治学院创建记（1984—1991）》。您是青院创建初期就来青院工作的老同志了，希望您能为这本书写一篇文章，回忆那时候工作的点点滴滴，特别是建院之初开设舞蹈课、参加文艺会演的情况。拜托了！"我虽然有些忐忑，但还是欣然接受了老领导交给的任务。

放下老领导的电话，思绪又把我拉回到那如歌的激情岁月。

我 13 岁考入甘肃省艺术学校，后成为甘肃省歌舞团（现甘肃省歌舞剧院）一名专业舞蹈演员。20 世纪 80 年代初，中国迎来改革开放后的第一次文艺创作高潮。由甘肃省歌舞团创作的舞剧《丝路花雨》一马当先，吹响了新时代"文艺复兴"的号角。随之，文学艺术领域不断涌现出众多优秀的艺术作品，给我们留下了许多美好而难忘的回忆。封闭数年的中国也向世界敞开了大门。文化部组织选派中国艺术家代表团数次出访欧、美、亚各国进行文化艺术交流活动。我非常荣幸地入选其中，成为中国艺术家代表团的一员担任出访演出任务，传播中华民族古老而璀璨的文化艺术。世界各地的大剧院，如米兰斯卡拉大剧院、莫斯科大剧院、巴黎大剧院等等世界著名的艺术殿堂均留下了我们中国艺术家的足迹。能进入这些艺术殿堂演出对艺术家而言，既是一种荣耀亦是其艺术水平的见证。那时我参演的剧目《丝路花雨》《金山战鼓》均享誉世界，且获得文化部颁发的 20

世纪金典剧目和创作表演一等奖。80 年代初是我职业舞蹈艺术生涯的巅峰时期。

1987 年，我毕业于中央民族大学音乐舞蹈系（现艺术学院），是我国自改革开放以来首届舞蹈表演专业的大学生。后又考入北京大学艺术学院，亦是我国自改革开放以来首届 MBA 舞蹈学艺术硕士。能考入这两个“首届”实属不易，至今当年考场的情景仍历历在目，我周围的考生中不乏现今仍活跃在影、视、剧舞台上的老艺术家们。

我是幸运的！在我的职业舞蹈艺术生涯中遇到了好时代、好剧目、好老师……如果没有与北青院的机缘，也许我会在专业舞蹈表演的道路上继续走下去。是北青院改变了我的职业轨迹，也使我的人生发生了巨大的变化。

我们大学毕业汇报演出是在中央民族大学礼堂举行的。演出吸引了全国各地艺术团体的专家和领导前来观看，台下观众座无虚席。一场演出远远满足不了观众需求，民大又安排在中央民族歌舞团剧场加演了几场。各参观单位的领导们都希望能给自己单位争取到好演员。由于改革开放之初各艺术团体人才匮乏，我们首届舞蹈表演专业的大学毕业生可谓炙手可热。每个同学均同时收到几家艺术团体或艺术院校伸出的橄榄枝。

在众多选择中我选定了北京的一家艺术团体，团里热切盼望我尽早报到并且早早为我准备好了演员宿舍。那也是我熟悉的单位，曾随中国艺术家代表团出访演出时我在那里学习工作过，有我熟悉的领导和同事。

临近离校了，我心中却有一丝淡淡的惆怅。我从小就对教师的职业有一种向往，多年的舞台生涯使我更希望我的人生有一种改变与挑战。更希望我能有机会做普及舞蹈美育教育工作，传承舞蹈艺术之美，让更多的人了解并获得舞蹈艺术熏陶。然而，当年除了专业艺术团体和艺术院校之外，我似乎没有更多的选择途径。

带着这种心情我迈进了民大学生处，准备办理毕业派遣手续。几个老师一边忙着自己的工作一边闲谈着。无意中听到一个老师说：“北京青年政治学院跟咱们交涉两年了，希望今年能给他们分配过去一名舞蹈表演专业毕业生，可咱们学生这么抢手，有谁愿意去这所学校呀？！”说者无意，听者有心，我忽然对北京青年政治学院产生了强烈的好奇心，不禁随口问了一句：“老师，我头一回听说这所学校，它是一所什么大学？在什么地方？……”

7月的北京，骄阳似火，我骑着自行车一路打听来到北青院。当年的北京青年政治学院坐落于北京车公庄大街6号，说它是学校真有些名不符实，它只是借北京市委党校其中的一座教学楼二层办学，几间教室、几间办公室、几间学生宿舍，条件之简陋可想而知。北青院人事处接待我的是一名个子高挑热情洋溢的卢娅林老师。现在我已回想不起来当时与卢老师谈话的具体内容，但仍能清晰地记得她那张真诚的笑脸和热切期待的眼神。我离开人事处时对她承诺：“好的，我一定会来青院！”

迈着坚定的脚步，我再次来到民大学生处，将自己决定去北青院的想法告诉负责分配的老师，她不无惋惜地发出一连串的询问：

“你决定了吗？”

“是！”

“不想做演员，想改行当教师？”

“是！”

“可北青院不是艺术院校，只是一所去年才成立的普通高校。”

“我知道。”

“你这样的高才生，今后要去教业余水平的学生？屈才了！”

“没关系，我喜欢！”

“想当教师你可以选择留校任教啊，咱们学校的条件总还可以吧！”

“那里更需要我！”

她郑重而关切地注视着我：

“你真的决定去那儿吗？”

“我决定了，我选择去北青院！”

老师慢慢地从办公桌上拿起派遣证，举着手中的大红章，再一次询问："蒋今锦你确定想好了吗？你不去专业团体太可惜了！"我义无反顾地回答道："老师我真想好了，就去北青院！"只见老师将手中的红章缓缓放到自己嘴前，张开嘴巴对着红章一遍又一遍地哈着热气，每哈一次都用眼角瞟我一眼，仿佛期待着我做出改变，但每次遇到的都是我坚定的眼神，最后她无奈地将其盖到了我的派遣证上。

就这样我结束了自己的职业舞蹈艺术生涯，来到北青院成为一名专职舞蹈艺术教师。这一干便是三十余载，经历并见证着北青院的成长。

开学第一天，在党校的一间教室里召开了北青院全院教职工大会，确切地说更像是一个茶话会。院领导和教职工加在一起大概有 30 人左右，大家围坐成一圈，相互做着自我介绍……在欢声笑语中我看到了一群对未来满怀憧憬、满怀信心、上下同心、一往无前的青院人，那是一群风华正茂、意气风发、有理想、有情怀、有激情的青院人。

20 世纪 80 年代物资是匮乏的，条件是简陋的。没有经验可循，一切都要白手起家，但我们有一股精、气、神，有无穷的干劲和创造力。从领导到教职工大家都把青院当成自己的家，每个人都在自己的岗位上积极地奉献着。

报到后，我被学校分配到当时隶属于学生处的音、体、美教研室。全体成员有处长李红捷（该同志于 2003 年在青院副院长任上不幸因公殉职，也借此机会表达我对他的怀念！），团委书记王晓蒙，以及 2 名行政科员，3 名体育、1 名音乐和 1 名舞蹈教师。

建院之初的办学条件是艰苦的。在一个不足 20 平方米的房间内用书柜隔成音体美教研室的办公室，靠窗的一边摆放了 1 张上下铺，靠门的一边摆放了几张办公桌，白天办公，晚上便是我们家在外地教师的单身宿舍。教学场地更是寒酸了，一直在专业团体院校工作学习了十几年的我，走过世界数座最高艺术殿堂和宽敞明亮的舞蹈教室，看到眼前"舞蹈教室"的条件，让我感到一丝失落和难过。面对 30 余名学生，除要讲授舞蹈理论和舞蹈欣赏课程之外，更重要的是要进行形体训练和舞蹈实践课程。我们只能在教室过道中上课，用桌椅板凳当把杆进行软开度、形体与舞姿训练。看到学生们认真学习的态度以及热切期待的眼神，使我有了坚持下去的勇气和力量，我是多么希望青院能拥有一间正规的舞蹈教室啊！

首都北京高校云集，但是当时在北京市几乎没有几个人知道还有北青院这样一所学校，那一年北青院也只招收了 100 多名学生。所以，把北青院办好，把牌子打响，让社会认识北青院就成了全体师生共同的愿望。

我刚入职不久，任务就来了。当时由北京市政府、北京市文联联合举办了一个参加单位范围广泛的北京市文艺会演。在京的大专院校、企事业单位，其中不乏艺术院校和艺术团体都踊跃参加了会演。不知道什么原因，当学校决定参加这次会演时，离比赛时间只剩十几天了。我接到学院领导指示，要求我创作编排一个舞蹈作品，排练后代表学校参加会演。

“时间紧任务急，只能进不能退。我给你找几名相对算是有点舞蹈基础的学生，再找间教室开始排练。你不仅要负责进行编排创作及排练工作，同时还要和学生一起代表学校参加演出和比赛。此次活动社会影响面很大，我们青院一定要一炮打响！”从红捷处长那坚定的语气和目光中透出一种此事不容回绝，你只能迎难而上的坚定力量。现在想来，这或许就是那时青院人做事的风骨，一种特有的精气神！

领导特批我有舞蹈教室了？我们真的有舞蹈教室了吗？那天我急切地走进“舞蹈教室”，只见学生会主席肖毅正带领几名男生热火朝天地搬着教室中的桌椅板凳，将它们分别叠放在教室四周，腾出大约 20 平方米的水泥空地中站着郑虹、钱卫、崔文捷、陆跃四名面貌清秀的女生，这是红捷处长从青院第一届学生中挑选出来的尖子。他向学生们介绍我并宣布任务之后，还不忘叮嘱肖毅，“每次排练之后都要恢复教室原貌，不能影响其他课程上课使用”。这便是我来青院的第一个“舞蹈教室”。

“你们好！你们以前学习过舞蹈吗？”“在小学时跳过”“没有跳过，但我们喜欢舞蹈……”我的心凉了半截，她们的舞蹈基础基本是一张白纸，而我们面对的是实力强大的参赛团队。况且，人家都经过长时间的排练，可我们只有短短十几天的准备时间，这简直是一个不可能完成的任务啊！

好吧！没时间考虑那么多了，我们一起努力去拼！

我针对学生们实际舞蹈能力和特点，制订了一个初步的创作计划。因材施教，量体裁衣，扬长避短是我选题与编创的策略。

那天，我在教室里冥思苦想，信步来到窗前。仰望窗外朗朗星空，心中渐渐萦绕起理查德·克莱德曼弹奏的钢琴曲《星空的旋律》，清澈的旋律仿佛让天空更加深邃与寂静。对，就选用这首音乐创编一个现代舞，舞蹈的名字也叫《星空的旋律》，寓意青院未来星光灿烂、熠熠生辉。于是，我开始边创作边排练边训练，同时设计舞美、灯光、服装方案。在此期间学院领导、红捷处长和团委晓蒙书记以及学生处的老师们和学生会的同学们纷纷赶到排练场为我们加油鼓劲。在训练比赛过程中一直为我们提供后勤保障，送来水、酸奶和巧克力让我们补充体力，全校上下犹如一个温暖的大家庭。

伴随着汗水和泪水，十几天的时间很快就过去了。比赛当天，学校领导和许多师生都来到现场为我们加油助威。通过台上台下青院师生的共同努力，我们终于出色地完成了任务，作品《星空的旋律》获得此次会演唯一一个创作表演一等奖。不久我们还非常荣幸地受邀参加了在人民大会堂举行的获奖作品展演，北京电视台还进行了实况转播。那天，当"获得一等奖作品是现代舞《星空的旋律》，参赛单位北京青年政治学院"那激昂的声音回响在人民大会堂时，我们作为青院人感到无比自豪！这时听到旁边有人在问："我怎么以前不知道？从没听说过北京青年政治学院？"学生们立刻骄傲并响亮地回答："我们北京青年政治学院是一所新成立的高校！"

那天，北京青年政治学院出名了！全院师生沸腾了！我们整个团队拥抱在一起，流下了幸福的泪水，我们为自己骄傲，为青院骄傲！

如今北青院已走过三十余载艰难而辉煌的历程。逐步壮大的青院，现在已经拥有了自己的校舍、明亮的教室、图书馆以及我期盼许久的舞蹈教室。教学工作硕果累累，可谓桃李满天下。学生们在国内外舞蹈比赛中数次获奖。还出访了美国、新加坡等国，进行高校间的东西方舞蹈文化艺术交流，为青院在国内外赢得了声誉。

难忘青院创建之初我们一起走过的青葱岁月和奋斗历程；难忘那年、那月、那群简单、真实、内心纯净而美好的青院人。那是青院的芳华，也是我们的芳华。我们奉献了也收获了，我们此生无悔。

忽然想起多年前的一件事。有一天红捷处长故作轻描淡写地对我说："一年前也就是那次会演之后，学院曾收到一份解放军艺术学院对你的调令。我们悄悄扣下了那份调令。那时我们没告诉你，因为青院不想你离开。"我听后淡然一笑。

这就是那时的青院人，一个承诺许下了就会信守一生并为之奉献一生的青院人。

用现今的话说，靠谱！局气！

2019 年 7 月

蒋今锦，时任北京青年政治学院舞蹈教师。

有特色的北青院学生工作

李耀珠

忆往昔，岁月如水，生命如歌。

转眼间，北京青年政治学院从建校至今已走过三十二载。她生如夏花，果满枝头，作为青院人，在人生最美好的岁月见证了她的诞生及发展的每个历程，在我们的血脉里已形成一种难以忘怀的浓浓的情结。

1987 年我来到学院青教系，本来 9 月新学期开学才能办手续上班，系主任葛铁林老师说需要暑假前就要提前上班，于是 7 月份就来到了车公庄党校口字楼内青年思想教育工作系——一个团结和谐、充满活力与朝气的团队，并很快由系秘书转做专职学生工作，后任青教系团总支副书记、书记。

那时的院学生工作秉持学院党委“坚持青年和政治特色，坚持教学第一课堂和社会实践第二课堂并举”的宗旨，组织学生利用课余时间开展了大量的生动活泼又有教育意义的社会实践活动。每年的寒暑假或社会重大事件与活动发生时，都是学生们走出校门、体验社会大课堂的专属时间。那些创新性的学生实践活动，在社会上产生了较大影响，不但经常性地出现在各大媒体的报道中，对学生们而言也成为他们成长中受益颇大、体验最深、最难以忘怀的珍贵记忆。

很多年过去，当我院的毕业生们步入中年，回首校园时光，如数家珍的还是那次马驹桥乡冒着严冬跳进猪圈起猪粪，粪渣溅到脸上、嘴里的味道；还有在亚运会做向导员，顶酷暑、暴晒苦练数月和在赛场颁奖，升国旗时吹响的嘹亮号声；还有在京西煤矿厂到矿井下与矿工奋战掌子面刨煤时的满身煤灰；以及走访杨成武等老一辈无产阶级革命家时听到的谆谆教诲。这些往事对人生刚刚起步的莘莘学子塑造正确的人生观、思考人生意义、从一个普通大学生蜕变为立志做一个青年马克思主义者的理想信念，打下了良好的基础。

1991 年暑假，按照学院党委的部署，由院党委副书记马宪平老师带队，院学生处、院团委和系部 20 多名中青年教师和学生 50 人组成赴延安社会实践团，奔赴延安革命老区参观访谈。短短一周，学生们住在老乡家，与农民同吃一锅饭，同睡一个土炕，聊着那些曾经艰苦却如火如荼的岁月。20 世纪 90 年代初，延安经济还不发达，老区人民生活还不富裕。记得到老乡家吃的第一顿饭，是老乡端上一大锅用来招待客人最好的饭——洋芋擦擦，就是把土豆擦成条条，拌上盐和玉米面、白面蒸熟吃。对于习惯于在家有肉有菜的学生们来说，端起饭碗，没有人说咽不下，他们边吃边和房东唠着家常。晚上，学生和老师们以及乡亲们睡在一排硬硬的土炕上，炕铺下房东大娘给铺了厚厚的褥子，城里的娃娃们枕着叠起的衣服，踏实地睡了一觉。清晨，房东大娘早早地起来，把自家院里树上的梨子打下来给学生吃，老师们忙制止:“留着吧，到集市上卖钱补贴家用吧！”大娘却说:“那可不行，娃娃们千里老远来了，俺把梨留在树上不给吃，乡亲们会笑话的，看娃娃们吃高兴了俺才踏实。不光是我家，村里哪家都这样。”果然住在老乡家里，学生们都吃了房东给的果子，说啥也不要果子钱。学生们非常感动，眼里闪着泪，说这是老区的传统，是传承我们亲人般的情感，是把我们当作当年的红军及八路军战士。他们宁可自己苦点，也不慢待了我们，多么淳朴可敬可爱的乡亲们！

在村里组织的老英模报告会上，听着老人们叙述抗战年代，根据地军民齐心抗战、艰苦奋斗和军民情谊，对党和国家的感恩与期望油然而生。学生们说，对老区人民为中国革命作出的巨大贡献深感敬仰，对老区的社会经济真实情况深有感触。通过耳濡目染、身临其境的调查研究后，我们认识了国情，坚定了自己的责任感和理想信念；开阔了眼界，增强了好好学习、毕业后报效国家和报答老区人民的期望的决心和自觉。

还有令我感动的一幕是，此次随行的十几位带队的教师，从副教授到班主任辅导员，始终同学生们一道住窑洞、睡土炕、吃粗粮，在陕西团校那一晚与学生们十几人一起住上下铺，没有人搞特殊化。说艰苦道辛苦，我想，延安精神也感染了教师们的心灵，他们也受到了良好品德与修养的洗礼。

这次暑期延安之行社会实践，也净化了我的内心，至今难忘。

2019 年 4 月

李耀珠，时任北京青年政治学院青教系团总支书记。

再回首

李兰巧

正值纪念改革开放40年之际，举国上下都在再回首。作家张承志在小说《黑骏马》中有这样一段话："我们总是在永远失去之后，才想起去珍惜往日曾挥霍和厌倦的一切，包括故乡，包括友谊，也包括自己的过去。"

青院今年33岁了，是一个重要的转折点。转瞬即逝的年华是青院发展的基石，作为一名与青院一同成长起来的普通教师，我只想和大家说说故事、谈谈感受。

一、创业者之歌

创业意味着从无到有，创业意味着坎坷辛苦；创业需要激情，创业需要智慧，创业更需要奉献。对于青院的创业史，我感受最深的就是敢想敢为，无私奉献。

在高校林立的北京，在团校的基础上建立一所大学，已经是敢想了；而且在已经有了中青院的情况下，再办一所北青院，还要在胡耀邦同志为中青院题写院名之后，请邓小平同志题写院名，不能不说是"胆大包天"。事实证明，只有想不到的，没有做不到的，我们成功了。到现在为止，有时候出去开会，仍然有人会说，你们学校真厉害，居然能请到邓小平题词。听到这些话，心里真是感觉很爽。但我知道这背后的辛苦，这是我们学院党委书记蒋效愚等同志集大家智慧、敢想敢为、勇往直前才得来的。我们真的应该感谢他们！

学校批下来了，可是怎么办大学，大家都没有经验。记得我们当时到处跑，搜集文件制度，各种表格等等。学校最早的教学管理方面的文件制度大多是从北大“拷贝”来的，是从我同学那儿拿来的，所以我们的起点不低。其实不光是我，大家都是这样。到现在我都有这样的习惯，只要有不懂的问题，查一个电话就打给其他学校不相识的同行请教，屡试不爽，从没碰过钉子，反而交了很多朋友。

刚办学时，没有校舍，在市委党校借地办学。后来，听说要有新校舍了，激动不已，问在哪儿？说七八间房，我们一听七八间房怎么办大学呀，后来说是六公坟，再后来就带我们去看。车开着开着，就只见树木，不见人群了。到了以后一看，40 亩荒地 2 条狗，还有 10 只羊。就是在这样一片土地上，一群怀揣着梦想的年轻人，在高校林立的北京创办了一所独具特色的大学。

最早负责征地的是王新宏等几位老师。据王老师讲，当时非常困难，人家要求征地的同时，要接受土地上的农民，经过艰苦的谈判，才用经济补偿的方式解决了这一问题。如果没有他们的坚持，青院可能就变成“农民运动讲习所”了。这里没有贬低农民的意思，毕竟我们要办一所大学。

后来成立了基建处，他们是拓荒者，干的是最艰苦的工作。当时在基建处工作的薛文湃是标准的电线杆，可能是因为瘦怕了，后来薛文湃同志的个人生活经历向我们展示了他对“富态”的追求。

后来学院又调入了一批有工作经验的同志，他们的到来，不仅带来了很多工作和生活的经验，还给了我们很多关爱和帮助。他们手把手地教会了我们怎么讲课、怎么搞科研、怎么带学生，重要的是他们对教育事业的热爱、对学生的爱护，让我们感动，也成了我们效仿的榜样。金胜老师曾经对年轻的班主任说：“如果学生毕业后没人理你了，那你的班主任就算白当了。”现在很多老师都还与毕业多年的学生保持着良好的关系。

虽然创业者当中已有一部分人离开了岗位、离开了青院，甚至离开了我们，但是青院会永远铭记他们所作出的贡献！

二、激情燃烧的岁月

建院时，学校的老师非常年轻，平均年龄只有 27 岁。当时赵卫民、王新宏等都是我们的老大哥，是我们的领路人。我是 1985 年进院的，是学院首批“批发”来的大学生，因为前后几批都只有三四个人，而我们有 12 人。和我同来的有唐平、王燕、晓鹃、培庆等，我们来了以后，不久就被送到房山和密云锻炼。王燕、晓鹃、培庆，我们是“房山帮”的，培庆是我们的保安。在房山我们经常下到各个乡去，帮人家建团支部、讲团课。有时坐拖拉机，有时要走一上午山路，刚开始边走边唱，到后来就步履蹒跚了。我跟王燕是入过“冻房”的，在六渡海拔 1000 多米的山上，房间里滴水成冰，号称“冻房”。但是，我们真的从中学到了很多东西，从当地的团干部身上学到了勤奋、敬业，从村民身上学到了勤劳、朴实，在工作中学会了严谨、认真，在与同事的合作中学会了支持、帮助。回想起那时的生活，充满了快乐。当时，我们的分配方式非常公平，主要是抓阄，抓阄洗碗、抓阄买零食。我想我们谁都不会忘记那段美好的青春记忆，并且会永远珍藏。记得回来后我曾写了一个《房山帮帮萃》，幽默版的，由于缺乏档案意识和存储设备，那张纸被王燕和晓鹃笑破了，可惜失传了。

后来，我们还和首届 86 级学生一起参加了军训，踧军姿、值夜岗、实弹射击、紧急集合等，有录像为证，其中有李青偷拍的紧急集合时贺勇老师狼狈更衣的精彩镜头，不容错过。

正是由于这种历练，使我们多了几分坚韧与执着，也多了几份责任与担当。

三、痛并快乐着

刚建校时，只有 33 人，什么活大家都一起干，不分官兵。抬桌子、搬椅子、为团训班学员套被套，都干过。记得第一次拿奖金是 45 元钱，每月 9 元，一学期共 45 元，跟王奕去北展买了一套深红色的西服。当时生活真的挺艰苦的，我们很多老师都住在小红楼，也就是筒子楼，新建的学生宿舍就是在小红楼的基础上翻建的。学校最早的三位博士：谢维和、浦卫忠、张国钧都住在那里，他们三人的孩子差不多大，只有几岁，经常跟在他们后面，被我命名为“博士后”。我的儿子是在小红楼出生的，是吃百家饭、穿百家衣长大的，经常是从东头吃到西头，从一楼吃到四楼。我非常感谢那段生活经历，赋予了儿子热情、开朗、乐观、乐群的性格。建院 20 周年校庆时，已任清华大学副校长的谢维和与夫人晓莉来院，我们一起去小红楼寻访当年的足迹，已是“物非人非”“去年今日此门中”了，真的是感慨万千。但是，说真的，当时并不觉得苦，反而非常快乐。楼道里总是充满了欢声笑语，经常在公共厨房里谈工作、论时势。那时候，大家心态都很平和，没有背负着那么多东西，没有你争我夺，而是心往一处想，劲往一处使。那时候，物质生活并不丰富，但精神上却是愉悦的。后来我在反思自己，为什么得到一些东西后，反而似乎没有以前那么快乐了。想来，其实不是得到的太少，而是想要的太多，于是就会拿不起、放不下、想不开、舍不得、气不过，这些真的值得好好思考。

四、相亲相爱一家人

在创业的日子里，大家真的犹如相亲相爱的一家人。领导和员工之间、员工和员工之间、教师和学生之间，互相欣赏、互相支持、互相帮助，形成了和谐、合作的“和合”文化。

当时，互相之间都是叫名字，没有官称，感觉非常亲切。领导都非常平易近人，经常跟他们开玩笑，有时还欺负领导。当时教务处一吃饭就先从王新宏老师家开始吃，然后排第二顿、第三顿。过一段时间就忘了，再吃饭又重新排，又去王老师家吃。王老师特别无辜地说：“我记得还没吃别人呢，怎么又轮到我了？”真正体现了人民领导“喂”人民，把我们喂饱了，我们就好好工作去了。领导非常爱护下属，不仅关心你的工作，而且还会关心你的发展、你的生活。我的几位老领导，周伟东、王新宏、浦卫忠等都多次提醒我，一定要多学习，并为我提供了很多学习与提高的机会。没有这些领导的督促与提携，就没有我们今天的发展，真心地感谢他们！

同事之间也是如此。建校时，我们还都是光棍协会的成员，下班后，大家都不回家。那时候好像没有下班的概念。下班后，哪个办公室活没干完，大家就跟着一起干。要么与学生谈话、一起搞活动，要么看书学习。晚上 12 点之后，纷纷出动，开始觅食，经常是一碗方便面四五个人抢，一个苹果分八瓣。有一次，我们泡了一碗方便面后出去了，几分钟后回来，连汤都没了，被丁晓鹃之流扫荡一空。

那个时候大家生活都不富裕，但是不论谁遇到困难，都会伸出援助之手。我搬家的时候就是教务处全体同志帮我搬的，我还嫌李青和肖冰太瘦，现在想起来都感觉温暖。当然我也帮助过别人，经常帮助赵大夫家吃水果、迎春家喝鸡汤。我曾得到过很多很多人的帮助，本来试着数了一数，发现半天也数不完。其实从来不需要提起，永远也不会忘记。有一群知冷知热的朋友是我在青院最宝贵的财富，这份人与人之间相互关爱的真挚情感，使一切金钱财物黯然失色，一切毁誉得失成为过眼云烟。

因为我们是一家人，相亲相爱的一家人，有福就该同享，有难必然同当，用相知相守换地久天长。

五、青春无悔

可以说我们把青春奉献给了青院，所以有着浓浓的青院情结。虽然对于青院我们也有过褒贬，那是因为有着太多的期许。鱼因为有水而灵动，正是青院这片沃土给我们提供了成长的空间、提升的平台，才使我们有了今天的发展；水因为有鱼而精彩，正是因为一个个充满活力与奉献精神的创业者与建设者，用青春与智慧浇灌了这片土地，才使得青院异彩纷呈、步步攀升。有付出就有回报，我们奉献了青春与智慧，收获了历练与成长，所以说青春无悔。

六、明天会更好

青院发展到今天，无论是物质层面还是精神层面，都发生了翻天覆地的变化。从无到有，从小到大，从弱到强，从几十名教工发展到几百名，从百余名在校生发展到四千余名；教学条件不断改善，教职工收入不断增加。与此同时，办学理念不断更新，专业范围不断扩大，课程设置越来越完善，各项管理越来越规范，教师素质越来越高。当然，青院的发展也同人的发展一样，并非一帆风顺，也有过起伏，有过挫折。人无完人，也没有哪一所学校完美无缺，因此，困难和问题都不会影响我们前进的脚步。

在企业界有这样的说法，5 年的企业靠机遇，10 年的企业靠老板，15 年的企业靠制度，20 年的企业靠文化。青院 30 年的文化积淀像烙印一样打在我们身上，如影随形。开拓进取、乐观向上、无私奉献、相互关爱、和谐合作的文化精髓正在青院生生不息地传递，这些已经溶入血液的文化因子永远也不会弥散，这是青院最宝贵的财富，这笔财富将托起明天的青院。

再回首，不仅恍然如梦，而且倍感温暖；再回首，不仅我心依旧，而且信心倍增。让我们一起去珍惜曾经拥有的美好往昔，珍视青院今天的蓬勃发展，共同铸造青院明日的辉煌！

青院是育人的园地，当我们蓦然回首的时候，期待的不是灯火阑珊，而是桃李满天。我相信，在我们的共同努力下，再过 10 年、20 年，我们可以自豪地说：“我有美才千千万，何愁社会无英才！”

我们期待青院的明天会更好！

2019 年 7 月

李兰巧，时任北京青年政治学院教务处干部。

师生健康驿站

——记北青院医务室

赵小辉

1986年12月30日，我调入北京青年政治学院担任医务室医生，工号：19860012。一晃30多年过去了，记忆中始终难以忘怀的，是青年政治学院师生那份激情、干劲和那份真诚与温暖。至今历历在目、印入脑海、留下难忘的记忆。

作为一名普通的校医，每天看到年轻的领导和更年轻的教师们专注地工作，忙忙碌碌穿梭于课堂和办公室，无时无刻不感受到这所高校的氛围是那样与众不同。同学之间、师生之间、同事之间、干群之间关系自然、融洽、轻松，大家习惯称呼当时的党委书记蒋效愚同志“老蒋”。就是领导干部中最年长的常林瑞主任，大家的称呼也是几十年没变，至今称他常老师。这些自然的称谓饱含着真诚、平等、尊重、友善，拉近了相互的感情距离，也在后来的工作中形成一种非常好的人际氛围，搭建起北青院最早的一代人相互支持、相互信赖、脚踏实地、携手共进的工作平台。

初建的北京青年政治学院新、小、低、穷，医务室也出奇地简陋。党校4号楼二层的一间办公室里两个药品柜、一个出诊箱，还有诊断床、办公桌、消毒锅、听诊器、血压计和简单的医疗器械，以及百十种药品，这就是医务室全部家当。这些条件保证了基本的诊断治疗工作的开展，也为医务室服务功能的拓展奠定了基础。我的同事刘晓文医生身材修长，五官端庄漂亮，和我有过短暂的接触，很快就出国留学了。大概有一年多时间，两个校区只有我一名医生。

1987 年春天，学院培训部启动工作，安排我到新校区筹建医务室并负责日常保健工作。培训班一期接着一期，安排得十分紧凑。每次开班前，培训部主任朱生利都会组织工作人员开会部署工作。端着笔记本把前期准备和培训期间的工作任务逐一落实。这种领导作风不仅对我产生严谨履职的示范作用，而且培养了大家日渐扎实的工作作风，让自己受用多年，直到退休后的新岗位依然如此。

每逢团训开班，我就是上午在东区，午饭后赶回党校，来回奔波，风雨无阻。使两个校区的医疗保障得以维持。记不清那段经历有多久，只是不曾觉得辛苦，反而感到很充实。因为我们大家都怀有共同的信念，为了办好北青院，所有的付出都是值得的。

离开正规的医疗机构来做学校卫生工作并不轻松，正是在简陋的环境下，我自己单枪匹马、独当一面，得到了不少历练。干医务室就是“万金油”，一是没有模式、二是在摸索中推进。学校组织的运动会、军训、社会实践、献血，医务室的保障必须跟上，不能掉链子。最难忘的是跟随学生去北京卫戍区十二团参加军训，正月初八出发，天寒地冻、环境恶劣、生活条件差，随训老师们把自己的被褥统统分给行李单薄的同学。每天吃饭，老师们都把自己碗里仅有的两三片肉拨给学生。野营拉练行军 72 华里，何海老师替掉队的学生背着十几个水壶，就是为了给学生减负，还要保证大家随时有水喝。夜里 12 点还要查岗、查铺，每天只睡几个小时。那一年的军训是相当震撼的，党委书记蒋效愚陪同卫戍区副司令员检阅军训学生和十二团官兵。检阅当天，六七级大风，操场上风沙弥漫，北青院学生方队以高昂的士气通过主席台，在狂风中巍然屹立、纹丝不动，得到司令员同志的高度称赞。30 多年过去，当时的情景依然清晰。

1988 年，按照北京红十字会的部署，我院学生成立了红十字会，办公室设在医务室。党委副书记马宪平担任会长，由我担任红十字秘书长。在“救死扶伤、扶危济困、敬老助残、助人为乐”的十六字方针指导下，学院红十字会开展了不少有意义的活动。例如为身患绝症的教师亲属捐款、参加无偿献血，参加天安门广场志愿服务、参加亚运会场馆建设的义务劳动等。记得有一年，由107音乐工作室的王文京、肖森、李大伟、王瑶同学自创表演的男声四重唱在首都高校红十字会演中赢得赞誉。最精彩的一幕是在亚运会前夕，我院李波、赵辉等四名同学参加了首都高校大学生急救知识与心肺复苏技能的竞赛。他们一路拼杀冲进决赛，在与北京医科大学、联大中医药学院等医学院校的最后角逐中取得“优胜奖”。记得备战之际，几名同学每天到医务室接受理论培训，使用模拟人进行心肺复苏演练，从无懈怠。这个成绩是值得骄傲的。作为一个学生少、规模小、阅历浅的院校，同学们赛出的不仅是成绩，而是激情、是勇气、是北青学子的才智。

组织大学生义务献血也是医务室负责协调。年年献血，同学们都是争先恐后，我们从不担心完不成献血指标。每次带学生去北京血液中心，我的心都提到嗓子眼，明明知道献血无损健康，就是打心眼里舍不得。逢到在献血名单上签字，双手都是冰凉冰凉地出冷汗，同学们却你争我抢都想排到第一名献血，强壮的李大伟最终没有争过瘦弱的李辉……同学们就是这样无私、可爱。从那时起到以后的许多年，我们这所小小的院校，年年被评为北京市献血工作先进单位。奉献，已经成为北青院的良好传统。

创业的5年，在校学生逐年增多。医务室2名医生根据学院发展不断迎接新任务，担负起各类大型活动的健康保障与服务工作。遇上节假日也常常不能保证休息。

1990年寒假，我随学生业余党校去农村参加社会实践。身背药箱，冒着鹅毛大雪，参观乡镇企业、走访老党员、老支书，同学们还去敬老院陪老人聊天，帮助搞卫生、扫院子，干得热火朝天。参加社会实践不仅是医疗保障的角色，也是一个很好的学习机会。那场大雪一直到傍晚都没有停，马宪平书记和李红捷老师各率一支队伍在乡村中学的大操场打雪仗，痛快极了。师生之间的深厚情感在那一刻得到了释放与传递。

作为校医，我还曾经被聘为学生足球队的随队医生。跟随同学们参加校际足球赛。记忆深刻的是参加北京高校女子足球赛。当时守门员是罗兰老师和管理系学生王巨纯，女足运动员有申霞、高杉等。大家赛得很艰苦，踢得非常努力，非常勇猛，但几场下来一直没有进球。尽管我们的女足还是初建，我坐在看台上还是没少着急。小组赛最后一场对手是北师大，这些大姐大非常有风度，在比赛即将结束前给了我们一个进球机会，北青院女足取得了“零的突破”。全体球员深知这是兄弟院校给予我们的友善和鼓励，我和同学们一起分享着进球的愉悦和快乐。

历年跟随学生军训让我和同学们建立了很深的交情。课余时间，许多同学常常会跑到医务室和我聊天、谈心，毕业以后，还专门回学校看我。非常欣慰我们能成为很好的朋友彼此在意，这一份份友情至今没有中断。

学院在发展，医务室的功能也在拓展，按照院党委的部署，我负责筹建了北青院计划生育办公室。计划生育的宣教、管理与服务自然而然地落在医务室。随着年轻老师陆续组建了家庭，孩子们先后出生了。我办理的第一个独生子女光荣证是王爱华老师的，她的女儿叫谢晨。后来又有了丁慕鸿、赵珊妮、李墨缘……作为一名从业多年的临床医生，越来越多地涉猎管理工作，这是一个成长的过程。特别是起草相关文件的时候，没少让领导操心，至今还记得老领导靳志伟给我修改文件时留下的字迹与修改格式。我自己恰恰是在历练中得到了提升。

1988 年，医务室协助团市委组织学院职工进行健康体检。这次体检结果的全部反馈只有几页纸，也是北青院第一份健康档案。从那时起，我开始为全体教师建立健康档案。每次体检报告反馈以后，我会认真阅读每个人的报告并给老师们通报信息，分析结果并逐一回复，年年存档。经过多年积累，每个老师的健康资料袋越来越厚，直到我调离医务室从无断档。而正是通过对这些资料的审阅与整理，大量的信息积累下来，我对每个教职工的健康都心中有底。无论突发任何异常情况，我都可以迅速梳理平时的数据做出基本判断，几十年不曾失误。辛勤的耕耘不仅使自己的综合医疗水平更加过硬，也换来了广大师生对自己专业能力的充分信任。

我的学生时代是在“文革”中度过的，文化与专业实力都比较单薄，医务室的工作使我有机会接触青院的精英，同时也深深感受到自己与他们之间存在着巨大的知识水平差距，激励自己要努力追赶。在党校借地办学5年，我不停地读书、学习，完成了全科医生、心理咨询师、心理治疗师、行政管理等课程学习，取得了主治医师和国家二级心理咨询师资格。回顾那段经历，我的体会是：在努力追赶优秀群体的过程中，自己不仅学到了知识，而且巩固了主动学习的习惯。我认为基层医务工作者有其独特的功能，一辈子也不会成为专家，充其量让基层患者满意。医务室的功能是多元的，立足本职积极探索，其作用可以拓宽。严谨、细致、负责就能让大家得到良好的服务。

在青院创业的岁月是激情燃烧的岁月，它坚定了我的信念，调整了我的成长追求，使我的退休生活很充实、很丰富，很有意义。

2019年9月

赵小辉，时任北京青年政治学院医务室大夫。

第三部分

创建初期在校生的回忆文章

北京青年政治学院的“第一”

肖　毅（86级青教系）

随着党的事业和青年工作的不断发展，一所以培养青年工作者为目标的崭新高校在京华大地上应运而生，它就是由改革开放总设计师邓小平题写校名的北京青年政治学院。北青院的诞生，是一座里程碑，是中国高等教育适应改革开放一次积极的探索，其办学主体特色鲜明、办学目标清晰明确。它既适应了国家改革开放事业发展对青年干部的需求，也承载了北京共青团干部对国家改革开放事业发展的期望。有幸成为它的首届学生，必然会见证诸多北青院的首创，虽然这个“第一”现在看来不足为奇，但当时对于一个没有校园、没有教室、借地办学、仅有114名学生的北京最小全日制高校而言，无异于是在创造奇迹。一条搭载了平均年龄只有28岁的年轻师资队伍，平均年龄仅有18.9岁的热血青年的青院之船，高举着“政治特色、青年特色、时代特色”的办学大旗，借着改革开放的东风扬帆起航，用青春和热情书写了北京高教史的一个奇迹，铸就了今天的辉煌。这些平凡的“第一”体现了第一代青院人无畏艰难，勇于探索，敢于创新的社会担当和社会责任。

第一个学生党支部

北青院作为新时期诞生的特色鲜明的高校，始终强调“政治特色”是建校之本，而学生党建工作则始终是学生工作的主旋律。1986年9月1日，北京青年政治学院尚未揭开神秘的面纱，而在学生中开展党建，建立学生党支部的工作，就已经列上议事日程。时任学生处长李平芳在筹备开学典礼阶段就组织学生中预备党员李蕾、正式党员肖毅对114名学生情况进行了摸底，了解有关的情况，就培养入党积极分子和建立学生党支部工作做出规划，明确提出北青院是以培养共青团专职干部、社会青少年工作者、党政青年工作者为目标的新型高校，开展党的建设是各项工作的核心。9月25日，院临时党委召开全院党员大会，明确将全院45名正式党员，分为5个支部，先行开展党建工作。学生工作支部由学生处、团委、党员班主任、学生党员等7人组成，在随后召开支部大会上，选举了3名支部委员，并选举时任学生处长李平芳为支部书记，至此北青院第一个学生党支部宣告成立。支部成立后，学生党员积极分子的培养工作随即展开，在这个过程中，在院党委的支持下，学生支部还聘请了部分党员教师作为入党积极分子联系人，开展日常的培养教育工作。1987年12月24日，经过一年多的培养考察，青教系入党积极分子柏斯魁、钱卫、李言被吸收加入党组织，成为青院建校后发展的第一批学生党员。

第一次学生大会

1986年9月2日，作为新生教育重要内容之一，北京青年政治学院召开了第一次学生大会，“青年特色”的主题贯穿始终。会上时任团市委副书记张虹海就北京团干部的现状进行了分析，并对学生提出了“要严格要求、要有扎实专业基础、要培养新观念、要有综合能力”的期望。时任团市委副书记、第一副院长蒋效愚就办学理念做了详细解读，提出办学的总方针就是继承团校的优良传统、学习他校的先进经验、借鉴外校的教学理念、结合实际开拓进取。对学生提出了：①要以青年共产主义者作为自己的理念和目标；②要以改革的思想、精神和意识对待自己的大学生活；③要把适应新时期未来青年工作新型人才作为自己的努力方向；④要以主人翁的态度完成社会角色的转变；⑤要团结奋斗，进取向上，成为第一批优秀学生的期望。同学们在大会后群情激昂，为自己能成为“青院一期”感到骄傲自豪，纷纷表示将不辜负老师们的期待，努力学习，认真工作，把自己打造成为青年工作的有用之才。

第一次“阅兵”

1986年9月8日，为了培养和加强学生纪律意识和作风建设，加强集体主义观念。在开学典礼后的第3天，青院一期114名学生及部分青年教师在团市委副书记、院临时党委书记、第一副院长蒋效愚带领下，集体参观了中国人民解放军三军仪仗队（当时称北京卫戍区仪仗营）。仪仗营的训练、营房和内务，整齐划一的动作，给所有参观人员以震撼。最后仪仗营着陆海空三军正装礼服，为参观的师生演练了阅兵式和分列式全套校阅流程，蒋效愚老师在仪仗队大队长的陪同下，检阅了三军仪仗队，此次单一为一个大学组织的“阅兵”，不敢说后无来者，至少是前无古人。

第一个学生组织

1986年9月24日，李平芳召集工作会，研究成立临时团委、学生会，探讨学生公寓自我管理、自我服务的工作，确定团委、学生会组成人员都采取自荐及公众评议相结合的方式推选产生的工作原则，组织工作由学生处负责，李蕾、肖毅负责落实具体工作。10月初，经民主推荐和自荐，临时团委、学生会产生，学生团委副书记由李蕾同学担任，临时学生会主席由肖毅同学担任，北青院第一个学生自我管理组织诞生。10月10日，临时团委、学生会召开第一次联席会议，明确团委、学生会工作重心就是配合学校的人才培养计划，以开拓、创新，创一流工作成绩为目标，实现由一名青年学生向青年工作者的转变。在87级入学后，临时团委、学生会圆满地完成创建使命，1988年1月29日召开最后一次联席会后宣告解散。同时成立“首届团代会、学代会”筹备组，推选王晓蒙、李蕾、肖毅、柏斯魁、张晓初、唐沛文、于富芳、许建宏、李宗芳、刘家革、翁志宽等人为大会主席团成员，张晓初为秘书长负责组织“首届团代会、学代会”。1月30日，北青院历史上“首届团代会、学代会”圆满召开。团代会选举王晓蒙为团委书记，李蕾为团委副书记、团委下设办公室、组织部、宣传部、学习实践部；学代会选举肖毅为学生会主席，张晓初、李宗芳为学生会副主席，下设学习部、外联部、生活部、文化部、体育部。青院的学生组织从无到有、从小到大、从单一向多元发展，但是自我管理、自我服务、自我教育这一工作传统，在青院学子代代传承中，不断发扬光大，一直延续至今。

第一张学生刊物

作为临时团委和学生会的主要工作，创建一份属于学生自己的刊物尤为重要。以学校当时的综合条件，使得这件现在看起来极为简单的事情，在当时能做起来却困难重重。面临着一无场地、二无资金、三无设备的客观条件，我们组织新当选的学生干部，积极挖潜，发挥主观能动性，以“抗大”精神为指导，没有条件创造条件也要上。后来就在这样的艰苦条件下四处化缘，找老师、同学征集稿件，用极其有限的资金购买最便宜的油印机、蜡纸，利用时任团委书记王晓蒙位于 4 号楼 101 的办公室兼宿舍，作为团委、学生会的“文印厂房”，在办公桌上刻蜡版，在茶几上推墨油印，终于在 1986 年 10 月 19 日出版了北青院第一张学生刊物《青院学生报》。在出版刊物的同时，又利用一台录音机在 101 建立起了青院广播站，第一次发出了青院之音。

第一次恳谈会

在初创的北青院，师生之间没有隔阂，只要有机会，师生就会坐在一起，畅谈共青团工作。老师会通过与学生常态化的交流，把学校的办学理念和期待传导出去，学生也会把自己学习、工作中遇到的困惑表达出来，求得老师的指导；师生之间水乳交融，构建具有青院特色的师生关系。1986 年 12 月 11 日，学生干部在校领导蒋效愚的办公室兼宿舍里，或坐在办公桌上，或席地而坐，进行第一次恳谈会。恳谈会气氛热烈，师生平等相待，一点也没有师生的距离感。蒋效愚和王晓蒙结合自己曾经的学生干部经历与同学们交流沟通，蒋老师要求学生干部要有责任心、事业心；要处理好学习与社会实践的关系；工作要有超前意识，要做到干在今天，看在明天，想在后天；要把自己的工作当做为人民服务的岗位，锻炼成才的阵地，个人成长的舞台；要严于律已；要学会团干部“上下依靠，八方求援”的基本功。

第一次社会实践

考虑到同学中接触社会少、理论与实践脱节、对基层团建工作不了解的实际情况，学院从新生入学开始，就特别强调在学生活动和学生工作中加强社会实践的环节。在校内通过“自我管理、自我服务、自我教育”的工作理念，推出学生公寓管理、勤工助学等校内实践活动；在校外积极内引外联，推动学生走向社会，走向基层。1987 年 2 月 3 日，院团委组织 13 名学生干部走进团市委，开始大学生寒假社会实践活动，至此开启了青院学生利用假期开展实践活动的序幕。同年的 7 月 16 日到 8 月 8 日，86 级 114 名学生分别到团中央、北京市公交总公司、北京市纺织局、北京市一商局、海淀区团委等机关、企业参加“在社会的大课堂里锻炼成长”暑期专题大规模社会实践活动。蒋效愚老师在出征前的 7 月 14 日做了专题动员，提出开展社会实践活动“是学校培养目标的客观需要，是学生成才发展的内在需要”，实践活动中要主动锻炼自己，积极参与劳动，培养调查研究、分析问题、解决问题的能力，通过与基层团干部交往，逐步认识和了解青年工作的实际要求。青教系主任葛铁林还就学生实践中应该了解的问题，以及调查研究的方法和如何参与实践单位共青团活动做了专题培训。通过实践活动，践行“政治特色、青年特色、时代特色”的北青院理念。

作为北青院的第一届学生，感恩学校培养，感恩老师的教诲，我们经历了太多太多“第一”，这所有的所有都离不开学校培养初衷。如果没有蒋校长的执着，没有老师们的坚守，就不可能有北青院这个平台，也就不可能有我们的发展。学校《大事记》中有记载的我就不再赘述，仅从我对学校的回忆中采撷一点浪花，为《北京青年政治学院创建记（1984—1991）》做一些拾遗补阙。

2019 年 4 月

在“老虎尾巴”的难忘岁月

席　晖（87级经管系）

位于三塔寺的北京市委党校，现在又叫“北京行政学院”，我作为87级北京青年政治学院的一员，曾在此度过自己的大学时光，那些青葱岁月，仿佛还在眼前。

在党校的西南角，有一块200米田径场，操场边有一座口字形的3层楼的灰砖砌的西洋建筑，查历史知道，那曾是著名的意大利传教士利玛窦留下的天主教堂，墙上有“1905”字样。

这个建筑东边的首层，曾经是一排教室，那就是我们大学两年上课的地方。推开装着玻璃的双扇木门，四壁是刚刷过的绿漆，走在吱吱呀呀刷着绛红色油漆的木条地板上，望着6米高处的苍老阴暗棚顶，跟我想象中高大宽敞明亮的现代化教室大相径庭。白天我们在这里上课，晚上我和另外三位兄弟住在教室后面一间储物室，我们叫它“老虎尾巴”。我的大学生活多数就在那里度过。

那时办学条件很艰苦。在北京市团校基础上创建的北京青年政治学院刚刚成为大学一员，没有校园，只好借地办学。把旧教堂改造成教室，党校办公楼腾出两层作我们学生宿舍。男生宿舍女生宿舍比邻，不像现在大学男女分开。那时学生不多，2个年级3个系6个班，共300余名学生。一半住宿一半走读。8人一间宿舍，除了4张上下铺床和一张办公桌，没什么了。电视什么的只有一台吧，全楼共用，一般锁着不看。在党校的食堂开饭，办个党校图书馆证借阅，租借党校礼堂办开学典礼，东一块西一块十分分散。从教室到宿舍要走好远。好在要穿过苍松翠柏茂盛的花园，园中有个石砌的二层高台，本来没名儿，我们叫它“望月台”，那里留下不少少男少女的浪漫。还要经过一座墓，一位传教士死后就葬在这里了。他在明朝万历年间来到中国，传播西方天文、数学、地理等科学技术知识，对中意交流作出重大贡献，是个名人，叫利玛窦。这是后来知道的。白天还好，晚上灯火幽暗，寂静无声，又必须经过坟墓，挺瘆人。

老虎尾巴，阴暗狭小，没窗，只够放下两张上下铺，还必须L形对着才放得下。我们还挤进一张办公桌，好放洗漱用具和暖水瓶。上铺可以踩着桌子借一下力蹿上去，下铺必须侧着身子蹭到床上。下课了，教室就是我们四兄弟的全部，除了窝进床上睡觉，其他活动都在教室里。也挺好，回宿舍取东西，别人要走那么远，我们一骗腿儿就到。小屋里阴暗，夏天挺凉快。没暖气，冬天可冻坏了。好在有寒暑假，最难熬的时候不住了。

党校的食堂是有钟点的。晚上下了班儿就没有饭吃了。可是我们这些年轻的学生，都是夜猫子，饿呀！男女宿舍串，讨东西吃。当然，多数都在女生那儿找到吃的。男生全是饿狼。嘿，由此诞生了一个新的行业啊——同学们开始卖方便面。一毛五一袋，还十分抢手呢。

虽然很艰苦，但是大学的生活还是充满了快乐。我们哥儿四个，我排老大，外号“席大侃”；老二刘敬东；老三“臭鱼”于游；老四马清颖。哥四个都是辩论高手，漫漫长夜，东拉西扯，天南地北；加上走读生李浩、徐乔，不争起来不罢休，没有结果，改天照旧。我们哥四个都参加了金胜老师挂帅的青年学会。学校成立围棋社，李红捷老师挂帅，我又当上了副会长。哈，我们教室当然就是弈场。五子棋下得更多，老四经常跟我下。老二还喜欢打乒乓球，拿大刀，我俩搭档还拿了学校男双冠军。老三臭鱼喜欢踢足球，门前的操场就是我们大显身手的地方；别看他胖，踢起来不仅脚力足，脚法细腻，还很会用身体合理冲撞，是我们班头号球星。我们班男女人数差不多，男25女27，文娱活动很有基础。外请老师教交谊舞，教室就是舞场，还诞生我和陈晖两位“舞”林高手，尤擅探戈和华尔兹，十分抢手哩！刘莎、王岚、问小清、盆盆她们不仅舞跳得好，还组建女子组合，自弹自唱，又高又纤巧。现在说法就是“高富美大长腿”，是学校一道亮丽风景。

我可是名人。开学典礼上，一首《大海啊故乡》，一下就让全校师生都认识我了，不知我叫什么名，都管我叫“大海”，唱大海的那个！后来知道，是走调了。五四文艺节，我和同学董萍还拿了一等奖，配乐诗朗诵，裴多菲的诗《我愿是一条激流》，厉害吧。我还组织去考导游证，赶上期末考试，刚下考场就跑去面试，痛并快乐着。在暑假组织同年级3个班同学到旅行社当导游，让同学们大开眼界。我还带了一支台湾首发大陆团，一行20人，那年是1988年春节。

半大小子，吃死老子。那个时候怎么那么能吃。我记得我们哥儿四个去食堂。那天刚好食堂卖肉龙，又是肉龙又是大碗粥。嘿，哥四个扛上了，你吃一个我吃一个，你吃俩我来一双。那肉龙可是四两一个，我记得我吞下四个，还有两大碗粥，哥几个都不比我少！那时一个月就问父母要六十元生活费，计划一顿午饭一元五角，一天三元钱。这下好，一顿把一天的饭钱都吃了！去干导游能赚点钱，补贴饭费。学校离友谊宾馆不远，节余买了一台单放机，还报了一期友谊宾馆的健美班。

学习上我也不含糊，我那张借书证可起大作用了。一年下来借了200本书，长夜不觉长了。我没翻过党校围墙，因为我是白天去邻近的人大和外交学院蹭听的，尼采、叔本华、弗洛伊德，你们好，我们相识于人大。轮到我们经管考试，我的周围早早有同学订座，你懂的，他们这时格外喜欢我。

一年新生，下一年就是毕业班了。两年制学校就是这样。男女宿舍门对门有好处，见面方便呀。还记得那个望月台吧，留下了我和同班及师妹望月的身影……（此处省略一万字）。当然也有从此走出的校园情侣，吉悦、王芳、李昕、贡献为代表。速成的青院，神奇的青院。“老虎尾巴”的青葱岁月不仅有浪漫也有风雨。第二年毕业季，正赶上1989年“政治风波”，在激动之后的冷静思考中，我通过大量的书籍阅读和历史的反思，很快就意识到“识时务者为俊杰”这样朴素的生存法则。大是大非的选择不是总有的，这是宝贵财富，尤其还判断对了方向，对成长更加有利！

难忘青院，难忘老师。王新宏、姜联、唐红、江万里、赵卫民、金胜、李红捷、王晓蒙等等，还有现在名人强卫、蒋效愚！那时多年轻，师长兄长也！许多第一，都始于青院始于老虎尾巴，第一次结识围棋社、第一次当导游、第一次当乒乓冠军、第一次谈恋爱、第一次一年读200本书、第一次一顿吃那么多、第一次健美、第一次去别的大学蹭听、第一次赚钱、第一次懂得政治倾向，在青院交到几位终身的朋友。

青院已有了自己的校园，我的师弟师妹也成了学校的老师。作为“黄埔二期”，祝福母校越办越好！我更喜欢“老虎尾巴”，那里有我的青春和兄弟！

2019年6月

在社会实践的“第二课堂”里学习成长

李宗芳（87级青教系）

改革开放已过去40余年，到了知天命年纪的我，回顾大半生的历程，眼见并亲历了改革开放发生在身边的变化。而在青院的青春记忆更是弥足珍贵，没齿难忘。

30年过去，弹指一挥间。青院对我的影响，不仅仅是青春记忆，更是我人生观、人格修养定型的关键因素。青院“政治特色、青年特色、时代特色”教育，在我头脑中打下了深刻的烙印，对我人生成长，步入社会工作有着极为深刻的影响。

1987年秋，我步入这所年轻的学校。作为青院第二届学生，我们自诩为“黄埔二期”。尽管到现在看来，青院在首都高校中依然名不见经传，甚至被女儿嘲讽为“不入流的学校”，但是在当时大学录取还尚未像今天这样普及的阶段，青院对于我来说依然充满了憧憬与好奇。她独特办学理念对我的影响，绝不亚于其他重点高校在专业学术知名度上的影响。“政治特色、青年特色、时代特色”等独具特色的工作能力培养，融入青年、接触社会、勤于实践的综合素质锻炼，甚至优于专业文化知识的普及和灌输。

一

入学前夕的假期里，当我还沉浸在高考失误的低落情绪中，我的中学班主任告知我到学校参加面谈。在充满懵懂与迷糊的状态下，我见到了两位年轻的老师，方才知道他们是青院青教系的葛铁林等2位老师。他们和蔼地与我谈话，耐心询问我在中学担任校学生会主席的经历，介绍了青院作为团市委直属院校的办学理念，提出了入学积极参加民主选举与自荐，多做学生工作，积极参与学院建设的一系列想法。鼓励我调整情绪，调整心态，提出人生今后可以不断继续学习深造的建议。与葛铁林老师他们的深入谈话，不仅让我低落的情绪得以调整，更对考入青院的未来充满期待。同时，高校的这种深入面谈让我吃惊不已，连我们中学的校长和班主任也感到新奇。他们似乎也第一次接待大学老师到中学对录取考生进行调研、访谈，他们也感到这是一所特殊的学院，对老师们的年轻、敬业赞叹不已。尽管葛老师在我们毕业后不久因病去世，但是他在我入学前谈话的音容笑貌永远铭刻在心，以至于我后期参加继续教育，获得博士学位的时候，依然回想着葛铁林老师平易近人的形象和他朴实亲切又催人奋进的话语。

入学以后，虽然我们87级青教、经管、文秘3个系的新生和上届86级学长们加起来也不过300人，但是整个学院充满了朝气蓬勃的青春气息。开学典礼上，我们3个系的新生和86级的老学长互相拉歌，歌声此起彼伏，气氛热烈至极，丝毫不亚于当今演唱会带给人们的心灵震撼与激情澎湃。我们的老师们大多数是40岁以下的青年教师，记得当时介绍我们青院蒋校长只有39岁的时候，全场掌声雷动。

青院的学习生活环境，虽然属于借地办学（当时借住市委党校），但是整个学校氛围、学生活动对我们的熏陶和影响，远远胜过了“山字楼”“口字楼”以及临时图书室的简陋。学生会民主竞选、学生业余党校建立、七彩风文学社的活动都源于那“著名”的151教室。作为青年教育专业的学生，学校为了让我们具备新时代共青团干部的综合素质，提高与青年交朋友的能力和本领，专门设计了书法、音乐指挥、速记等技能课程，而年轻的老师们更是身先士卒，以身试教，跟同学们广交朋友。师生共同排演艺术节节目，老师到学生宿舍和同学们下棋比赛，真正做到了亦师亦友，整个校园朝气蓬勃。虽然现在我们已年过半百，甚至好几位当时的偶像老师都已经去世，但是校园中青年特色、青春氛围让我们至今保持着年轻的状态、至今保持着旺盛的干劲、至今坚守着不服输的拼搏斗志。回顾

30多年来的学习、工作经历，青院给我的青春记忆，是支撑我近30年忘我工作的内在渊源，我想也是我未来继续走好健康人生路不可或缺的坚强动力。

二

青院作为北京团市委下属的培养新时期青年工作专业人才的普通高校，其独具特色的社会实践活动，对我们步入社会后开展社会工作影响巨大。回顾大学的生活，基础课、专业课等文化专业知识给我们的学习奠定了基础，但充满特色的社会实践，更让我们感受深刻，领悟颇多。

1988年暑假，在学校的精心组织和安排下，我和同班另一位同学到团中央统战部参加社会实践，历时一个多月，主要参与筹备召开全国青年六届五次常委会。这次社会实践，令我终生难忘，是我在青院学习过程中，受到心灵震撼最大，对我世界观、人生观、价值观形成影响最大的重要事件，也是我曾经作为一名时代青年引以为傲的“追星史”。

当时参加会议的常委们，除了团中央机关各级领导，更多的是来自社会各界的青年楷模和社会名人。在我的心目中，他们都是令人仰目的大领导、大名人。他们政治成熟、思想睿智、人格高尚、志向高远、为人谦逊、团结向上的状态，深深地打动了我，感染了我。通过参与办会，与他们近距离接触，我打心底认可他们、佩服他们、敬仰他们。同时，向他们学到了很多做人做事的道理。记得当时从团中央正义路办公楼出发，到秦皇岛北戴河会议地址，由于高速修路，集体乘坐的大巴一路颠簸，开了将近5个小时，时任全国青联主席刘延东同志反复给大家道歉，大家没有一句怨言；整个会议组织严谨，程序严密，各机构人员尽职尽责，加班加点；联欢会上，姜昆、刘长瑜、关牧村等各界艺术家倾囊相献，晚会群星璀璨，顶级高端，气氛和谐热烈；书画家范曾给接待单位书写作品，拒收礼品；个别领导亲属同行到北戴河疗养，自掏腰包付费……整个会议严肃、庄重、有序，整场活动正面、向上、活泼，满满正能量。让我大开眼界，感动不已，感慨万千。以至于他们有些人后来成为党和国家领导人，有些人成为行业、产业以及社会各领域专家名流，让我感觉是那么的顺理成章。甚至许多领导、名人、艺术家当时对我工作的肯定、表扬，以及对我个人的关心、关爱，历历在目。至今回想起来，大家给我的签字留言，充满了激励和希望，李克强、刘延东、李源潮（当时为团中央书记处书记）及姜昆、范曾、施光南、刘长瑜等老师们的“寄语格言”为我后来的工作生活指明了方向，成为我的人生格言与信条。我的留影簿、签名本，至今是我最珍贵的留念。

当然，我们积极努力的工作，当时也受到了领导和与会同志们的肯定表扬，为青院争了光。记得当时，李克强、刘延东等领导多次表示“北京青年政治学院的同学们素质很高，能力很强”。我想这些领导的褒奖，很大程度上是对青院在学生中开展社会实践活动的充分肯定。

在青院学习期间参加的社会实践，让我得到了讲堂上、书本中难以得到的收获。对我以后步入社会、为人处世，产生了极大的影响。回顾大半生的经历，我深切体会到，文化课程、专业知识固然重要，生动的社会实践，对于一名青年教育专业的在校学生来说，意义更为重大。它可以让学生尽快、尽早地接触社会，结合课堂里所学习的知识，调整改善思考方式和行为方式，提高适应工作环境的实际能力。现在看来，青院的“社会实践”模式，不愧是最具特色的“亮点”。

2019 年 6 月

纸上得来终觉浅　绝知此事要躬行

王海红（87级青教系）

时光荏苒，一晃从北京青年政治学院毕业30年了。但那段青葱岁月却久久难忘，校园古朴优雅的环境、老师们亲切热情的笑容、同学们积极向上的学习氛围都历历在目，恍如昨日。

50岁的我曾经也年轻气盛，好高骛远。自己出身书香门第，就读于北京市重点高中，心气很高，一心想考上个本科。但是那时高考录取比例很低，加上自己高考前情绪心态没有调整好，最终高考失利。当时并不知道有北京青年政治学院这个学校，志愿调剂到此校，心灰意冷，情绪低落，一个假期都不爽。

终于到了报到日，学校坐落于北京市委党校的临时校区里，学校领导亲自迎接新同学，开学典礼上校长铿锵而亲切的寄语让我备受鼓舞，接下来的学习生活更是新鲜愉悦。短短两年的青院生活让我感触最深的是，学校依托团市委的优势，经常组织同学们参加各种活动，很好地锻炼了我们的组织协调能力。我本来是个胆小怕事的人，不愿意抛头露面，通过参加活动大大改变了我的性格，在今后的工作中很好地发挥了这种优势。

还有，在青院，每个老师都那么和蔼，那么有活力，大多数老师都很年轻，即使年纪稍微大点也都有一颗年轻的心！记得团委的王晓蒙老师当时很年轻，对我们特别亲切，就像邻家大哥，完全没有老师的架子。学校组织一次学生手工技能展示，王老师对每一件作品都赞不绝口。我编织的一个七彩粽子坠儿王老师爱不释手，问我们是谁做的，我说是我做的，他当场请求私人定制一个，我说没问题。展示会结束就把这个展品送给了他，王老师笑得合不拢嘴，自己的小小手工作品被老师称赞心里特别高兴。罗兰老师年轻美丽，她给我的印象是浑身充满能量，她在楼道里总是快速奔跑去做事，长发飘飘，活力四射。赵卫民老师身材高挑，英俊儒雅，他不仅人长得帅气，而且才华横溢。他的哲学课堂堂爆满。他口若悬河，能把那么枯燥的一门课讲得异常生动，令同学们听得十分入迷，下课了还久久不愿离开，意犹未尽。记得赵老师有一天晚上开了一节讲座，是解读弗洛伊德的《梦的解析》，由于我走读当天晚上家里有事没有听，第二天同学们纷纷夸赞，说昨天晚上赵老师的讲座简直绝了，听他的课太享受了！我后悔呀！这个事成了我的一大遗憾。语文老师张冬青是一个刚刚毕业不久的美丽姑娘，第一次听她的课就被她那独特的讲课风格吸引了。她备课非常认真，讲课根本不看讲义，边讲边走在每一组同学间。讲古代诗文就如同在朗诵一首首优美的散文，余音绕梁。她衣着时尚考究，略施粉黛，仿佛仙女下凡。她讲课很投入，自己经常也能被陶醉其中。她文学功底很深，古诗文名篇脱口而出。她业余时间经常发表作品。还记得她的笔名叫夏枯草。在我的记忆里，张冬青老师就是一名才貌双全的好老师。

没想到，青院一个两年制大专院校对教学如此重视，开设课程丰富多彩，老师水平高、教学严谨。两年里我受益匪浅，后来我深深感到青院的学习对我工作的帮助十分有力。

在青院不得不提军训。来自我中学同学的消息是，大学生军训就是一个形式，玩儿玩儿而已。教官对学生态度挺和蔼的，队列练习也没有太高的要求，休息时间长，经常和同学们聊天儿。总之，军训一点不辛苦。带着这种心理准备我们如期来到了位于通县梨园的北京卫戍区警卫三师十二团。这里条件简陋，营房四面透风，当时是冬天，我们都被冻得瑟瑟发抖。校长跟十二团的领导说，不要把学生与新兵区别对待，一定要严格要求，就像新兵那样训练，让他们吃点苦摔打摔打。接下来的训练果然如校长要求的那样，每天队列练习下来腰酸腿疼、口干舌燥、神情恍惚，每个同学都闷闷不乐。吃饭前还要大唱革命歌曲。因为是冬天，部队没有细菜，每顿几乎都是大白菜、土豆、萝卜，米饭、馒头管够。那时我真想念家里的饭菜，对于我们这些娇生惯养的城里孩子而言，开始实在难以下咽。可是大量的体能训练消耗太大，不吃会饿晕了，渐渐地大家饭量大增。晚上睡觉条件太差了，营房里似乎没有暖气。两个人的床是并在一起的，每个人只带了一床被，太冷了根本睡不着，于是两个同学就把两条被叠在一起盖，勉强能暖和一点。部队里有个制度，夜间必须有人值班。从熄灯开始第一个人不能睡着，要值一个小时班，再叫醒下一个人，依此类推直到天亮起床。这个制度简直让人崩溃！正睡得香呢被人捅醒那个难受劲儿呀，甭提了！内务训练也让人头疼，我们自己带来的被子不像部队的军被那么硬，能很容易叠出“豆腐块”，每天早晨，同学们认真细致地叠完被，班长检查内务经常是一个一个地把我们的被子一把扯乱，重新叠。一遍又一遍叠，总是不通过。后来一个同学让班长用我们的被子演示一下，班长才发现我们的被子不好叠，以后就不太计较了。营房洗漱条件也很差，许多同学几天没有好好洗脸洗脚，更不用说洗头了，洗澡条件根本就没有。两周下来每个人都像进城务工的农村青年。军训有一个项目是三十五千米拉练，那天我们整整走了一天，许多同学脚上打了泡。走之前教官说谁要是实在坚持不下来可以坐上“收容车”。途中有几个女同学坚持不了上车了。结果回到军营所有上车的同学受到了严厉的批评，大家都委屈得哭了。军训过程中只要有同学表现出不满情绪都会遭到教官的严厉训斥。我们都感觉部队“没有人性”，不讲理、不公平。青院的同学们一致认为，全北京乃至全国的大学生军训，我们青院是最苦的。在军训任务结束后，我们这个班和班长进行了一次推心置腹的谈话，通过与班长的谈话，我们深深理解了部队这个集体的特殊性。班长说，由于咱们国家的兵源大部分来自农村，文化水平低，组织纪律性差，到部队必须养成一切行动听指挥的良好作风，军队担任着保卫祖国、救灾抢险的重任，每一名战士必须练就一身过硬的本领，必须具有严格的组织纪律性，无论是在战场还是在救灾现场，不听指挥有可能造成人员、财物的重大伤亡损失。班长说我们是大学生，成长环境优越，根本不可能把我们等同于新兵，这点苦都受不了，将来到社会上遇到困难肯定无法正确面对处理。听了班长一席话，我们茅塞顿开，开始时对学校领导这种要求很是不理解，现在都明白了。我们青院的学生与其他院校是不同的！我们的前身是团校，共青团是我国社会主义现代化建设的一支生力军，是推进社会主义精神文明建设朝气蓬勃的力量。我们的学生继承了团校勇于吃苦、甘于奉献、作风过硬、纪律严明的优良传统，我们代表了新时代大学生的精神风貌，必须比其他院校的学生更加自律、更加坚强。老师说我校第一届学生是在三十八军基地军训的，比我们还要苦，只有吃过苦的人才会对幸福体会更深。记得一位作家说过：如果能深刻理解苦难，苦难就会给你带来崇高感。事实证明，在后来的学习、工作以及家庭生活中，我面对各种苦难都能泰然处之，并没有因为困难影响我的生活，相反，战胜困难后的喜悦让我对生活更加热爱。

青院两年的学习生活是那么难忘，那种积极进取、永不言败的精神永远激励着我。我热爱我的母校，我以她为荣，我为她喝彩，愿她青春永驻、再创辉煌！

2019 年 5 月

暂短的经历　永久的记忆

吕大武（88 级文秘系）

1988 年的夏末，我骑着辆二八半旧自行车，怀揣着北京青年政治学院文秘系的录取通知书开始了自己的大学生活。今天想来已过去了 31 个年头，很多记忆已然不那么清晰，像是被风蚀去了棱角的沙堡，模糊了边缘，却更有了味道。

我们是建校以来文秘系的第二批学生，据说设立这个专业的高校在当年还非常稀少。时任系主任常林瑞老师曾说，“你们是给党政机关培养准备的，学校录取时不仅要看成绩，还要有点气质，男的要有男子汉气概，女的要有女子的模样”。就这样，51 名青春朝气的男女相识于北青院，也从此给我们一生烙上了青院印记。文秘 88 级后来组织过几次大型活动都是以纪念入学为主题的，像去年搞的“情暖 2018”就是纪念同学相识 30 周年的活动。

刚进“校门”时，咱们还没有自己的校舍。我们耳闻新学院正在望京建设中，当年那边被叫作“新址”。从地理的角度而言我们当时踏入的是位于车公庄的市委党校的大门。当年青院是借用党校的部分教室、宿舍办学的，所以我们前后这几届同学的校园印象应该是党校的：上课的口字楼、看电影的大礼堂、食堂的鱼香肉片、立着利马窦墓碑的小花园。这画面想着都挺亲切吧？

对于今天的校园，88 级只有两次亲密接触，一次是组织大家去义务劳动；另一次是在我们毕业前期，新学校刚刚建完，还未正式投入使用，为了让我们体验一下自己的学校，88 级全体毕业生在充满油漆味的新宿舍住了几天。在新礼堂举行了毕业典礼，每个人上台领了毕业证和派遣书。我们前边的 86、87 级估计只去新校区参加过义务劳动，而 90 级就不知道党校了。对了，88 级毕业那时还算双向选择前提下的包分配，我们这拨儿的算全公费上大学、包分配的尾巴啦。也正是由于学校在建设，党校借用的宿舍有限，那个时期大部分的同学不得不走读，才形成了特定年代“走读生”“住宿生”的分类。

北京市委党校口字楼

北京市委党校大礼堂

记忆中的第一节课是辩证唯物主义；校运动会要去借北建工的操场；自己第一次去社会单位实习是北京散热器厂档案科；在青院时代人生首次接触了五笔字型输入法……要知道 20 世纪 80 年代末电脑还远未普及，很多单位会建个微机室，需专人看管，要铺防静电地板，上机还要登记、换鞋。而文秘系当时教学使用的是四通 MS-2401 电子打字机，这种东西现在肯定是找不到了，但在当年可是很时髦的。它是一种带键盘、带一条单色液晶屏幕、带针式打字机构，可以用命令符排版，能使用多种输入方法的机器，需要专门训练的人员才能操作。文秘系当年的技能课有中英文打字、速记、摄影、书法等等。教授写作课的张金涛老师曾经布置过一个作业，让每位同学自己完成一张墙报，要求有报名、有组稿、有排版等等，完成后一一展示。正是受这个作业和学四通打字的影响，我和几个同学自发创办了所谓的系刊《青院文秘》，现在想来那算是最初级的社团吧。我们当时在文秘系各级同学中征稿，稿件不足就得自己写。然后用四通打字机排版，再打成蜡纸版的，用刻版笔在蜡版上手画报头和插图，最后四处找油印机自己推出来，晾干、装订、“发行”（就是送到各教室的讲台上，让同学们自由取读）。还真出了不少期呢，非常可惜的是这幼稚的小刊物一本也没有保留到现在。不过我们班后来倒是出了不少专业做媒体、做策划的人才，也不知是否都受到当年学校这些培训的影响。

说到课余生活，我们当时的主要活动区域是北展、动物园、紫竹院这一片儿，想来当年的不少校园情侣是在澄鲜湖畔约会的。那个年代没有网络，没有手机，大家与校外同学联系靠写信。去图书馆借书对大多数人来说，除了学习的需要更多的是爱好。偶尔的周末党校或青院会组织舞会，当然不会是现在的慢摇，跳的是快三慢四、探戈什么的交谊舞。说到跳舞，1989 年的十一，市里组织各高校师生在天安门广场跳集体舞迎接国庆，当漫天焰火在头顶绽放之时，同学们伸开双臂跳着、笑着、叫着，尽情挥洒激情，给大家留下了非常深刻的印象。

1989 年国庆同学们在天安门广场参加国庆联欢

我们这几届是短学制，两年的时光倏地就过去了，留下的是一段在党校办学的青院记忆，也是我们的青春记忆。

2019 年 2 月

难忘的亚运会号角队经历

鲍　刚（89级文秘系）

30年前，作为89级的新生，我入学时，年轻的青院刚刚走过初创的3年。属于自己的校舍还在建设中，我们日常学习生活在临时借用的北京市委党校内。硬件条件可能略显艰苦，但严谨的教学体系，良好的学习氛围，丰富多彩的文体活动，使我很快地便融入进了崭新的大学生活中。现在回想起来，在这短短的几年里，给我留下最深印象的就是青院独具特色的社会实践活动了。

入学没多久，校团委就组织各班以团小组为单位，利用课余时间开展起“社会访谈活动”。我们先后拜望过老将军、老干部、老艺术家等各界人士；走访过部委、机关、艺术团体等单位；还曾经在北京市第一监狱参观座谈。假期里，学校更是鼓励和帮助同学们走出校园开展各种调研和社会活动。同学们骑着自行车去过通州的马驹桥乡，平谷的大华山乡；坐着绿皮火车去湖南长沙，拜访毛主席的故乡韶山冲。

而就时间跨度、参与人数、社会影响力而言，1990年北京第11届亚运会的志愿者活动当数所有活动之最。当时我们是全校参与，从6月的暑假前夕陆陆续续一直忙到10月的中旬。有的同学被分派到组委会、团市委的相关部门去协助工作，有的同学参加啦啦队，而我和另外十几位同学有幸入选成为亚运会颁奖典礼小号队的成员。

20世纪90年代初的中国，改革开放初见成效，国际地位正在提升，举办亚运会在全国上下都掀起了很高的热潮。学校能够争取到机会让我们亲身参与这样一场国际体育盛会，家人骄傲、朋友羡慕，大家的兴奋之情自然不言而喻。可同时，我和同学们都完全没有过任何吹号的学习经验。从6月初组队到9月末亚运会颁奖台登场，3个月的时间从零基础到众目睽睽下演奏，压力之大溢于言表。

学校特意从军乐团请来了2名首席号手，对我们进行集中封闭式训练。头两个月里面，吃住在学校，每天24小时全情投入学习和练习。第一步是练口型，需要上下嘴唇绷紧从中间吹出稳定的音。光是绷紧嘴唇这件事已经让大家连咬馒头的力气都没有了。嘴唇绷紧了，吹出来的只有气没声音，终于有点声音了，也完全不是那么回事儿。当时大家像魔怔了似的，每天就是绷着嘴吹气儿。宿舍里走廊上饭桌前出什么音儿的都有，夜里睡觉都能被不知道谁发出的怪音儿吵醒。按理说年轻人精力充沛体力过人，可是我们面临的最大的考验反而是每天从早到晚长时间枯燥的练习造成的体力消耗。那段日子每天最大的感受有两个，一是没事儿的时候总想吸气，可能是吹出去的气太多了；另一个就是由于每天长时间的练习，脑袋总是晕晕乎乎的。加上时值盛夏，没有空调，练习没一会儿身上的衣服就被汗水浸湿了。有个一米八几的同学，吹着吹着就仰面朝天晕倒在地。醒过来略作休息，又站到了练习的队伍里。每个同学心中都有一个信念，就是必须吹好，只能吹好，没有其他。

终于有一天，不知道是谁率先发出了第一个正确虽然还不够稳定的音，然后如雨后春笋一样，大家陆陆续续都能发出正确的声音了。过了最困难的第一关，我们如获至宝地收到了一个两三寸长的号嘴，开始第二步稳定性的练习。当金光闪闪的小号发到手中时，大概是每个人最期待最激动的时刻了。而经过不分昼夜、争分夺秒的练习，我们终于在亚运会开幕前夕熟练掌握了颁奖曲目。当我站在数万人的工人体育场最终圆满完成这台上几十秒的演奏时，心中充满了的骄傲与欣慰。

1990 年亚运会号角队全体队员的合影

今天回想那 3 个月的集训时光还不禁时时恍惚，不敢相信自己真的和同学们一起完成了这看似不可能的任务。更慨叹当年青院的领导和老师们，他们是有多么敢想敢干，也真的能干，居然顶着巨大的压力硬生生地把一群毛头小伙子锻造成颁奖台上的帅气号手。据说在练号的初期，由于同学们完全没有基础，进度缓慢，亚运会组委会曾经想要放弃学生号队。是青院的领导拍桌子拍胸脯承诺一定展现首都大学生风貌，才有这支号队最终在亚运历史舞台上的演出。

清华大学的梅贻琦校长曾经说过："所谓大学者，非谓有大楼之谓也，有大师之谓也。"青院的创建者和老师们正是用自己的实际行动践行了这句话。他们在简单的硬件设施中，充分利用自己在共青团工作的背景和经验，创造性地开设了全体青院同学都上过的必修课——社会实践。也正是在他们的带领下，青院形成了注重实践的校园文化，也只有他们才敢于让青院的同学们参与到亚运会这样盛大的体育活动也是社会活动中去……今天想来，理论结合实践更重实践的教学理念，应该就是青院独有的特色，也正是这样的理念默默塑造并滋养了青院的实践文化，并潜移默化地影响着一届又一届的青院学生干部和每一位莘莘学子。

在青院读书的那几年里，我寒暑假几乎就没有休息过。仿佛假期也都在上课，上社会实践这门必修课。作为一个受益颇深的个体，我衷心祝愿青院的特色文化能够永远发扬光大！

2019 年 5 月

让青春在东城闪光

刘　勇（89级青教系）

12月的北京，无疑是一年中最冷的。然而，18位北京青年政治学院青教系89级的同学却怀着火一样的激情，来到东城区团委，开始了他们大学时代的最后一次社会实习工作。这如同给隆冬时节的东城共青团系统注入了一股沸腾的热血。接下来的几天里，这18位同学在东城团区委和东城区各机关企事业单位的团组织中又是如何工作和表现的呢？

一、首战凉水河

报到的第一天，分配到团区委的5位同学就接到了去京南凉水河工地参与全市治理凉水河工程最后一战的工作。治理凉水河，可是一项造福子孙后代的百年大计。为此，全市人民早已行动起来。在这次活动中，团市委又如同1990年的亚运会服务一样充当了先锋队。这次听说我们能赶上最后一战，大家都很兴奋。

那天是个星期天，天还下着鹅毛大雪，本来我们实习生是可以休息的，但是为了感受那热火朝天的场面，我们几个同学早早就出发了，到了集合地点一看，安排在基层实习的同学们也来了。冒雪乘车3个小时，到了北京南部那片荒凉的河滩。原本安排我们跟随团区委的老师们做宣传和组织引导工作的，可当看见冰天雪地里，人们都脱掉棉服，身着单衣，迎着凛冽的西北风，争先恐后地大干着，我们谁也待不住了，情不自禁地拿起铁锹，加入了奔腾的洪流。

二、青院人在东城

凉水河归来，许多亲临现场的同学都为之动情。在以后的实习日子里，大家克服重重困难，在东城共青团的条条战线上，以一己之力默默奉献，为东城青年工作的进展贡献了青院人的绵薄之力。

20 世纪 90 年代初的工作条件是艰苦的，况且很多工作对我们来说也是第一次接触，但是没有谁抱怨什么，大家都在埋头耕耘。18 个人，就像夜空中 18 颗星星，在广袤的宇宙中闪烁着、闪烁着，虽然不能照亮夜空，但是每个人都有其自身的光和热。正如在 30 天后实习总结会上，东城团区委组织部部长刘新诚同志讲的那样，“来到东城的 18 位同志，在这短短的一个月时间里，每个人都有可写可书的一笔”。

的确，也许每个人的工作环境不同，但有一点是一致的，就是每一个人都做出了令自己难忘，令别人赞叹的事儿。在东城园林局实习的胡添文同学，刚到岗一周就为局里写出来洋洋万言的全年工作总结。在老同志看来，这也许没什么，可他是年底才到的，对于总结中提到的事儿，他一次也未参与。完全是靠着在最短的时间进入角色，以最快的速度熟悉局里全年全面工作，加之几昼夜凝思苦想才完成的。他还参加了局团委下一年度的工作计划制订，或许这些计划实施时，他早已离开了那里，又回到学校课堂，但是胡添文同学毕竟经历了实际的锻炼，检验了自己在课堂上无法验证的实际运用效果，他所得到的远远超过了一般实习的价值。同学们在实习中锻炼，也在锻炼中帮助基层开展有价值的工作，同时也在完善自我。安璐同学的实习单位是东城百货公司。实习伊始正赶上公司筹备召开团代会，作为一名青教系的学生，组织团代会是必修科目，一切程序了然于胸，但准备起来却是千头万绪，于是安璐早去晚归，又拟日程、又起草文件、将团代会各项准备工作梳理得井井有条，确保了团代会的顺利召开。可家住在几十里以外的她，好几个晚上没吃上热饭，好几个星期没休息。在朝阳门街道实习的张海燕，一到团委便被委以重任。原来街道团委正缺少专业人才，宣传工作一直薄弱，见来了青院科班生，书记便让她帮团委办份小报，借以宣传团的工作，扩大团的影响。她痛快地接受了这项任务，又是走门串户采访，又是广泛搜集素材。白天搞调研，晚上精心设计。一个人又当主编，又当美编，还兼职记者。功夫不负有心人，经过几天的努力，一张图文并茂的《朝阳门青年人》终于与读者见面了。这份小报的诞生，弥补了该街道团委工作的一项空白。能用所学的知识为实习单位办点事是令同学们最得意的事儿。东城卫生局下属的各团支部干部大多是卫校毕业，对简报的写作技巧不太熟，在一定程度上影响了对团委工作情况和成绩的反映。曲立新同学报到后，团委书记得知他写简报的水平不低，就安排他给各团支部支委上一次有关简报写作的团课。曲立新接受任务后，忙不停地做起准备来，查资料、找范文、写讲稿、画图形。虽然团课只讲了短短的几十分钟，但做准备的时间恐怕用分钟是难以计算的。

三、我们在锻炼中成长

在实践中学习，确实改变了我们这群涉世未深的学生。为了得到真实锻炼，同时也为了深入青年人中，了解他们最真实的生活，许多已经被分配到基层的同学又主动要求到更基层的团支部去，体验一下最艰苦的工作环境，接触一下在一线的青年人。为此，在东城药材公司实习的李一凡同学又到了安定门一家药店，他在弥漫的药味中，在潮湿的店堂内，在背药名的声音里，度过了人生一段难忘的时光。在北新桥街道实习的苏向东同学，在元旦和春节这商业系统最忙碌的季节，去了稻香村食品店，干起了为加班青工烧开水的工作。问她有何感受，她说觉得自己烧的不只是一杯杯开水，而是代表上级团组织给青工送去的一团团温暖。她也不觉得自己是大学生，就是一名普通的劳动者。

工作就是在艰苦中创造，这对于刚步入社会的我们而言就更为艰难。谈到工作的艰辛，在东城副食公司实习的关荣国同学深有体会。为了配合这次实习，也是为了对基层青年进行形势教育，公司团委安排他到基层巡讲团课。题目是"东欧及苏联局势"。这下可忙坏了小关同学。他博览群书，遍查报刊，为了一个小标题，竟然找遍了两年内的每期《内参消息》，还通过朋友四处查阅资料，忙的几夜没睡好。就这样，他还因担心内容不够翔实而忐忑。当他讲完团课，听到满场热烈的掌声才松了一口气。他风趣地说，讲这一次课，快把几年的营养都贴上去了。

说到工作的难，我和他有同感。我在东城团区委办公室实习，平时忙些日常工作也不觉得。最令我难忘和为难的就是协助搞全员劳动合同制在东城试点单位调查。社会调查是我专业所学，但是全员劳动合同制，我以前闻所未闻。为了弄明白它，我几乎翻遍了所有实施全员劳动合同制的文件及试行方案。设计调查问卷时，查阅过的书，摞起来有半人多高。实际调查中要一趟又一趟地往基层单位跑，有时候一天要跑几个单位，有时候一个单位要跑好几天，腿跑细了并不算什么，最烦琐最烦恼的是调查问卷的分类、统计、计算百分比和逐一分析，那几天我几乎达到了通宵达旦废寝忘食的地步。最后，当一篇内容翔实、数据有力的调查报告出炉时，我望着那一沓沓厚厚的稿纸，露出了甜蜜又掺杂着苦涩的笑。想起来那些奋战到凌晨的日子，依然回味无穷。

这次社会实习实践，又有哪个人不是从艰苦中磨炼出来的呢？就说在我们团区委机关实习的几位同学吧：张爱华每天扎在文件堆里抄抄写写，简单的工作日复一日地重复着，无穷无尽，把她胳膊累得都抬不起来了。为了准备元旦迎新活动，李晓峰在严冬腊月里冒着刺骨的寒风，蹬着自行车跑来跑去，脸冻红了，手脚冻僵了，他浑然不觉。赵红缨是个纤弱的女孩子，但是为了做好下达工作，在严寒中她一次次骑车往基层单位跑，一天骑行几十里，饭都顾不上吃，病了也不吱声，像个男孩子一样坚强。是的，我们每个人都有可以大书特书的一笔实习经历。

30 天，在人生中或许很短暂，但是 30 天的实习生活，却在我们生命中留下了 30 年乃至更久远的回忆。东城团区委为我们提供了锻炼个人意志品质的场所，为我们搭建了展示才华的舞台。在那里，我们留下了年轻的足迹，从那里走向成熟。我们也用自己的专业和热情回馈了东城。30年匆匆而过，但是我坚信这短暂时光中所发生的一切，我们将永生不忘。我们也不会忘记东城都市车水马龙的繁华，我们也不会忘记东城人的质朴豪爽，我想，东城也不会忘记我们这群来自北京青年政治学院的朝气蓬勃的年轻人。

备注：这篇文章成稿于1991年，迄今已经过去28年了。但今天读起来，我依然感到热血沸腾，年轻时所经历的岁月历历在目。更觉得北京青年政治学院在高校中倡导的“让学生走出去、到社会中多学习多锻炼”的教育理念，令我们终生受益匪浅。这独树一帜的理念，也让青院在高校林立的北京屹立不倒，发扬光大！

2019年3月

塑高尚品格　养浩然正气　立天地之间

——忆北青院的社会实践访谈活动

吴　钊（89级文秘系）

1989年夏天高考失利，我考入名不见经传的北京青年政治学院文秘系进行学习，当时心情极为沮丧低落，我常常在青院借地办学的市委党校破旧的“四教”里望着门前的大白杨默默地发呆，难道最为向往的浪漫多彩大学时光将要在这里度过么？

当时的北青院办学条件虽然非常艰苦，但是学校各级领导和老师们以极大的创业激情和办学热情，深深地感染着我们这些初入校园的新生，我在这里度过了自己青年时代最有意义也是最快乐的一段美好时光。如果说，那段青葱时光就像是人生中一串色彩斑斓的项链，那么我参与的北青院第一届社会实践访谈活动就是这串项链中最为璀璨的那颗宝石。

北青院开展的社会实践访谈活动很有特色，一般是由学校制定活动主题，学生自己选择、联络访谈对象，学校在活动过程给予积极指导和大力支持，目的是让学生在校期间就通过对社会各个阶层的典型人物进行访谈的同时，认识社会、了解社会、接触社会，从而帮助学生在最重要的阶段树立正确的价值观、人生观和世界观。

记得是在1991年的初夏，学校组织第一次由学生为主体的大型社会访谈活动，我所在文秘系89级的同学们都以极大的热情投入了这次活动。

同学们自发地分成了若干小组，有些去找父母或者亲戚朋友，帮忙介绍各领域中的代表人物；有些就按照自己的想法去寻找可以访谈的对象。

当时我和几名同学对话剧特别感兴趣，我突发奇想地跟小伙伴们提议："咱们去北京人民艺术剧院访谈著名的话剧演员怎么样？"这个提议得到了同学和老师的高度认可和极大支持。可是怎么才能约访到人艺的著名演员呢？也许是初生牛犊不怕虎吧，我居然拿着学校开具的社会访谈介绍信，只身坐公交车来到位于灯市口大街的北京人艺，当时人艺的办公楼在剧场后面，我至今还记得那吱吱嘎嘎的木制楼梯和阴森森黑黢黢的楼道。经过一路询问终于找到了院办，我紧张又急切地跟院办的工作人员说明了来意，那位女老师笑呵呵地问："你们想访谈哪一位著名演员啊？""于是之可以吗？"也许是因为对《茶馆》中于老的精彩表演印象太过深刻，我竟不假思索脱口而出！女老师又笑起来："口气还挺大，于是之现在可是我们的常务副院长，工作特别忙，但是我可以把介绍信和你的要求转达给他，你下周二再来一趟，或者打个电话给我，看看院长有没有时间……"我当时的心情无比激动，几乎是一蹦三跳地冲出了人艺的办公楼，跑回学校把这个喜讯报告给同学们，就这样，我们顺利地约到了于是之院长。一个炎热的下午，在北京人艺的大会议室里，于是之院长非常热情地接待了来自北京青年政治学院一行十几位同学和老师，这位著名的话剧表演艺术家非常诚实质朴、平易近人、和蔼可亲。他从自己的贫苦出身讲起，如何四处求学，又如何踏上了话剧表演的艺术之路。他说："演戏演的就是演员的素质，演员在台上一站，你的思想、品德、文化修养、艺术水平以及对角色的创造程度，什么也掩盖不住……因此，热爱生活、爱憎分明这一条很重要！"我印象最深的莫过于临别时于老在我的军挎书包上欣然题写了"好好学习"四个字，并反复强调学好文化知识的重要性。非常可惜的是，几经搬家当时那个小军挎书包早已不知去向，但是那四个大字和于老的殷切嘱托，30年后的今天仍然历历在目。

说起我们对开国中将孙毅将军（1904—2003）的访谈，还有一段曲折的故事。班级将访谈计划报给学校之后，院团委反馈说，"89文秘总体的访谈策划非常好，美中不足的就是缺乏对老一辈无产阶级革命家的访谈"。

这可难坏了我们团支部和班委会的几名小干部，我作为团支部书记真的是绞尽脑汁也想不出怎样才能找到一位“老一辈无产阶级革命家”。有一天在从市委党校骑车回家的路上正好路过曾经就读的小学校，我突然眼前一亮，想起当年的校外辅导员孙毅将军就住在距离学校不远的华嘉胡同，他是位红军长征时的老革命老将军。我回到学校问赵卫民老师，开国中将孙毅将军可不可以算“老一辈无产阶级革命家”呢？赵老师当即一拍手上的教案，说：“当然算啦，开国授勋的中将那可是相当了不得啊！”随即，我和好朋友王晓珊、沈欲晓拿着学校的社会访谈介绍信来到孙毅将军的家，敲开大铁门之后，得知孙毅将军刚刚从突发急性脑出血的鬼门关闯过来，正在康复阶段，医生叮嘱他要好好修养，不能激动，不能多讲话。但是我深知孙毅将军对青少年教育工作的重视和热爱，反复申明访谈活动对于我们的重要意义，在孙老夫人的大力支持下，终于敲定了访谈的具体日期。

学校非常重视这次对孙毅将军的访谈活动，由时任党委副书记马宪平老师亲自带队来到孙毅将军的家（还配备了摄像团队），孙老将军当时已经年近 90 岁，但他仍然以饱满的热情和激昂的声音讲述着从红军长征的红小鬼、到抗日战争的战斗英雄、一直到解放战争志士仁人的革命故事，原定 2 个小时的访谈活动在孙毅将军慷慨激昂、有声有色的讲述中延长到 4 个多小时，直到天色逐渐暗下来，在保健医生一遍遍的提醒下，孙毅将军才与我们依依惜别。临走时老将军还拿出十几张自己写的书法作品，每位同学赠送一张，鼓励大家要好好学习文化知识，珍惜现在的幸福生活，毕业以后一定要为祖国的发展和建设再立新功。正如孙毅将军所说：“我们共产党员有老的时候，我们党的事业却永远不老。为了孩子们，为了祖国的未来，把个人与党的整体利益融在一起，我们就会永远感到年轻，就会得到永远不老的生命，生命的火焰，永不熄灭！”有人劝他：“您老岁数大了，应该休息了。”孙毅将军回答道：“我是共产党员，共产党员就要继续奋斗，哪有停止的道理。”

时间如白驹过隙，一转眼 30 年已经过去了，每当我回忆起在北青院度过的大学时光，还会心潮澎湃，思绪万千。学校当年组织的很多社会活动都是基于“塑造高尚品格、涵养浩然正气、矗立天地之间”的教育理念，悉心培养着一批批初入大学、涉世未深的懵懂少年，而这些当年的教育理念早已深深地烙在我的心底里，融化在我的血液中，使我在以后的人生道路不彷徨、不犹豫，坚定地向着自己的目标不断努力奋斗，追求卓越。

在学院社会访谈总结会上汇报访谈体会

2019 年 8 月

青葱岁月流逝　昂然心性珍存

张启忠（90级青教系）

蓦然回首，离开北京青年政治学院已经26年了，曾经给予教诲的恩师，也相继退休，曾经朝夕相伴的同学，也步入了中年。每次经过学校，总是莫名的情绪微澜与激动。往事的回忆，总能油然涌现。如今提笔，却思绪青涩了。

记得刚入学时，学校地址还在车公庄的北京市委党校内，因为是走读，与同学们交流不多。9月底左右，校学生会干部、89级的刘勇师兄组织我们到香山进行登山比赛。记得，那天的清晨是秋风寒冷，树叶搅着黄沙飞舞，刘勇带着我们到了动物园公交车站，乘坐360路前往。当时的公路，出了西直门就不再是平坦的柏油路了，而是坑坑洼洼的土石路。公交车一路颠簸，到了四季青的时候，车厢内已经是尘土飞扬了。但是，刘勇师哥具有戏剧性的幽默感。受到他的带动，同学们是笑声不断。到了香山东门，胖胖的刘勇买票，然后组织我们起跑、登山。刚开始，我还能健步如飞，渐渐地体力不支，到了山顶，已经是口干舌燥。又是学生会体育部的同学们，给了我们一瓶水，真是甘甜。放眼四望，秋日的阳光，暖暖地照着刚刚开始变红的山峦。这是我第一次，目睹了红叶的热烈。

除了学生会师兄师姐的鼓励，学校的老师们也是很暖心。我非常感恩母校的老师们。除了跟我们朝夕相处、笑容可掬的金胜老师，我还记得几位老师，暂时拾取一点记忆的碎片，聊表感恩的寸心。讲授社会学的谢维和老师，让我们准备两个本子，一个是课堂笔记，可以杂乱；另一个是清晰的课后笔记整理，以及课后的疑惑或者问题的整理。谢老师会在第二次的课堂上，随机地询问。这个学习方法，让我受用至今。每次下课后，尽管我的提问有些拙或者低，谢老师还是有问必答、不厌其烦。每周一次的《社会学概论》不仅春风和煦，而且是让我脑洞大开，拓展了我对于未来的设想。大学第一学期的《社会学概论》匆匆结束了，却开启了我3年不断自学社会学科知识的历程。1992年冬天，我想直接考社会学的硕士生，又茫然不知。偶然遇到了已经调离青年政治学院的谢老师，他依然笑容可掬、仔细给我推荐了有关的学校和专业，还鼓励我到北京大学社会学系拿来往年的入学考试试题，了解一下考学的要求。最终，自己才疏学浅，没有勇气直接申报社会学硕士专业，但是在我心里埋下了将来考学的梦想。2010年，吴冠中离世后的追思会在中国美术馆举行，我当时正在中国教育台《艺术中国》栏目做兼职编导，在二楼看吴冠中先生的画作时候，意外看到了被人簇拥着、已经是清华大学副校长的谢老师，我立刻上前问候，感恩当年的教诲，谢老师边听边笑，鼓励我继续努力，并主动给了我一张名片。至今，我也没有打扰过谢老师。

在学习方面，我也要感谢曾经讲授《大学语文》的张幼林老师，他要求我们广泛阅读课外书，要做读书笔记，我买了一个深红色的大日记本。在大二的暑假结束后，张老师要求上交读书笔记，下发的时候，有红笔的评语：阅读书目较多，笔记认真，还需要记下自己阅读时候的理解和感悟。这个评语，无疑是精准地提升了我的学习方法。这个笔记本，我珍存至今。

学术方面，我要感恩浦卫忠老师。认识浦卫忠老师也是偶然。在花家地的校园中，1992年的一个秋天的傍晚，暮色低垂，我正在小礼堂南侧背课文。一个着装朴实、身形清瘦的老师在散步，老师主动笑盈盈地说："真用功啊。"我有点情绪低落地说："前途渺茫啊。"蒲老师听了，停下来，跟我聊起家常来。我才得知，蒲老师是当时德育研究所的，历史学博士，也是来自乡下，不断地学习才获得了博士学位。他鼓励我说："只要努力，总有你成功的那一天。"以后，见到这位质朴的老师，我总会问候。1993年毕业后，我来到北京广播学院做系团总支书记，但是求学的梦想丝毫没有中断。知道自己的学术水平不高，不能写文学、影视方面的文章，就将学生工作中的经验汇总，写成文章，请当时身为《北京青年政治学院学报》编委的浦老师赐教。浦老师总是在百忙中，斧正我的文章，如果水平还可以，将录用。总共在母校学报上发表了 4 篇论文，也扶持我步入了学术殿堂。当我 2010 年取得电影学博士学位的当天晚上，我给浦老师发了短信，敬谢浦老师的恩德。至今，浦老师和爱人唐老师经常在成都带孙子，我跟浦老师虽是南北相隔，但不思量自难忘，经常通过短信、微信进行“飞鸿传书”。

也要感谢马宪平老师。当时的青年政治学院有带领学生进行社会实践的传统。在当时学院副书记马老师的带领下，我参加了 1990 年寒假的西柏坡体验农村生活、1991 年到陕西延安进行传统教育等活动。在我当了老师之后，才知道，组织活动，很是操心费力的。但是这些活动，开阔了我的视野，了解了社会的真实。尤其是到陕西延安后，老师们组织体验农家生活，把我们带到一个村落后，让我们自己去联系农家吃午饭。我们另外两位同学看到一片菜地有人在干活，主动搭讪后，那个大叔一听我们是北京来的大学生，乐呵呵地说：“等他女儿挑水回来后，就回家给我们做饭。”一看到他 12 岁的女儿，竟然是跟 8 岁的弟弟一个班，而且因为家庭不富裕还要辍学了，真是让我惊讶不已。跟着大叔回家的路上，才看见一个河沟，原来，他女儿是到河沟挑水浇灌菜地。到了他家的窑洞，为了款待我们，他用了一勺子平时舍不得吃的猪油，炖了一锅菜，然后给我们压饸饹。饭后，大叔竟然让他女儿采摘还不大的梨子给我们吃。当我们给他粮票和几元钱的时候，他还拒绝了。这位大叔的憨厚、朴实与热情，让我记忆如新。

行文至此，尘封的思绪，扶摇而生，如雨丝风片，让我再次体验了年轻的时光。青年政治学院 3 年，岁月流金，浇灌了我不怕困难、乐观向前的心性，也浓厚了我的感恩之心。

2019 年 3 月

经风雨，见世面，共成长

——北京青年政治学院学生课外活动掠影

王文斌（90级青教系）

时光飞逝，转眼离开北青院已26年时间了。我们90级学生在西城三塔寺市委党校校区学习生活了一年，又在望京新校两年，正是青院由借地办学到正规办学的过渡时期。回首在校生活，虽然好多事情已经淡忘，但每逢翻看在校期间的老照片，似乎往事又在眼前，其中最难忘的还是在青院的学生课外活动。

一、党校借地办学期间的印迹

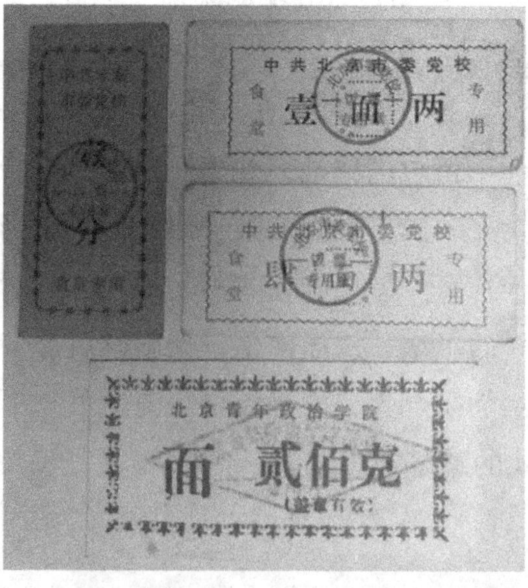

这是我保存了20多年的在校期间的餐票，有在市委党校的，也有后来青院的，工作和生活都更换了不少地方，一直都带在身边，寄托着我对青院生活的深厚情感

这张照片拍摄于 1991 年 6 月，是我们即将从党校学区搬往望京新校区时留下的，从照片上可以看到北京青年政治学院的牌子和市委党校的牌子都挂在车公庄大街 6 号的大门口，同学穿的亚运会 T 恤很有时代特色

二、学校组织的活动

这张照片拍摄于 1991 年 3 月 5 日长安街上，记录的是青院组织学生参加学雷锋义务劳动，擦洗交通护栏

这张照片摄于 1991 年 5 月，是学校组织的“五月的鲜花”歌咏比赛，
背景是市委党校大礼堂

青院组织入党积极分子到门头沟北京矿务局大台煤矿参观，体验井下矿工生活

这张照片拍摄于延庆大榆村乡，学生正在锄草。学校组织学生利用暑假到农村体验生活。
住大通铺加蚊虫叮咬，记忆深刻

这是 1990 年冬天在西柏坡与当地村民的合影，当时我们就住在这位叫闫振中老人的家里，他家用油渣干白菜馅饺子招待我们

团支部组织学生到北京塑料六厂学习参观

学校组织的校运动会

三、班级组织的活动

清明节，党员团员到八宝山革命公墓凭吊革命先烈

五四青年节，全班一起到圆明园过集体生日

班里组织的拔河比赛

班里组织的新年联欢会

班里组织的登山活动

四、感悟

从以上一张张照片可以看出，在青院时我们的课外活动是多么的丰富多彩。我们下矿井了解了京西煤矿采煤工作的辛苦；到北京塑料六厂参观，体验国企工人的生活；到安德里居委会拜访姚金兰主任，学习做基层群众工作的方法；到房山窦店与农民带头人仉振亮座谈，切身感受了新农村的发展变化。期间还去过陕西延安、河北西柏坡，到曲阜祭拜过孔子，参观过黄帝陵、兵马俑，登过华山和泰山……我们不仅在课堂里听谢维和老师的《社会学》、葛铁林老师的《青年组织学》、刘娟老师的《心理学》……更多的是走出校门，到社会大课堂去学习和实践，开阔视野，增长才干。各种各样的集体活动，让我们经风雨、见世面，真切感受各种社会组织的运行与管理，同时也领略了祖国的好河山。通过举办和参加课外活动，把我们一个班的同学紧紧凝聚在一起，这个集体里有在职生、有小同学，共同学习、共同成长，结下了终生的友谊，以至毕业多年以后，每年一小聚成了我们传统。

感谢青院，在我人生中留下了深深印迹。

2019 年 5 月

服务同学　成长自己

周　洁（90级青教系）

自1993年离开青院的校园，迄今已经26年了。虽然人到中年，每每回忆起在青院读书的日子，曾经的青春岁月中那段朝气蓬勃的时光，却依然令我心潮澎湃。

在高考录取率远远低于今天的20世纪90年代，我们是幸运的过线者，却又是高考的失利者。很多来自重点高中的同学高中时成绩优异，却因为种种原因在高考中不能正常发挥，从而进入了青院。

相比其他的大学，当时的青院校史短、专业少、学生少，就连上课的教室都是在市委党校借址教学。虽然当时的学校办学条件简单，但是从校领导到老师到同学，大家都充满着活力，洋溢着青春的朝气。学校为同学们创造非常宽松的自我锻炼自我成长自我发展的机会。高考的不如意，很快被我们抛在脑后，大家兴奋地投入到大学生活中，在这里我们度过了比名校更有意义的大学生活。

我们青教专业的课程，基本以文史哲为主。为我们授课的老师们，有的儒雅敦厚，有的意气风发，有的循循善诱，有的耐心周到。课上他们是我们的良师，课下他们是我们的益友。他们鼓励我们探索新事物，思考新现象，启发我们对现有理论知识进行反向推导。因为我们是新校新专业，所以青院的教学反而不落窠臼。

针对在课堂学到的系统知识，如何更好地学以致用，学校又为我们提供了很多社会实践的机会。青院的特色，决定了自身校园活动多、社会活动多的特点。

我们入学时，适逢1990年亚运会举办，我们也参与到亚运会的志愿者活动中。这一届亚运会，是我国第一次主办大型国际综合赛事，没有任何经验可循，新事新人新作风，反而让同学们在亚运会志愿者的实践中得到锻炼。大家不仅了解了很多体育项目，更开阔了眼界，增强了团队合作意识，提升了自己的应变能力，让自己的大学生活有了不同寻常的起点。

在当年报考青院的同学中，很多人在高中时都担任过学生干部，而学校提供了班、系、校的三级平台，让大家参与其中，服务其中，继续发挥自身优势。

大学一年级下学期，通过公开竞选的方式，我进入校学生会文艺部工作。虽然在高中，我多次组织学校和班级的文艺活动，但是遇到问题基本由老师出面解决。而大学的学生干部工作，除了有明确的工作目标与工作计划，工作的具体落实层面，需要自力更生地解决。

当时学校的文艺部，主要负责学校各类文艺演出活动的组织，我不仅要和其他同学一起进行活动的策划组织工作，还经常担任活动的主持人，那时的我，还兼任北京市大学生艺术团的主持人，所以我的课余时间基本被相关工作占满了。

为了做好自己的工作，我曾经在炎热的夏日，独自一人挤公交到处去借演出服装，在伸手不见五指的夜晚沿着荒凉的马路心惊胆战地回宿舍；曾经在寒冷的冬日，穿着单薄的夏季服装去不同高校主持文艺巡演活动；有时候会被团委老师从课堂上叫出来接受新工作；有时候需要耐心说服临时打退堂鼓的参演同学；期末考试期间，同学们认真复习，而我经常一脸浓妆疲惫又兴奋地回到宿舍。

每逢演出活动，大家都是自费去发廊做发型，自己买化妆品，经常因为工作忙得吃不上午饭或晚饭，但是大家没有任何抱怨，在学习和工作之间努力平衡。至今我都怀念半夜回到宿舍，室友给我留的凉馒头夹大头菜的美味。

在担任学生会干部的那两年时间里，我们文艺部除了组织每年的红五月歌咏比赛、校内校际的新年联欢会，还策划组织了1991年的校庆五周年文艺演出活动，1992年的创建文明校园演出活动。每一次活动都让我经历新的考验，得到新的锻炼，提升了新的能力。

岁月荏苒，青春已逝，大学是人生最重要的转折点，虽然我们的大学生活只有三年，但是在这三年里，我邂逅了终生难忘的恩师们，结交了志同道合的挚友们，增长了专业学识的积累。而两年多的学生干部工作，也让我锻炼了自己的能力，开阔了眼界，培养了坚定的意志，令青春年少的我变得更自信更从容更坚强。

回顾青院时光，让我受益终生并持之以恒的就是——清醒不盲从、淡定不攀比、笃定不迷茫。

2019年5月

附　录

1. 北京市人民政府办公厅批复同意筹建北京青年政治学院的通知

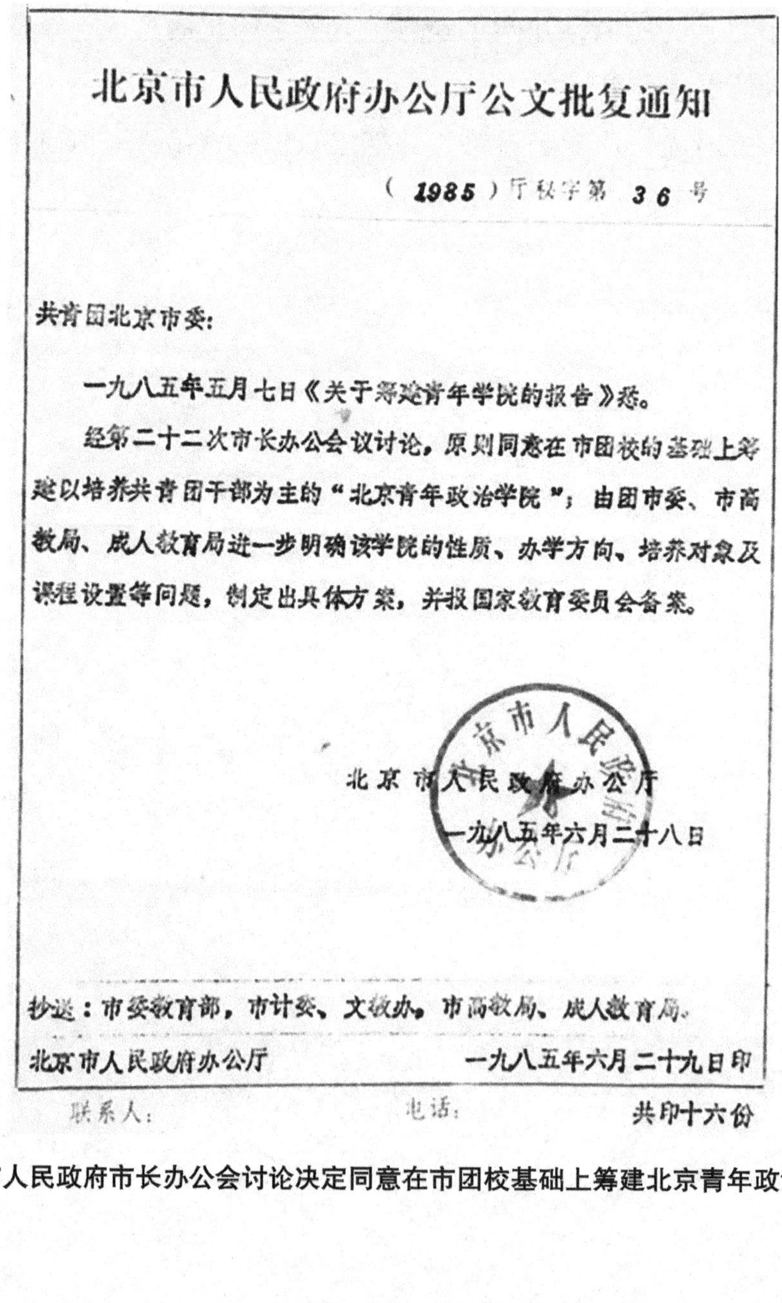

北京市人民政府办公厅公文批复通知

（1985）厅秘字第 36 号

共青团北京市委：

一九八五年五月七日《关于筹建青年学院的报告》悉。

经第二十二次市长办公会议讨论，原则同意在市团校的基础上筹建以培养共青团干部为主的“北京青年政治学院”；由团市委、市高教局、成人教育局进一步明确该学院的性质、办学方向、培养对象及课程设置等问题，制定出具体方案，并报国家教育委员会备案。

北京市人民政府办公厅

一九八五年六月二十八日

抄送：市委教育部，市计委、文教办，市高教局、成人教育局。

北京市人民政府办公厅　　一九八五年六月二十九日印

联系人：　　电话：　　共印十六份

北京市人民政府市长办公会讨论决定同意在市团校基础上筹建北京青年政治学院

2. 1986年5月4日以共青团北京市委员会和北京青年政治学院名义写给邓小平同志的信

共青团北京市委员会

敬爱的小平同志：

您好！首先，请允许我们代表首都三百万青少年谨向您老人家表示最诚挚的问候。

今天，我们怀着十分高兴的心情向您报告：在中央领导同志的号召和支持下，在北京市委、市政府的直接领导下，经国家教委正式批准，一所以培养和造就共青团干部为主的社会主义新型高等院校——北京青年政治学院诞生了。

北京青年政治学院将成为北京共青团和少先队干部的学习中心和培训基地，成为北京市青少年工作的科学研究中心和青少年问题的咨询服务中心，成为向党政部门输送青年干部的重要渠道。办好这所学院是党的重托，也是广大青年和共青团干部的要求，我们决心按照您所指示的三个面向的原则，发扬开拓进取和勇于创新的精神，努力把学院办出特色来。

敬爱的小平同志，我们每一个团干部都深知，您历来十分关心青年一代的成长和教育，重视共青团的工作和建设，支持青年人的首创

·1·

精神。所以，值此学院成立之际（学院将于九月一日正式开学典礼），我们首都的广大团干部和青年，都怀有这样一个共同的心愿：热切地希望您老人家在百忙中为我们题写院名并为学院广大师生题词。

您如能挥毫命笔，我们首都的广大团干部和青年都将感到莫大的荣幸，受到巨大的鼓舞。这不仅对我们学院的建设，而且对首都的精神文明建设，都将起到极大的推动作用。

我们满怀希望地期待着早一天见到您的珍迹。

衷心地祝愿您老人家健康、长寿！

北京青年
北京市委员会　　月四日

·2·

3. 中共北京市委办公厅转发市委组织部、市委教育部、市高教局、团市委《关于办好北京青年政治学院的报告》（京办发〔1986〕33 号）

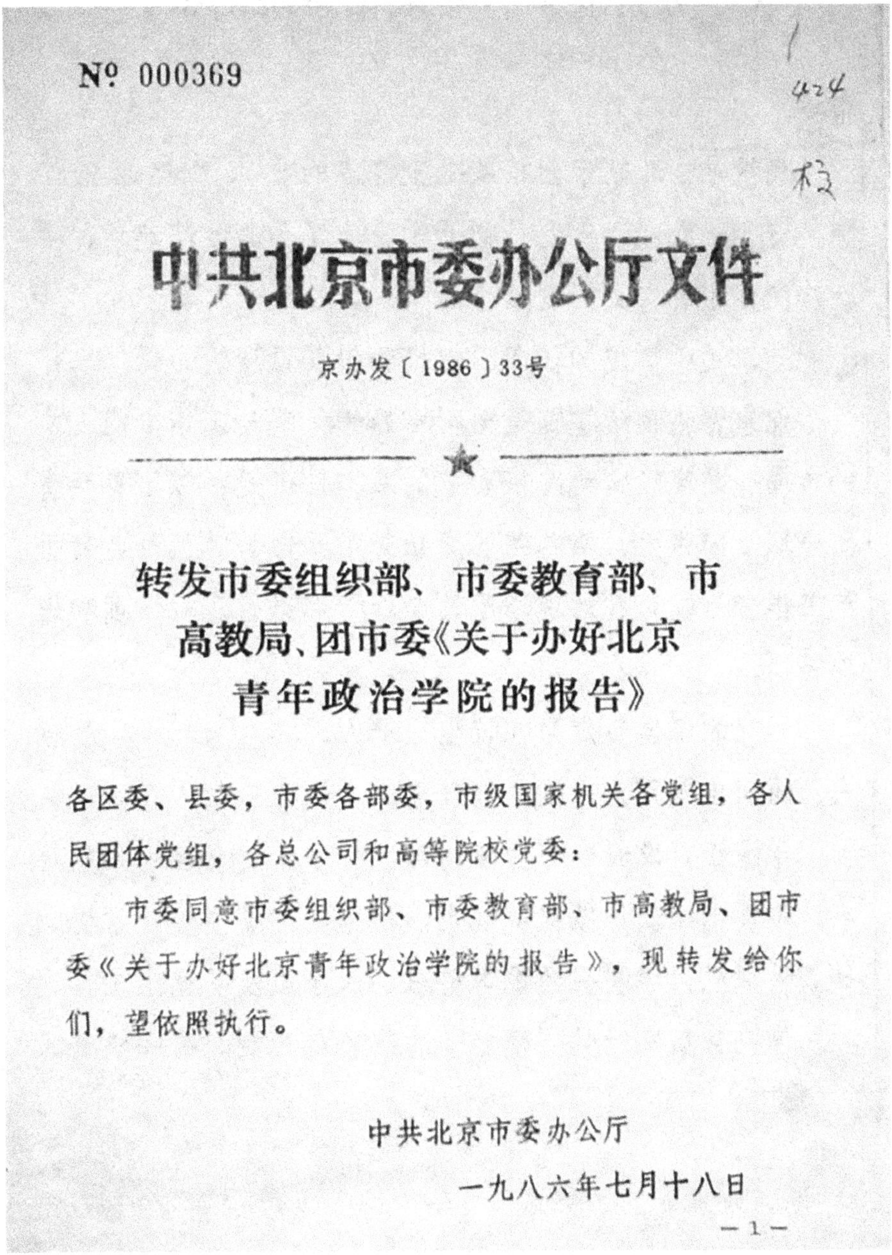

№ 000369

1
424
校

中共北京市委办公厅文件

京办发〔1986〕33号

★

转发市委组织部、市委教育部、市高教局、团市委《关于办好北京青年政治学院的报告》

各区委、县委，市委各部委，市级国家机关各党组，各人民团体党组，各总公司和高等院校党委：

市委同意市委组织部、市委教育部、市高教局、团市委《关于办好北京青年政治学院的报告》，现转发给你们，望依照执行。

中共北京市委办公厅

一九八六年七月十八日

—1—

关于办好北京青年政治学院的报告

市委：

经批准在北京市团校基础上筹建的北京青年政治学院，订于一九八六年九月初开学。为了加强学院建设，现就建院办学的有关问题报告如下：

一、关于学院的任务、规模和机构设置。

北京青年政治学院是一所培养青年政治工作专门人才的市属普通高等文科院校。它的基本任务是：以培养共青团专职干部为主，培养基层党政青年干部和其他社会青少年工作者为辅，并对现职团的专职干部进行正规培训和短期轮训。

学院的规模暂定为在校生一千人，其中大专生六百人，轮训生四百人；院本部教职工编制为三百人。

学院目前设大专部和培训部。其中大专部学制为两年，培训部学制不做统一规定，根据实际需要灵活掌握。待条件成熟，学院将开设本科班、双学位及研究生班。

学院目前实行党委领导下的院长负责制。有关机构的

—2—

设置应根据实际工作的需要，贯彻改革的精神，本着精简机构、提高效率的原则办理。

二、关于招生和分配。

北京青年政治学院必须保证招生质量。它所招收的新生应当有较高的政治素质，有志于青年工作，有一定的组织能力和表达能力。大专部的招生对象主要是应届高中毕业生中的共产党员、共青团员和优秀学生干部以及具有同等学历的团干部（年龄一般不超过二十五周岁）。委托代培、夜大等招生问题，根据国家规定办理。

学院采取定向招生与非定向招生相结合的办法，目前以定向招生为主。学院每年将教育主管部门批准的招生指标下达给各区、县、局。由各区、县、局团委按招生条件会同各有关方面提前组织推荐考生。有志于共青团工作的其他优秀团员和在职干部（二十五周岁以下）也可以自愿报名，所有人员都要参加全国统一高考。学院将结合自己的特殊要求，按有关规定经批准后确定录取分数线并根据面试的情况录取新生。

大专生毕业后，凡定向招收的学生，一般回定向地区或部门工作，其余由学院和团市委按照国家有关规定统一分配，在北京做共青团工作或其它青年教育工作。

北京青年政治学院的大专毕业生，享受国家规定的高等院校专科毕业生待遇。

三、关于师资队伍。

当前，要大力做好师资队伍的调配和培养工作。一是有计划地从本市各高校调进一些有相应职称的教学业务骨干；二是有选择地从社会上（包括市内外）招聘调入有专业特长、适合学院需要的教学业务急需人才；三是有重点地从应届本科生和研究生中选择一些品学兼优的毕业生充实学院的师资队伍；四是有组织地对团校现有教员采取脱产进修、委托代培、在职学习等多种方式进行培训。

四、关于加强对学院的领导。

北京青年政治学院为副局级单位，受团市委和教育部门双重领导。党的关系隶属于市委教育部；行政关系隶属于团市委和市高教局，以团市委为主；招生、教学、学籍管理等业务工作由市高教局统一领导。

各有关方面要积极支持北京青年政治学院的各项建设工作。要抓紧学院的基本建设，努力完成基建的一期和二期计划任务，保证“七五”计划期间建成建好学院。为能经常地对该院工作给予具体指导和帮助，建议成立北京青年政治学院院务指导委员会，拟请市委领导和市委教育

— 4 —

部、组织部、党校、市政府文教办、高教局、计委、建委等有关领导和一两所与该院建立校际友好关系的高校领导同志参加。

以上报告，如无不妥，请批转有关方面贯彻执行。

中共北京市委组织部
中共北京市委教育工作部
北京市高等教育局
共青团北京市委员会
一九八六年六月六日

4. 市委副书记金鉴同志在北京青年政治学院成立大会上的讲话（摘要）

1986年9月5日

同志们：

今天，我很高兴来和你们一道庆祝北京青年政治学院成立暨纪念北京市团校建校三十周年。把学院开学和纪念团校三十周年放在同一时刻举行，使共青团事业的后来者一入校门，便能看到一部共青团的创业史、光荣史，从而增强对这项事业的自豪感，我认为这是非常有意义的。

早在1925年的大革命时期，北京团组织就开始举办团的骨干分子训练班，为党进行土地革命战争准备和提供了一批军事、政治骨干力量，曾得到少年共产国际大会的高度赞扬。在此后的斗争岁月里积极地为党培养了一批又一批的干部，保证了革命事业后继有人。中华人民共和国成立后，北京市团校作为培养和训练共青团干部的重要阵地，密切配合党在社会主义建设时期的中心任务，围绕贯彻党的路线、方针、政策，根据不同发展时期党对干部的不同要求，举办了近百期训练班，培训了两万多名团干部，这些干部为团的事业和党的事业作出了积极的贡献，其中许多人现在已成为各条战线的领导骨干，有的还担任着重要的领导工作。中央政治局委员、中共天津市委第一书记倪志福和北京市副市长张百发等领导同志都曾先后在此学习。北京市团校在培养造就青年干部，向党输送适合社会主义革命和建设所要的骨干人才方面是作出了贡献的。在此，我向那些曾为团校教育事业的创建和发展作出过积极贡献的老校友们致以崇高的敬意！

团校，青年政治学院是团的干部培训基地，也是党的干部培训基地。这块基地，过去有，现在有，将来也不能丢！

今天，北京共青团干部教育事业在党的领导下有了新的发展。北京青年政治学院是市委、市政府根据党在新的历史条件下尽快建立一支符合革命化、年轻化、知识化、专业化的党的干部队伍，以适应实现四化总目标和推进改革总进程需要的要求，在国家全面进行教育体制改革的形势下，于去年九月在团校基础上创办的一所专门培养青少年思想政治工作干部的新型高等院校。北京青年政治学院的创办是市委、市政府贯彻党的全国代表会议精神、落实党中央关于首都建设的四点指示、大力加强思想政治工作、大力加强首都精神文明建设，高度重视党的后备干部培养所采取的一项重要措施，她不仅对于从根本上解决团干部队伍的知识化、专业化和团干部的来源提供了可靠的保证，而且对于促进我们整个干部队伍的“四化”具有深远的战略意义。

办好北京青年政治学院，培养出新时期所需要的德才兼备的青少年干部，这是党和人民对你们的要求，是时代和社会赋予你们的光荣使命。你们的任务艰巨、责任重大，邓小平同志亲笔为学院题写了院名，李鹏、倪志福等党和国家领导人及王照华、李锡铭等领导同志都先后为学院做了批示并题写了祝词；这充分体现出老一辈对青年干部的关心与爱护，对青年人事业的支持与帮助。

北京青年政治学院是我们北京市第一所由共青团主办的大学，也是我们北京市第一所专门培养青年政工人才的政治学府。这就需要你们继承和发扬团校三十年办学中所积累的一切好的传统和经验，并结合自己的实际情况，学习借鉴国内党校和其他大专院校的长处以及国外某些学校（如美国的文官学院、西点军校、日本的经理训练所等等）一切“有益于我”的做法，在此基上以改革的精神，勤于实践、勇于探索、敢于创新、开拓自己的新路子。

市委希望你们要认真贯彻《中共中央关于教育体制改革的决定》精神，努力使学校的办学任务、办学方向以及教育思想、教育内容和教育方法适应面向现代化、面向世界、面向未来的总的方向和总的要求，充分发挥团办高校优势，努力办出学院自己的特色来。北京青年政治学院应该有三个最为鲜明的特色：一是她的政治特色，这种政治特色集中体现在办学指导思想和培养目标上。你们要把培养“有理想、有道德、有文化、有纪律”的“四有新人”作为办学的坚定不移的指导思想，从我们这个校门毕业出去的学生，应该有坚定的共产主义信念和高尚的共产主义情操，要有较高的马列主义理论水平和政策水平，要有在政治上与党中央保持一致的坚定的党性观念和在行动上积极贯彻党的路线、方针、政策的自觉性，要有全心全意为人民服务思想，要有强烈的政治热情并富于献身精神，要善于理论联系实际，要善于做思想政治工作，要能够在实际工作中坚持正确的思想路线，正确地认识客观事物，能动地改造客观事物。总之，是一个坚定的、清醒的、党的青年工作者。此外，在队伍建设上要特别强调队伍的政治素质，学校的思想政治工作应该是第一流水准的。二是她的青年特色，这种特色集中体现在办学任务和办学方向上。你们是培养青年工作专门人才的，所以，你们一定要坚持为青年服务、为青年工作服务的办学方向。你们的校风最应该有青年人朝气蓬勃、实事求是的特点；你们的团委和学生会工作应该是最高水平，应该成为全团的典范；课堂上有关青年工作理论的教学应该是最好的；科研应成为全市青年问题的研究和咨询中心；学院的整个工作要与社会上的青年工作息息相通、紧密相连，干部教师都要了解青年、热爱青年，会做青年工作；你们要经常、及时地向党提出有关青年问题的战略对策和学术成果，充分发挥党领导青年及青年工作的助手作用。三是她的时代特色，这种特色集中体现在教育思想和教育手段上。团办学院的最大优势就是共青团这个深厚的土壤和广阔领域作为实验基地，使人才培养和使用有机地结合在一起，减少了中间环节。因此，你们在教学过程中要把培养和提高学生们的实践能力作为重要环节来抓，要引导学生们紧密结合我国社会主义现代化建设的实际、改革开放的实际、共青团工作的实际，学习书本知识，切记关起门来死背书本。同时，还要能够将现代化的教学仪器设备广泛地应用于教学活动，在运用电子计算机、电视录像等电化教学手段方面，搞出自己的特色来。当然，要切实办出特色来，还包括学院其他方方面面的工作，都应该有更高的标准、更高的要求。

学院建设现在才刚刚起步，还缺乏很多办学经验，还面临着很多困难。你们既要善于学习，又要善于在实践中不断积累、总结经验，要学会把人家好的东西变成自己的东西，尽快由外行变成内行。同时，还需要从实际出发，发挥自己的优势，积极创造条件，要同社会保持密切的联系、争取各方面的支持。市委相信，有党的领导，有老一辈的关怀，有社会各方面的帮助，有学院全体同志辛勤努力，北京青年政治学院就一定能过关斩将，走出一条新路，办出自己的特色，完成历史赋予我们的使命。

最后，我还要对第一批到这里学习、深造的新学员讲几句。这个学院真正的主人是你们，这所学院要办好离不开你们的积极性。胡耀邦同志曾就选什么样的人作团代表大会代表时指出，“就是需要选那些有志为国家的兴旺发达奋斗、敢于赴汤蹈火、有献身精神、能开创新局面的人”。并多次强调，没有献身精神的，不要到团里来。我相信我们在座的同学们都是有志于青年工作的，绝不会仅满足要一张文凭、要一份资格，因为这实在是太狭隘、太渺小、太没出息了。既然你们有幸走进这所大学，我希望你们一入校门就应把自己首先看作一名共青团干部，而其次才是普通高校的学生，要以这个标准来规范你们从思想到工作、从学习到生活的一切言行。这也就是我们说的，尽快进入角色。你们在校学习的时间非常短暂，而所要学的内容却非常之多。你们要抓紧一切时间，刻苦攻读。由于目前学校校舍仍未建成，学习、休息、饮食等条件还较差，你们要发扬艰苦创业的精神，可以通过建校劳动，用自己勤劳的智慧和汗水，来改善自己的学习和生活环境。你们还可以通过参加学校的一些管理工作，进行团干部思想素质和工作能力等多方面基本训练，学校本身就应该是实践的课堂，争取通过两年的学习实践，把与实际工作的适应差降到最低限。总之，从我们这个校门毕业出去的学生，应该是掌握扎实的马列主义基础知识和精通青少年工作理论的、有坚定的共产主义信念和高尚的共产主义情操的、有较强的实际工作能力的、热爱青年和青年工作的、富于创新和献身精神的，在开放、搞活、实行社会主义商品经济历史环境里，有清醒的政治头脑和敏锐的政治目光，敢于站在改革的最前列宣传和组织群众不断开创新局面的青年工作者。同学们，你们是实现到本世纪末我国工农业年总产值翻两番宏伟目标的始终参加者和直接受益者，并且还要参加下个世纪把我国建设成世界第一流的繁荣富强的现代化的社会主义强国的伟大实践。你们是共青团事业继承者和希望之所在。希望你们牢牢记住这一点，希望你们在觉悟程度、学识水平、工作能力和创造精神方面能超过你们的前人，超过我们这一代人。

5. 共青团中央书记处书记刘延东同志在北京青年政治学院成立大会上的讲话（摘要）

1986年9月5日

在庆祝北京市团校成立三十周年之际，北京青年政治学院宣告成立了。继中国青年政治学院成立之后，北京青年政治学院是我们共青团系统从本、专科生中培养青年工作者的第二个高等院校。邓小平同志亲自为学院题写院名，这充分体现了党中央和老一辈无产阶级革命家对青年工作和学院建设的热忱关怀。

团中央衷心地希望北京青年政治学院能成为北京市培养青年马克思主义者和优秀青少年工作者的摇篮。北京是祖国的首都，是党中央的所在地，也是全国人民和全国青年向往的地方。所以，北京的两个文明建设，特别是精神文明建设应该走在全国的前列，成为全国的表率和榜样。所以如何培养一代“四有新人”、为建设文明的、繁荣的和美丽的新北京作出贡献，这是首都共青团的一个光荣的历史责任。为了完成这样一个伟大的任务，就需要成千上万的优秀的青少年工作者，而这些优秀的青少年工作者应该是具有较高的马克思主义理论水平、掌握现代科学专业知识，政治坚定、品德高尚、才华出众，博学多才的德、智、体、美全面发展的新型人才。因此，北京青年政治学院所肩负的任务是非常艰巨的。团中央希望我们这个学院能够从北京市两个文明建设的战略需要出发，培养出这样大批的优秀人才来。

同学们，你们作为学院的首届学员，团中央希望你们既要像开拓者又要做创造者。希望你们能够努力学习，奋发成才，为后来者开拓新路，做出榜样。

当前，我们的国家正进行着伟大的、全面的改革，为了建一个具有中国特色的社会主义，全国人民都在努力地奋斗。改革和开放的大背景给青年工作带来了许多新课题，怎么样在改革、开放的环境下能够培养出适应改革的一代“四有新人”，这是共青团在新时期的一个重大任务。所以衷心地祝愿北京青年政治学院在这方面能够为共青团探索新时期青年工作的规律，培养“四有新人”，成为青少年工作研究的基地，为共青团在新时期的创新和发展作出积极的贡献。

北京青年政治学院的成立，标志着我们团干部正规化教育进入了一个新阶段。这所学院既不同于一般的团校，也不同于一般的大专院校，所以希望北京青年政治学院能够继承和发扬我们过去北京团校的优良传统，同时能够借鉴其他院校的办学经验，从面向现代化、面向世界、面向未来这样一个总要求出发，在指导思想、办学方针、教学内容和教学方法上以改革的精神去开拓办校的新路子，使北京青年政治学院从创建之初就能以新的面貌，扎实的工作，独具特色地出现在人们的面前，使我们的学院能够为21世纪把我国建设成为文明、繁荣的社会主义现代化的国家，在培养人才，多出人才，出好人才这方面作出积极的贡献，能够在共青团的历史上写下光辉的一页。

6. 冒着风寒送来温暖

——市委副书记汪家镠同志第五次视察我院工作

11 月 30 日的北京，尽管受到入冬以来西伯利亚冷空气最大面积南移的影响，气温骤然下降十多度，四城刮起了六七级强烈大风，一时间使人感到寒冷难耐，但在北京青年政治学院教工群众的心里却升腾起一团炽热的火。是日下午，中共北京市委副书记汪家镠同志冒着严寒，风尘仆仆地来到北京青年政治学院新址基建工地。这是她对我们这所新建院校的第五次视察。随同汪家镠同志来院视察的还有市高教局局长陈忠、市计委副主任王广荃、市高教局基建处高处长等有关领导同志。我院党委书记、常务副院长蒋效愚，副书记马宪平和部分中层领导及教师代表甘葆露教授等迎候领导同志。

汪家镠等领导同志仔细听取了院党政领导关于青院建设发展的工作汇报，详细询问了学院目前办学条件，尤其是教职工生活方面存在的问题和困难。家镠同志对我院自建立以来，坚持社会主义办学方向，坚持把德育放在首位的办学方针，注重培养思想政治素质高、实践动手能力强的合格人才，给予了高度评价。当得知我院已为首都四化建设和青少年事业培养了三届共 414 名大专毕业生，培训在职党政团各类干部近万人次，且招生和分配形势一年比一年看好时，家镠同志高兴地说：“青院一定要办出自己的特点，得到社会承认，才能有生命力。”陈忠局长希望我院要很好地总结和摸索经验，把学院越办越好，要坚持和发扬青院的好传统。院党委书记蒋效愚同志还着重向汪家镠等领导汇报了我院教工家属宿舍建设上面临的严重困难。我院自 1984 年开始基建至今，没有一间教职工住宅。目前教职工宿舍建设问题，已成为学院基建工作的主要矛盾，成为影响学院稳定与发展的关键问题。家镠同志全面了解了我院绝大多数教职工分散居住在城近郊区，如通县、丰台、海淀、石景山、门头沟等地，不少人借住办公室、值班室，包括一些已婚或已有孩子的青年教师仍然在集体宿舍分居，还有不少青年教职工挤在父母家中三代同室等情况，对此非常关心。她十分诚恳地希望有关方面给予支持，想方设法帮助解决。计委王广荃副主任向与会同志介绍了市里今明两年基本建设的发展形势，由于国家经济建设仍处于整顿治理时期，财力相当紧张，明年全市基建形势仍然相当严峻。这几年市里尽管基建压力很大，计委及有关部门对青院建设还是给予了特别的关注和支持，因为这是关系到青少年教育和接班人培养的战略大事。对于解决青院教工住宅问题，王副主任表示一定多方筹集资金，大家出力、并按房改的一些新思路多种办法解决。京朝房地产开发公司董总工程师也当场表示愿意在尽快解决青院教职工宿舍问题上给予合作和支持。经过审慎的研究磋商，大家就解决这个问题的思路、途径、办法达成了谅解和共识。看到多年的难题有了解决的初步意向，在场的家镠等领导和同志们脸上都露出了轻松、欣慰的笑容。

家镠等领导同志还不顾工作疲劳，兴致勃勃地视察了新落成的教学办公大楼。看到这座结构新颖、功能齐全、经济实用的建筑，家镠同志兴奋地说："你们这几年辛辛苦苦的努力终于有了成果，这是我们培养新一代思想政治工作者的重要阵地。培养教育青少年这个钱应该花，这块阵地不仅要建设好，还要使用好。"家镠等领导同志还顶着六七级大风，登上四楼的外跨平台，俯视建设中的北京青年政治学院基建全景。强劲的寒风猛烈扑打着在场的每一位同志，领导们不惧寒风，对青院正在建设的每一处、每一点都问得很仔细，很认真。目睹此情此景，我院在场的干部群众都十分感动。青院的建设和发展成就，不仅是我们全院教职工艰苦创业的努力结果，同时也凝聚着众多市领导及老同志的心血和对教育事业、青年事业的关心与期望。

家镠等领导同志视察期间，还亲切地会见了甘葆露教授，苏世英副教授，谢维和博士等部分教师代表。

（北京青年政治学院《简报》1990 年第 17 期）

7. 北京青年政治学院创建大事记（1984—1991 年）

1984 年

2 月 市政府以京政地字 252 号文件批复，同意市团校建校征地申请，标志团校新校址建设工作全面展开。

10 月 6 日 根据团市委决定，团市委常委、大学部部长蒋效愚同志到市团校主持工作，兼任校长。

1985 年

5 月 7 日 团市委提出《关于筹建北京青年政治学院的报告》。

5 月 10 日 北京市政府第 22 次市长办公会讨论并原则同意在北京市团校基础上创办北京青年政治学院。

6 月 28 日 市政府办公厅厅秘字 36 号文件批复同意筹建北京青年政治学院。

1986 年

2 月 3 日 市高教局向国家教委报送《关于建成北京青年政治学院备案报告的说明》（京高教计字〔86〕第 034 号）。

3 月 5 日 国家教委批复市高教局、市计委等部门，同意北京青年政治学院备案。

4 月 国家教委批准北京青年政治学院列入 1986 年的全国招生计划。

4 月 9 日 全国人大代表、雷锋式好干部朱伯儒同志应邀来我校为全体师生做了《关于在改革时期加强青年思想政治工作的报告》。

5 月 22 日 市编委批复《关于审批北京青年政治学院机构编制的请示

报告》(〔1986〕京编事字第41号)，同意北京青年政治学院为副局级建制，并批准了学院的机构设置及人员编制。

7月7日 我院与北京师范学院青年教育学研究所、中国青年政治学院青少年工作研究所、北京青年研究会、北京市高校德育研究会联合主办了“青年思想教育改革研讨会”。

7月9日 中共中央政治局常委、中顾委主任邓小平同志欣然为我院题写“北京青年政治学院”院名。

7月18日 市委办公厅京办发〔1986〕33号文转发市委组织部、教育部、团市委《关于办好北京青年政治学院的报告》

8月9日 国务院副总理兼国家教委主任李鹏同志为我院的成立题写贺词。

8月18日 在延庆县官厅水库召开全院中层干部会议。会议认真学习邓小平同志和各级领导对青院工作的关爱与指示精神，统一了办学思想，为学院正式建立和开学招生工作做了思想上和干部上的准备。

8月24日 我院纳入市属普通高等学校后首次招生工作顺利完成。全院共招收114名大专学生，其中青教系69名，管理系45名。

9月5日 北京青年政治学院开学典礼暨北京市团校建校30周年纪念大会在市委党校隆重召开。市委副书记金鉴同志，市委常委、市委教育工作部部长汪家镠同志，团中央书记处书记刘延东同志及中央、市委市政府有关领导、团市委领导和团校老校友及全体师生共300多人出席大会。

同日 市委批准成立北京青年政治学院院务指导委员会，市委副书记金鉴同志任主任，市委常委、市委教育工作部部长汪家镠同志任副主任，市委、市政府有关方面负责人共16人担任委员。

9月8日 为加强学生纪律作风的培养，学院领导蒋效愚同志率全院新生和部分教工参观中国人民解放军三军仪仗队营房、内务和训练，三军仪仗队着装为师生进行了精彩表演。

10月19日 我院《青院学生报》出版创刊号。

12 月　学院新院址“三通一平”工作结束，学院总体规划设计方案初步完成。

1987 年

1 月 8 日　祖国南疆边防前线的“老山魂战士汇报团”应邀来我院做了赴京首场报告，战斗英雄、一等功荣立者徐良等做了生动感人的报告。

1 月 21 日　市委副书记金鉴同志视察我院新落成的培训楼。

1 月 28 日　院务指导委员会全体会议在培训中心举行，就学院的发展、建设给予方向性指导，对存在的困难做了深入调研。

2 月 8 日　在香山农场局招待所召开全院中层干部寒假工作会议。会议研究了学院基本建设的总体方案和学院发展的长远规划。

2 月 11 日　学院组织全体学生及部分青年教职工到保定中国人民解放军三十八集团军一一三师三三九团进行军训。副市长陈昊苏和三十八军军长李际均等领导同志参加了军训闭幕式并检阅了我院军训师生。

2 月 23 日　经市委教育部批准，学院临时党委正式成立，蒋效愚同志任书记。

4 月 26 日　我院首届春季运动会在中央民族学院运动场隆重举行。全院师生的报名率和参赛率均在 90% 以上。

5 月 4 日　我院第一届学生“五四”论文评奖活动举行。

5 月 10 日　我院与中国社会心理学会联合举办“社会心理管理学讲习班”。

7 月 4 日　院务指导委员会在培训基地召开会议，会议基本确定了我院新院址的设计方案。

7 月 15 日　全院首届职称评定工作顺利结束，共 12 人晋升了中高级职称，其中副教授 1 人，讲师 11 人。

7 月 27 日　我院在培训中心联合举办为期 20 天的“全国青年思想教育讲习班”。除西藏以外的 28 个省、自治区、直辖市的 965 名团干部分两期参加了讲习班。团中央第一书记宋德福同志、书记处书记刘延东、李源潮同志，团市委书记强卫等同志先后到讲习班讲课、做报告、看望学员、参加座谈会。李燕杰、曲啸、吴杰、黄志坚等为讲习班授课。

8月24日 87级招生工作顺利完成。共招收学生157人，其中，青教系53人，管理系52人，文秘系52人。

9月8日 学院举行迎新生暨庆祝教师节开学典礼大会，团中央书记处书记刘奇葆同志、国家教委政教司副司长徐文良同志、市委教育部副部长任彦申同志、团市委书记强卫同志参加了大会。

10月20日 北京市高校后勤改革评估工作小组来我院检查评估。我院学生公寓化管理工作取得北京市高校学生公寓化管理总分第一名。

11月13日 市委副书记金鉴同志到我院视察工作，对学院的办学方向、培养目标和培养青年干部理论联系实际的学风等问题做了指示。

11月15日 在第三届北京青年文艺节舞蹈比赛中，我院舞蹈队演出的现代舞《星空的旋律》荣获一等奖。

11月16日 市规委办和市计委联合签发了首规办设字191号和京计基字第998号文件，正式确定了学院的基本建设规模。

1988年

1月30日 北京青年政治学院第一次团员代表大会和学生代表大会召开，选举王晓蒙同志为第一届院团委书记，选举肖毅同学为第一届校学生会主席。

2月21日 87级学生到中国人民解放军51120部队参加军训。市委副书记李其炎同志、团中央书记处书记李克强同志参加了军训闭营式，并检阅了受训的学生。

4月1日 北京市人民政府第6次常务会议决定任命周之良同志为北京青年政治学院院长。

4月22日 学院第二届春季运动会在北京师范学院体育场举行，师生创造不少新的院纪录。

4月29日　学院教学行政大楼基建开工奠基典礼隆重举行。市委副书记李其炎同志、司法部副部长金鉴同志、团中央书记处书记刘奇葆等领导同志出席了仪式。

5月　市委教育部任命马宪平同志为我院党委副书记。

7月5日　我院首届大专毕业生毕业典礼在培训基地举行。这是全国第一批经过系统培养的青年思想政治教育专业的大专毕业生，共113名，其中党员28名。

8月　在房山县戒台寺召开全院中层干部暑期工作研讨会议。会议着重研究加强学院思想政治工作等问题。

8月25日　88级招生工作顺利完成，共招收新生151人，其中青教系51人，管理系50人，文秘系50人。

11月5日　学生业余党校正式成立。党委副书记马宪平同志兼任校长。

1989年

2月23日　88级学生到中国人民解放军51120部队参加军训。

4月30日　院第三届春季运动会在北京建工学院体育场举行，创造了一批新纪录。

同日　蒋效愚同志的《关于学潮的研究》一文获纪念“五四运动”70周年全国青年运动理论研讨会优秀论文一等奖。

5月17日　经院党委批准，以院红十字会名义组织部分学生（红会会员）到天安门广场，经市红十字会同意，协助维持广场秩序。

5月19日　院党政领导到总后礼堂参加党中央召开的首都党政军领导干部大会。

6月5日　学院全体中层以上干部和相当一批教职工，克服重重困难和危险，自觉赶至学校坚守工作岗位。

6月11日　我院开始复课，成为北京市高校中复课最早的学校之一。

7月12日 我院87级学生毕业典礼在培训基地举行。

7月13日 我院第一届教职工代表大会、工会会员代表大会召开，并经市教育工会批准正式成立院教育工会。马宪平同志当选院工会主席。

7月20日 陆宇澄副市长及市高教局陈忠局长等市委市政府有关方面领导到我院建设工地现场办公，解决教育办学和基建工作中的急难问题。

8月21日 在密云县白龙潭召开中层以上干部参加的学院党委扩大会议。会议认真学习了党中央十三届四中全会的文件精神，统一思想认识。

8月27日 89级招生工作顺利完成，共招收学生135人，其中，青教系43人，管理系47人，文秘系45人。

9月 经上级主管部门批准，我院大专学制由二年制改为三年制。

9月17日 我院青教系主任葛铁林同志被授予“北京市教书育人先进工作者”称号。

10月9日 中共中央政治局委员、北京市委书记李锡铭、市委副书记汪家镠、副市长陆宇澄等领导同志来我院新址与师生代表进行座谈，对学院工作给予了肯定，并视察了我院。

10月 院长周之良教授的“思想政治工作概论”课荣获北京市高校优秀教学成果奖。

11月1日 院心理咨询室成立，这是我院为加强心理课教学和大学生心理卫生，改进青年思想政治教育工作而做的努力。

12月6日 院舞蹈队排演的舞蹈《敦煌伎乐》参加了北京市首届大学生文化节，获舞蹈比赛二等奖。

1990年

3月13日 学生业余党校“社会主义教育实践营”在通县马驹桥乡开营。学生吃住在社员家，并参加起猪圈等劳动，受到很大锻炼。

4月20日 全院学生参加为期一个月的“访先辈，树信念；访劳模，树理想；访工农，找差距”为主题的大型访谈活动。革命老前辈陆定一、杨植霖、孙毅、郭明秋等同志以及各条战线上的先进工作者劳动模范70多人接受了访谈。

4月30日 中共北京市委常委、市委宣传部部长李志坚同志到我院视察工作。根据市委领导每人联系一所学校的分工，李志坚同志此后联系我院。

6月20日 我院与《中国青年报》联合举办“青年与爱国主义教育研讨会”。

6月26日 我院劳动服务公司向第11届亚运会捐赠“汽车加强安全灯”仪式在市委党校礼堂举行。团中央书记处书记李克强、团市委书记强卫及亚运会组委会集资部主任王志良等领导出席了捐赠仪式。

7月10日 全院学生投入亚运会服务工作并组织了“青院学生号角队”“海燕啦啦队”等特色志愿者队伍，36名学生获“亚运先锋”称号，院团委副书记罗兰同志荣立一等功，青教系获优秀文明啦啦队奖。

7月11日 按照党中央和市委的部署，我院全体党员开始党员重新登记工作。

8月14日 团市委书记强卫及诸位副书记和各部部长到我院检查工作。

8月24日 90级招生工作顺利完成，共招收新生174人，其中青教系85人，管理系45人，文秘系44人。首批招收荣获市级先进工作者称号的20名优秀在职青年来院学习深造。

8月27日 在门头沟区落坡岭召开学院中层干部暑期工作会议，会议就本学年工作计划及落实德育首位问题进行了研究部署。

9月 院长周之良教授调任北京师范大学党委书记。

9月2日 经市军训领导小组批准，我院正式列为北京市高校军训试点院校。

9月4日 90级学生开学典礼暨军训开营式在空军86850部队举行。

9月10日 学院召开庆祝教师节大会。院党委对获得院“三育先进工作者”称号的李桂芝、陈东方、朱国成三位同志进行了表彰。

10月22日 院教学工作会议在门头沟矿务局举行，会议讨论了学院培养目标及规格，审定了三年制教育计划。

10 月 24 日　我院与《中国青年报》联合举办“当代青年与亚运精神研讨会”。

11 月 30 日　市委副书记汪家镠同志第五次来我院视察工作，就解决教职工宿舍问题做出安排。市高教局、市计委领导同志随同视察。

12 月 5 日　为纪念“一二·九运动”45 周年，加强学风建设，全院举办了“学生活动周”活动。

12 月 30 日　我院红十字会获首都高校红十字会工作先进集体奖。

1991 年

1 月　学院电教中心摄制的《怎样开展团支部工作》一片获北京高校电教协会优秀教学成果二等奖。

1 月 28 日　院学生业余党校组织 90 级学员赴西柏坡参观考察。学员自带行李，吃住在社员家中，与老区人民座谈、访问，受到深刻教育。

1 月 30 日　我院部分师生作为由团市委、市学联组织的“党的光辉历程大学生考察团”第一分团成员赴韶山等地学习考察。

2 月　院教学行政大楼竣工验收，新食堂、浴室投入使用，操场、看台及绿化工程全面展开。

3 月 21 日　市委批准由我院、市社科院、团市委联合主办北京市青少年研究所，该所挂靠我院。

4 月 21 日　北京青年政治学院党校正式成立，蒋效愚同志任校长。

6 月 2 日　为纪念建党 70 周年，我院学生开展了“访七十名党员、忆七十年历程，继先辈事业、做革命接班人”为主题的大型访谈活动。学生访问了老红军杨成武将军等不同历史时期的 70 多名党员，备受教育。

6 月 29 日　院党委召开庆“七一”党建理论研讨会。

7 月 1 日　全院召开纪念中国共产党成立 70 周年大会，授予学生处、总务处、青教系、教务处党支部模范党支部称号，授予张幼林、姜联、何海、李耀珠、杨艳“优秀共产党员”称号。

7月15日 第二届教代会召开。会议听取了蒋效愚所做的一年工作汇报，审议了我院住房制度改革的初步思路及其他涉及学院东迁和教职工切身利益的有关规定。

7月25日 北京青年政治学院迁入朝阳区中环南路4号新址。

9月5日 学院举行庆祝北京市团校成立35周年、北京青年政治学院建院5周年暨新校址落成大会。中共中央政治局委员、北京市委书记李锡铭同志、市委副书记汪家镠同志等领导出席大会。

后　记

2019年1月和5月，北京青年政治学院两次召开《纪念改革开放40周年·北京青年政治学院创建回望》座谈会，北京市委原副书记金鉴、团市委原书记强卫，北青院原党委书记蒋效愚、院长周之良、副书记马宪平、副院长王殿卿等和青院现任领导参加了座谈会。座谈会上，大家回顾了青院创建时期的历史背景、筹建过程、办学特色以及许多动人的故事。大家形成一致的共识，北京青年政治学院是伴随着改革开放而诞生的，是我国全面推进中国特色社会主义建设的一件新生事物，也是全国深化教育改革、首都高校创新办学的一次重要探索，更是共青团教育事业不断深化发展的一项创新成果。特别是党中央第二代领导集体核心、中国改革开放总设计师邓小平同志对创办北京青年政治学院给予了亲切关怀，亲自为北京青年政治学院题写了院名。鉴于此，会议提出编纂《北京青年政治学院创建记（1984—1991）》一书，回忆从1984年至1991年学院初期的创建历程，总结和思考创建北京青年政治学院的历史价值和时代意义，提炼学院创办初期特别能战斗、特别能吃苦的创业精神，体现大学教育的文化特性，为北京青年政治学院留下宝贵的院史资料，也为青院当前面临新的挑战与机遇提供历史借鉴与参考，这也是青院老同志"不忘初心，牢记使命"为学院建设所作的一点贡献。

经过近一年的共同努力，《北京青年政治学院创建记（1984—1991）》（简称《创建记》）终于付梓。在本书的编写过程中，我们深刻感受到了北青院老同志对学院那份深深的眷恋之情，也为他们在为北青院创建初期所付出的艰辛努力和无私贡献而骄傲和自豪，更为他们为《创建记》撰写的生动回忆文章而感动，当然也感谢当年青院的学子们为《创建记》增添了多彩的生活瞬间。相信这本书里的思想和精神将为北京青年政治学院留下宝贵的精神财富。

特别感谢学院党委书记程晓君，党委副书记、院长乔东亮等党政领导同志对《创建记》编纂工作给予的全力支持，感谢老干部处处长张洪平、总务处处长李青等同志对我们编纂工作的鼎力配合，感谢所有为此书做出贡献的老师和同志们。

《北京青年政治学院创建记（1984—1991）》编纂工作本着实事求是、文责自负的原则，总召集人为蒋效愚，具体文章组织、编校由马宪平、朱生利、周伟东、王晓蒙同志负责。书中不妥、错误之处，欢迎大家批评指正。

衷心祝愿北京青年政治学院越办越好。